굿트레이더
압도적수익의
주식투자법

홈페이지 | www.vegabooks.co.kr   이메일 | info@vegabooks.co.kr
블로그 | http://blog.naver.com/vegabooks
인스타그램 | @vegabooks   페이스북 | @VegaBooksCo

굿트레이더
압도적수익의 주식투자법

굿트레이더
이정훈 지음

보텀피싱·추세추종·일정매매로 시장을 이기는 법

베가북스
VegaBooks

시장의 거친 파도를 넘어서는 투자자의 나침반

많은 사람이 주식시장에 뛰어들지만, 정작 '어떻게'보다 중요한 '왜'와 '어떤 마음가짐'에 대해서는 간과하곤 합니다. 이번에 출간된 〈굿트레이더 압독적수익의 주식투자법〉은 단순한 매매 기법의 나열을 넘어, "기법 위에 심법이 있다."는 투자의 본질적인 진리를 가장 먼저 일깨워줍니다. 저자는 투자의 결과가 결국 투자자의 태도에서 나온다는 점을 강조하며, 시장 앞에서 겸손함을 유지하고 탐욕을 통제하는 메타인지 훈련의 중요성을 역설합니다.

이 책의 가장 큰 장점은 시장의 상황에 따라 카멜레온처럼 변화할 수 있는 유연한 실전 전략을 제시한다는 점입니다. 폭락장에서의 보텀피싱부터 상승장의 추세추종, 그리고 횡보장의 이슈 트레이딩까지, 개인이 처할 수 있는 모든 시장 환경에서의 해법을 담고 있습니다. 특히 기관과 외인의 수급을 추적하고 탑다운 방식으로 일정을 매매하는 구체적인 프로세스는 초보 투자자들에게 명확한 길잡이가 되어줄 것입니다. 무엇보다 제가 이 책을 높게 평가하는 이유는 철저한 리스크 관리와 루틴의 힘을 강조하기 때문입니다. "하방을 지키면 상방은 시장이 열어준다"는 원칙 아래, 현금 비중 조절과 손절의 기술, 그리고 포트폴리오 운용 원리를 통해 계좌를 지키는 법을 상세히 다룹니다. 또한, 단순한 운에 기대지 않고 매일 돈의 흐름을 쫓는 루틴을 만들고, 복기를 통해 스스로 성장하는 법을 가르쳐준다는 점에서 이 책은 일회성 정보가 아닌 평생의 자산을 선물합니다. 전 세대를 아우르는 투자 지침서가 되기에 충분합니다.

깡토 주식 트레이더

"투자가 힘들고 막막할 때 가장 필요한 것은 앞서간 사람의 진솔한 조언입니다."

저자는 실력만큼이나 훌륭한 인품으로 주변에 선한 영향력을 주는 사람입니다. 그의 흔들리지 않는 투자 원칙과 성실함이 녹아있는 이 책을 강력히 추천합니다. 막연한 기대가 아닌, 실질적인 도움을 얻고 싶은 투자자라면 반드시 읽어보시길 바랍니다.

돌꼬 전업투자자, 주식 트레이더

그를 알고 지낸 지 어느덧 2년 반이 되었습니다. 그는 항상 약속 장소에 가장 먼저 도착해 불을 켜는 사람입니다. 투자가 아니더라도 타인을 위해 궂은일을 마다하지 않는 그의 따뜻한 배려와 성품을 알기에, 이번 출간 소식은 제게도 큰 기쁨이었습니다.

책에는 미처 다 담기지 않았지만, 그에게는 2018년 무렵 자산이 '0'이 아니라 마이너스로 곤두박질쳤던 뼈아픈 기억이 있습니다. 전업투자라는 험난한 길에 들어서자마자 마주한 실패, 그리고 임신 중인 아내가 먹고 싶은 음식조차 마음 편히 말할 수 없었던 그 시절의 무게를 저는 감히 짐작조차 할 수 없습니다. 아마 누구에게도 말 못 할 불안과 답답함으로 숱한 밤을 지새웠을 것입니다. 대부분이 포기하고 도망쳤을 그 절망의 순간, 그는 우직하게 다시 일어서 걷기를 택했습니다. 이 책에는 그 캄캄한 터널을 뚫고 나온 투자자의 태도와 원칙, 루틴, 그리고 치열한 자금 운용법이 고스란히 담겨 있습니다. 어려운 용어 대신 경험에서 우러나온 객관적이고 실전적인 예시들로 채워져 있어, 이제 막 투자를 시작한 초보부터 직장인 투자자, 그리고 전업투자자에 이르기까지 누구에게나 든든한 길잡이가 되어주리라 확신합니다.

낙민동추노 전업투자자

나는 오랜 시간 동안 주식투자를 업으로 삼아온 사람들, 그리고 실력으로 평가받는 투자자들을 가까이에서 만나고 대화를 나눠왔다. 그동안 많은 투자자를 만나며 느낀 점은, 오래 살아남은 사람일수록 자신이 지키는 판단 기준을 먼저 이야기한다는 것이다. 이 책에서도 그런 태도가 자연스럽게 드러난다. 저자는 투자자가 어떤 기준으로 판단해야 하는지를 먼저 묻는다. 그래서 이 책은 기법이나 요령을 찾는 독자보다는, 자신만의 투자 원칙을 정리하고 싶은 독자에게 더 잘 맞는다.

나는 이 책을 읽으며 '이 내용을 실제로 이해하고 실천할 수 있는 사람이라면 시장에서도 오래 살아남겠구나'라는 생각이 들었다. 주식투자를 진지하게 대하고, 본인 스스로의 기준을 점검하고 싶은 독자라면 이 책을 한 번쯤 마주해보기를 권한다.

임윤성 주식투자 플랫폼 '오렌지보드' 대표이사

"어두운 터널을 지나 빛을 마주할 당신에게"

서점에는 '몇백만 원으로 시작해 수십억을 벌었다'는 무용담이 넘쳐납니다. SNS에는 매일같이 상한가와 급등주 수익 인증사진이 올라오고, 온라인 커뮤니티에는 화려한 단타매매를 가르쳐주는 고액 강의들이 넘쳐나고 있습니다. 저 역시 한때는 그 화려함에 매료되어, 더 빠르고 강력한 '기법'을 찾아 헤매던 시절이 있었습니다. 그런 방식으로 돈을 벌기도 했지만, 끝은 좋지 않았습니다. 적어도 저에게는 지속 가능한 투자 방법이 아니었습니다. 지금은 꾸준한 성과를 내는 투자자로 성장했지만, 돌이켜 보면 제 투자 인생의 절반은 인내의 시간이었습니다. 앞이 보이지 않는 캄캄한 터널을 홀로 더듬거리는 기분이었고, 때로는 뼈아픈 실패와 좌절에 무릎 꿇기도 했습니다. 2014년, 처음 투자를 시작하며 가장 아쉬웠던 점은 바로 '이정표'의 부재였습니다. 먼저 이 길을 걸어간 누군가가 "그쪽은 막다른 길이야.", "이쪽이 안전한 길이야."라고 말해줬더라면, 그토록 긴 고통의 시간을 겪지 않아도 되었을지 모릅니다.

저도 파랑새를 좇던 시절이 있었습니다. 주식투자에는 어떤 '절대 비기'가 존재하는 줄 알았습니다. 초보 시절, "매일 상한가 종목을 기록하고 전 종목 차트를 돌려보라."라는 조언을 듣고, 몇 년 동안 하루도 빠짐없이 차트를 돌려보며 노트를 채웠습니다. 하루 두세 시간을 꼬박 들여 기록하다 보니 종목 이름과 사업 내용까지는 외우게 되었지만, 딱 거기까지였습니다. 지금 생각해보면 그리 깊이 있는 공부법은 아니었던 것 같습니다. 시간이 지나면 대부분 휘발되는 정보들이었고, 공부할수록 지식이 복리로 쌓이는 구조가 아니었기 때문입니다. 당시 상한가를 갔던 종목 대다수는 지금 시장에서 사라졌거나 잊혔고, 저의 투자 성과 역시 한계를 맞이했습니다.

어떤 전문가는 "차트에 모든 답이 있다"고 했습니다. 그 말을 믿고 밥 먹고, 자는 시간 외에는 오직 차트 분석과 작도에만 매달렸습니다. 한때는 꽤 많은 수익을 내기도 했고, 운 좋게 대회에 입상하며 두각을 나타내기도 했습니다. 하지만 장기적인 결과는 만족스럽지 못했습니다. 오로지 차트만으로 투자를 대하는 방식이 제게 맞지 않는다는 것을, 노력의 방향이 잘못되었다는 것을 깨닫기까지 참 오랜 시간이 걸렸습니다. 투자를 해오면서 느낀 것은, 과거의 저처럼 헤매는 투자자들이 정말 많다는 사실이었습니다. 투자자로서 성장의 한계를 느꼈을 때, 변화가 필요한 바로 그 시점에 이 책이 여러분의 성장판을 열어줄 수 있는 참고서가 되기를 희망합니다.

$$\text{투자} = \text{운} \times \text{노력}$$

　시장을 이기고 꾸준히 수익을 낼 수 있었던 비결은 매매 기법이 아니었습니다. 바로 '많이 읽고, 많이 기록하고, 치열하게 생각하는 습관'을 통해 사고력을 확장해 나가는 것이었습니다. 무엇보다 중요한 것은 투자를 대하는 태도의 변화였습니다. 제가 깨달은 투자의 본질은 명쾌합니다.

　"내 계좌의 하방(손실)은 철저히 닫고, 상방(수익)은 운과 노력이 만나 열리게 하는 것."

　하방을 닫는 것은 욕심과 조바심을 통제하는 '태도'와 '원칙'에서 나옵니다. 반면 상방을 여는 것은 '운 × 노력'의 함수입니다. 운은 통제할 수 없지만, 노력은 자신의 몫입니다. 여기서 노력이란 단순히 주가창을 오래 쳐다보는 것이 아닙니다. 지식과 지혜를 얻을 수 있는 많은 활자와 양서, 콘텐츠를 접하며 투자자로서 통찰을 키우는 것입니다. 끊임없이 산업과 기업을 공부하고, 투자 아이디어의 조각을 모아 그것들을 선으로 이을 수 있는 '생각의 근육'을 키우는 과정입니다. 차트 분석이나 기법은 이 모든 것이 갖춰진 후 가장 마지막에 더해지는 요소일 뿐입니다. 오랜 경험을 통해 투자자로서 해왔던 고민, 그리고 '올바른 투자' 방법들을 이 책에 담아내고자 했습니다. 독자분들이 최대한 쉽고 마음 편안한 투자를 할 수 있도록 말입니다. 이미 스스로 투자를 잘하고 계신 분들에게는 '이런 관점도 있구나' 하는 참고가 되길 바라며, 길을 잃은 투자자분들에게는 따뜻한 이정표가 되어드리기를 희망합니다.

투자는 단순히 돈을 불리는 행위가 아니라, 나의 삶과 미래를 책임지는 엄중한 행위입니다. 결국, 욕심과 조바심이라는 본능을 거스르는 '나 자신과의 싸움'입니다. 많은 분이 자신과의 싸움에서 이기며, 평생 지속 가능한 '건전하고 성숙한 투자'의 길을 발견하시길 바랍니다. 그리고 그 성장의 과정에서 진정한 행복을 찾으셨으면 좋겠습니다. 당신의 투자 여정이 과거의 저처럼 외롭지 않기를 바라며, 이 책이 든든한 동반자가 되어주기를 간절히 소망합니다. 끝으로 언제나 저를 믿고 응원해주시는 양가 부모님, 그리고 삶의 원동력이 되어주는 사랑하는 아내 유진이와 딸 아린이에게 깊은 감사와 사랑을 전합니다.

목차

PART 1

성공투자 : 기법 위에 '심법' 있다

PART 2

나는 시장을 이렇게 이겨왔다

PART 3

계좌를 지키는 리스크 관리

PART 4

시장 읽는 관점을 가져라

성공투자 :
기법 위에
'심법' 있다

"투자는 확신이 아닌 확률에 기반해야 한다.
하지만 확신이 있어야 시작한다."

나심 니컬러스 탈레브(Nassim Nicholas Taleb)

제1장

태도가 성과를 결정한다

투자를 대하는 마음가짐

심법(心法), 말 그대로 마음을 다스리는 방법이다.

투자를 잘하기 위해서는 무엇보다 투자를 대하는 마음가짐이 가장 중요하다. 내가 생각하는 투자를 대하는 최선의 마음가짐이란 투자라는 행위를 신성한 것으로 여기는 태도다. 우리는 그저 한 끼의 맛있는 식사, 술 한잔을 위한 푼돈, 용돈을 벌기 위한 마음으로 투자하는 사람들을 흔히 본다. 이런 경우는 가벼운 투자일 가능성이 크다. 반대로 투자를 통해 나의 미래를 바꾸고 가족들의 안위를 도모하려는 사람들도 볼 수 있다. 이런 마음가짐을 가질수록 진중하고 올바른 투자가 이루어질 가능성이 커진다. 전자와 후자의 경우는 주식투자를 대하는 태도 자체가 다르다. 결국, 좋은 태도가 좋은 성과를 불러온다는 얘기다.

그렇다면 진중한 태도란 구체적으로 무엇을 의미하는가? 그것은 바로 내 피 같은 돈을 결코 운이나 남의 말에 맡기지 않겠다는 책임감이다. 투자를 가볍게 여기는 사람은 시장이 주는 소음이나 떠도는 정보에 쉽게 휘둘린다. 잃어도 그만인 돈이라고 생각하기 때문에, 매수의 근거는 빈약하고 매도의 기준은 감정적일 수밖에 없다. 하지만 투자를 내 삶을 지탱할 신성한 행위로 규정하는 사람은 다르다. 그들은 종목 하나를 고를 때도 마치 동업자를 구하듯 치열하게 분석하고 내 자산을 지킬 방어책을 먼저 고민한다.

이런 마음가짐의 결과는 시장이 흔들릴 때 극명하게 갈린다. 가벼운 태도를 보인 투자자는 공포에 질려 투매하거나 요행을 바라며 내버려 두지만, 확고한 태도를 가진 투자자는 자신이 세운 원칙을 고수하며 인내할 줄 안다. 결국, 우리가 시장에서 벌어들이는 수익은 주가의 오르내림을 맞힌 대가뿐만 아니라 시장의 변동성을 견뎌낸 인내심의 보상이자, 자신의 자본을 귀하게 여기는 태도에 대한 보상이다. 기술적 분석이나 재무제표를 보는 법은 배우면 누구나 알 수 있다. 하지만 자본을 대하는 이 경건한 태도가 선행되지 않는다면 아무리 날카로운 칼을 쥐여줘도 결국 그 칼끝은 자신을 향하게 될 뿐이다.

투자는 도박이 아니다

주식투자는 엄연히 전략적인 행위다. 시장을 읽고 대응하며, 리스크를 관리하고 자신만의 기준을 엄격히 지키는 것이 핵심이기 때문이다. 하지만 투자는 불확실성을 전제로 하며 운의 요소가 결과에 큰 영향을 끼치기도 한다. 이것이 바로 주식투자의 어려움이자 묘미라고 할 수 있다. 간혹 투자에서 수익을 냈을 때 '땄다', 손실을 봤을 때 '꼴았다' 따위의 표현을 사용하는데, 이건 사실 도박에서 사용하는 표현이다. 이런 태도로 투자를 대한다면, 건전한 투자가 될 리 없다.

투자를 확률적 사고에 의한 접근이 아니라 순전히 운에 맡기는 머니 게임으로 여기는 태도는 단호히 바꿔야 한다. 투자에는 수익과 손실이 있을 뿐이며, 그런 손익은 나의 노력과 운이 더해진 결과다. 수익이 났을 때는 시장 앞에 더욱 겸손한 태도로 받아들여야 하며, 손실이 났을 때는 복기를 통해 투자과정에서의 개선점을 찾고 계속 성장하기 위해 애써야 한다. 그러한 마음가짐으로 투자에 임하다보면, 어느 순간 성장의 임계점을 넘어 꾸준히 수익을 내는 단계로 접어들게 된다. 내가 꾸준하게 수익을 낼 수 있는 원동력도 결국 투자를 대하는 태도였다.

투자금의 본질

우리가 투자금이라고 부르는 그 돈의 본질을 들여다보자. 그것은 단순히 계좌에 찍힌 숫자에 불과한가? 아니다. 자신이 과거에 흘린 땀방울이자, 인내했던 시간이 응축된 성과물이다. 그리고 나의 미래를 바꾸는 씨앗으로 이 소중한 자산을 활용하는 과정이 바로 투자다. 돈의 무게를 아는 사람이 어찌 투자를 가벼이 대하겠는가. 씨앗을 뿌리기 전 토양을 고르고 날씨를 살피는 농부처럼, 겸손하고 차분히 시장 앞에 서야 한다. 이들에게 투자는 '한탕'을 노리는 게임이 아니라, 내 자산이 올바른 곳에서 일하게 만드는 '경영'의 영역이 된다. 반면, 태도가 정립되지 않은 상태의 수익은 오히려 독이 된다. 운 좋게 번 돈은 쉽게 빠져나가며, 그 과정에서 잘못된 습관만 남는다. 돈 버는 기술보다 돈을 담는 그릇을 먼저 키우는 습관이야말로 가장 중요하다. 결국, 투자의 성공은 단순히 주가의 움직임을 맞히는 기술보다 투자자의 내면에 달려있다. 당신은 매수·매도의 클릭 한 번에 어떤 마음을 담는가? 그 마음의 무게가 곧 당신의 부의 크기가 될 것이다.

제2장

시장은 늘 옳다 : 내가 틀렸을지도

이런 투자 격언이 있다. "시장에 순응하고 항상 시장에 겸손하라." 처음 주식투자를 접했을 때 이 말을 이해하기 힘들었다. 열심히 공부해서 좋은 종목을 발굴했으니, 내 판단이 옳고 시장이 뒤따라와야 한다고 믿었다. 시장에 겸손해지라는 말은 왠지 내 분석에 확신을 가져서는 안 된다는 패배주의적인 조언처럼 들리기도 했다. 하지만 경험이 쌓이면서 나는 이 격언이 투자의 '생존 법칙'임을 깨닫게 되었다. 오래 경험해보니 시장은 1+1=2처럼 명확한 답이 나오는 수학 공식이 아니었다. 때로는 광기에 휩싸여 폭등하거나 지나친 공포로 투매가 나오기도 했다. 중요한 것은 그 거대한 흐름 앞에서 나의 주장이나 고집은 아무런 힘이 없다는 사실이다.

"나는 틀릴 수 있다." 이 명제를 받아들이는 순간, 투자의 질과 성과는 달라지기 시작한다. 내가 틀릴 수 있음을 인정해야만, 나의 시나리오대로 가지 않을 때 합리적인 대응을 할 수 있으니까. 그래야만 내 잘못을 재빨리 시인하고 빠져나와 다음 기회를 노릴 수 있으니까. 무조건 내가 옳다고 우기면, 주가가 '빠질' 때 고집스레 물타기를 하다가 결국 돌이킬 수 없는 강을 건너기도 한다. 시장에 순응한다는 것은 주관을 버리는 게 아니라, 예상이 빗나가도 유연하게 대처하는 열린 마음을 갖는 것이다. 시장에서 살아남는 사람은 똑똑한 사람이 아니라, 변화에 잘 적응하는 사람이 아닐까?

시장에서 돈을 잃는 이유를 우리는 흔히 분석이나 정보의 부족 탓으로 돌리곤 한다. 하지만 냉정히 돌아보라. 계좌를 망가뜨리는 주범은 얕은 지식이 아니라 비대한 자아(ego)가 아닐까? 투자 결과의 원인은 나한테 있다. 다른 요인을 탓할 필요가 없다. '내가 맞고 시장이 틀렸다'라는 아집은 손실이 곧 패배라는 그릇된 인식을 낳는다. 그래서 작은 손실로 끝낼 기회를 놓치고 비자발적 장기투자자가 되어 고통받는 것이다.

투자자로서 우리는 선택해야 한다. 시장에서 내 말이 옳다는 걸 증명할 것인가, 아니면 돈을 벌 것인가? 즉, 끊임없이 시장과 싸우며 에너지를 소모할 것인가, 아니면 내 분석과 예측이 달랐더라도 웃으며 빠져나올 것인가? 내가 틀렸음을 인정하는 그 순간이 역설적이게도 내 계좌 잔액의 무시무시한 하락을 막아준다.

제3장

메타인지 : 탐욕을 이기는 훈련

언제부터인가 '메타인지'라는 단어가 사람들 입에 오르내리기 시작했다. 메타인지란 '자기객관화', 그러니까, '내가 나를 평가하는' 능력이다. 인간은 본능적으로 자신에게는 관대해서, 자기의 단점이나 잘못은 과소평가하는 반면 자기 능력이나 장점은 과대평가하기 일쑤다. 그래서 주식투자에서도 자신을 알아가는 메타인지 과정이 필요하다. 내가 어떤 부분에서 약점과 강점을 가졌는지, 철저하게 파악하는 훈련 말이다. 특히 내가 투자를 바라보는 성향과 기질은 무엇인지, 내가 운용하는 자금의 크기와 이에 대한 최적화된 투자 방법은 무엇인지, 내가 처한 상황은 과연 투자하기에 적합한 상황인지를 계속 점검하고 고민해야 한다.

메타인지, 어떻게 훈련하나?

❶ 매매일지 작성하기

메타인지를 높이는 가장 확실한 훈련법 중 하나는 '감정과 근거를 담아' 매매일지를 쓰는 것이다. 매매일지를 쓰는 투자자들도 대개 매수 가격, 매도 가격, 수익률 정도만 기록한다. 이는 반쪽짜리 기록일 수도 있다. 진정한 메타인지 훈련을 위해서는 매수 버튼을 누르던 그 순간의 나를 기록해야 한다. 왜 이 종목을 샀는지, 그때 내 감정은 어땠는지, 혹시 뉴스에 휩쓸려 급하게 추격 매수한 것은 아닌지, 솔직하게 적어야 한다. 기록은 기억보다 강하고 특히 객관적이다. 시간이 지난 후 나의 매매일지를 펼쳐보면 놀라운 사실을 발견하게 된다. 반복적으로 저지른 실수 패턴, 유독 약한 시장 상황, 탐욕에 눈이 멀어 원칙을 어겼던 부끄러운 순간들이 적나라하게 드러나기 때문이다. 이 아픈 기록을 피하지 않고 직면할 때, 비로소 막연한 자신감은 근거 있는 확신으로 바뀐다. 내 계좌의 적은 시장이 아니라 통제되지 않는 자신이며, 이를 깨닫는 과정은 절대적으로 필요하다.

❷ 제3자 화법 훈련

쉽게 말해 '제3자의 눈으로 스스로 질문하기'다. 투자를 실행하면서 자신을 타인처럼 바라보며 객관성을 확보하는 훈련이다. 마치 내가 나를 감시하는 감독관이 된 것처럼 말이다. 흥분한 상태의 뇌는 위험 신호를 무시하고 보상만 받으려 한다. 이때 의도적인 멈춤과 질문은 과열된 뇌를 식히고 이성을 되찾아주는 브레이크 역할을 한다.

"만약 이 돈이 나만의 것이 아니라 사랑하는 가족의 전 재산이라도, 지금 여기서 매수할 것인가?"

"지금 내가 느끼는 이 조급함은 기회를 놓칠까 두려운 탐욕인가, 아니면 철저한 분석 끝에 나온 확신인가?"

내가 잘 아는 영역과 모르는 영역을 구분하는 것, 그리고 지금 내 상태가 투자를 결정하기에 적절한지 냉정하게 판단하는 것, 이 끊임없는 자문자답의 과정이 반복될 때, 우리는 본능적인 탐욕을 이기고 시장에서 오랫동안 살아남는 투자자가 될 수 있다.

❸ 설명하기와 논리 검증

아인슈타인이 말했다. "당신이 알고있는 것을 여섯 살짜리 아이에게 설명할 수 없다면, 당신은 그것을 이해하지 못한 것이다." 그렇다, 메타인지를 확인하는 확실한 방법은 바로 설명하기다. 우리는 종종 어렴풋이 알 뿐인데도 확실히 안다고 착각한다. 어떤 종목의 차트를 휙 훑어보거나 뉴스 헤드라인만 보고서 그 주가가 올라가리라고 확신하기도 한다. 그 확신이 옳은 것인지 확인하려면, 가상의 청중에게 브리핑이라도 해야 할 것 아닌가.

"이 회사는 정확히 어떤 사업 모델로 돈을 벌고있는가?"
"경쟁사들에 비해 어떤 확실한 해자가 있는가?"
"최악의 시나리오가 닥쳤을 때 나는 어떻게 대응할 것인가?"

머릿속으로 생각할 땐 완벽해보였던 논리도 막상 말이나 글로 설명하려 들면 턱턱 막히는 법. 바로 그 '막히는 지점'이 내가 미처 몰랐던 리스크이자 내 논리의 빈틈이다. 설명하다가 얼버무리거나 '그냥 느낌이 좋아서' 같은 말이 나온다면, 그것은 투자가 아니라 투기일 가능성이 크며 결국 투자의 성공률도 낮아질 수밖에 없다. 남을 설득할 수 없을 만큼 빈약한 논리로 나 자신을 설득하려 들지 말라. 이렇게 설명하기와 논리 검증을 통해 나의 투자를 계속 점검하고 생각을 고쳐나가야 한다. 그런 다음에도 "이 기업에 대한 투자는 성공할 수밖에 없어."라는 확신이 든다면 투자하라. 물론 그렇게 하더라도 궁극적으로 '내 생각은 틀릴 수 있다'라는 겸손함을 결코 잊어서는 안 된다.

제4장

나에게 맞는 투자 : 트레이딩 vs 인베스팅

주식투자의 접근법은 크게 '트레이딩(trading)'과 '인베스팅(investing)'으로 나뉜다. 트레이딩은 단기적 시세차익을 추구하고, 인베스팅은 기업의 내재가치와 미래 성장성을 보며 비교적 오래 주식을 보유한다는 의미이다. 이는 어느 쪽이 더 합리적이고, 비합리적이라고 말할 순 없다. 둘 중 어느 쪽을 제대로 선택하는 것이 중요할 따름이다. 어색하거나 어울리지 않는 옷을 입으면 불편하듯이, 내게 적합하지 않은 투자를 추구하면 만족스러운 성과를 얻기 힘들다. 투자의 경험이 쌓이는 과정에서 가능한 한 빨리 나의 성향과 기질을 파악하도록 하자.

'트레이더 vs 인베스터'왜 고민해야 하나?

투자 이력이 깊어지면 사람마다 각자의 성향과 기질이 나타난다. 매일매일 수익과 손실의 출렁임을 즐기며 '치고 빠지는' 사람이 있는가 하면, 단기 변동에 일희일비하지 않고 차분히 분석하면서 '오랫동안 묵혀 두는' 쪽을 선호하는 사람도 있다. 그래서 내 성향과 기질에 맞는 투자 스타일을 파악하는 것이 중요하다. 실제로 투자를 실행할 때 어떤 스타일로 시장에 임할 것인지에 따라 공부 방법도 의사 결정도 확연히 달라지기 때문이다.

나는 주식투자를 처음 접할 때 주로 차트 분석(기술적 분석)에 의존하는 트레이더 스타일로 시작했으나, 시간이 흐르면서 트레이더로서의 재능에 한계를 느껴 인베스터 스타일로 스펙트럼을 넓혀가고 있다. 궁극적으로는 두 스타일의 모든 장점을 가져가는 하이브리드형 투자자를 추구한다. 지금까지의 경험해본 결과, 나는 위 두 가지 성향의 투자에 대해 아래와 같이 느낀다.

❶ 아드레날린이 샘솟는 트레이딩

트레이딩은 차트 캔들, 수급 상황, 거래량 등의 데이터와 뉴스 및 이슈의 분석을 근거로 투자를 진행한다. 한두 달 정도 차트 분석서를 집중적으로 읽으면 단기 상승 가능성이 농후한 패턴이 눈에 들어오기 마련이다. 이후 차트 지식을 바탕으로 급등주나 시장 주도주의 차트를 매일 살펴보면 그 패턴도 익숙해진다. 이미 급등한 종목들의 직전 주가 흐름을 백테스트하듯 학습해 숙지하면 큰 도움이 된다. 간단하게 표현해서 차트 분석의 가장 중요한 개념은 '지지와 저항'이다. 실제로 수익을 잘 내고 꾸준히 실현하기 위해서는 차트 분석보다 자금 운용과 리스크 관리를 위한 마인드 컨트롤이 훨씬 더 중요하다고 볼 수 있다.

매매의 성공률을 높이기 위한 뉴스나 재료 분석은 꾸준함과 성실함만 있다면 누구나 할 수 있다(물론 끈기 있게 매일 하기가 마냥 쉬운 노릇은 아니지만). 그러나 트레이딩에서 수익의 성공률은 공부량에 정비례하지 않거니와 무엇보다 장세 분위기에 따라 수익 편차가 상당히 크게 난다. 그렇기에 약세장에서 고충을 겪는 트레이더들이 적지 않다. 투자금을 지키고 수익을 극대화하기 위해 가장 중요한 것은 투자금을 꼭 지킨다는 마음가짐(멘털)의 관리다.

숙련된 트레이더라면 몰라도 약세장에서는 반복된 손실 때문에 정신적으로 무너지기 쉽다. 단기 손실을 만회하겠다고 무리하게 베팅하다가 오히려 큰 손실을 보는가 하면, 최악의 경우 파산에까지 이르는 모습도 종종 볼 수 있다. 트레이딩의 경우 타고난 감각이 상당한 영향을 미치는데, 애당초 그런 '감'을 갖춘 투자자도 분명 존재한다. 간혹 증권사에서 개최하는 실전투자대회 같은 데서 주식경력이 2년~3년도 안 되는 분들이 우승을 차지하는 걸 보면, 더욱 절실하게 느껴진다.

다른 한편으로는 단기간에 큰 수익을 올리면서 '반짝스타'가 되었다가 한순간에 무너지는 경우도 허다하다. 주식시장에서 성공한 트레이더들도 없진 않지만, 통계적으로는 그렇지 못한 투자자가 훨씬 더 많다. 그러니 트레이딩에 대한 재능이 탁월하지 않다면, 차라리 인베스팅으로 스타일을 바꿔보는 것은 어떨까?

❷ 인베스팅 : 차분하게 그리고 오랫동안

인베스팅은 기업의 펀더멘털(기초 체력)과 성장 가능성에 기반한 투자로 정의할 수 있다. 투자하고자 하는 기업의 성장성을 파악하기 위해 스스로 실적을 전망할 수 있어야 하고 무엇보다 주식을 싸게 사는 것이 중요하기에, 스스로 밸류에이션을 할 수 있어야 한다. 그러기 위해서는 주식투자 자체에 대한 기본적 지식을 갖춰야 하는 것은 당연하다. 이러한 기본적 지식을 쌓기 위해선 상당한 학습량이 필요하므로, 진입장벽을 느끼고 아예 시도조차 하지 않는 투자자들도 많다. 그래서인지 주로 트레이딩 스타일로 주식투자를 시작하는 사람들이 많은 것 같다.

PER, PBR, EBITDA 등 기업 평가를 위한 밸류에이션 지표들은 처음 접하면 어렵고 복잡하게 느껴진다. 공부를 시작하기조차 난감하게 다가온다. 또 각종 데이터를 활용해서 스스로 장래의 실적을 뽑아낼 수 있는 정량적 분석 능력을 갖춰야 하며, 적절한 내러티브의 해석을 통해 투자 대상 기업이 성장을 이어 나갈 수 있을지를 파악할 수 있어야 한다. 트레이딩은 단순히 차트 패턴이나 뉴스 및 재료, 때로는 수급, 기업의 최소한의 재무적 건전성(유보율 · 부채비율의 높고 낮음 등)을 체크 하면서 차트상 좋은 자리에서 사고팔면서 단기간에 수익을 내는 것이 주된 목적이다.

이에 반해 인베스팅의 경우, 해당 기업에 대한 주식을 저렴한 가격에 잘 매수했다가 본인이 매수한 주식이 시장에 적절한 평가가 이뤄질 때까지(저평가 → 고평가의 과정) 최대한 인내하면서 보유하는 것이 주요한 목적이다. 또 실적과 관련된 숫자를 뽑아내기 위해 데이터를 찾을 때도,

과거 실적들이나 가공되지 않은 '로 데이터(raw data)'를 엑셀 장표로 정리하는 작업 등 많은 과정이 필요하다. 이런 데이터를 찾아내는 방법조차 혼자 힘으로는 알 수 없는 부분이 있어서 진입장벽이 높다. 사업보고서를 스스로 이해할 수 있어야 하며, 낯선 산업이나 기술은 관련 자료를 찾아 깊숙이 공부해 이해도를 높여야 한다. 이러한 이해가 투자 비중을 높이고 변동성 와중에도 장기 보유를 가능케 하고 주가 하락 시 추가매수도 할 수 있게 한다.

❸ 우열을 가릴 수 있을까?

개개인의 성향과 기질은 다르므로 주식투자에서 어떤 방식이 더 나은가 하는 것은 절대적이지 않다. 정답은 없다는 이야기다. 그런데도 가끔 이분법적인 투자방법론으로 무장한 투자자를 보게 된다. 트레이딩을 선호하는 투자자와 가치투자 스타일(인베스팅)의 투자자들이 서로를 존중하기는커녕, 상대를 깎아내리는 모습도 보인다. 하지만 각자 수익을 내기 위한 길이 다를 뿐이니, 투자 방법은 어느 하나 나무랄 일이 아니다. 또 가령 가치투자라고 해서 다 똑같을까. 밸류가 비교적 높더라도 성장으로 이어지는 성장주 투자를 즐기는 투자자도 있고, 밸류에이션 지표가 무조건 낮은 가치주에 투자하는 이들도 있다. 가치투자라고 해서 딱 한 가지로 정의하기는 어렵다. 다만 분명한 것은 차트 분석에 의존하는 트레이딩으로 엄청난 수익을 누리는 투자자도 있고, 반대로 가치투자를 무기로 황홀한 성과를 올리는 투자자도 있다는 사실이다. 물론 투자라는 큰 범주 안에 두 가지 스타일이 다 포함되고, 트레이딩을 하다가 언제든지 인베스팅으로 전환할 수도 있으니, 상황에 따라 유연하게 시도하는 것이 수익의 기회를 넓히는 데 유리하지 않겠는가.

❹ 나에게 맞는 옷을 찾아라

'트레이더 vs 인베스터'는 두 개의 극단처럼 보이지만, 사실은 스펙트럼이 넓어서 처음에 추구했던 스타일에서 나중에 다른 방식으로의 변화를 시도해보는 것도 좋다. 처음에는 빠른 수익을 노려 트레이딩을 선택했다가, 점차 기업분석과 장기 보유의 매력에 눈뜨는 경우도 많다. 혹은 반대로 기업 가치에만 집착하다가 단기매매를 병행해보니 '시드가 빨리 불어난다'라는 사실을 깨닫기도 한다. 중요한 것은 '나에게 맞는 옷'을 찾는 일이다. 한쪽만 맹신하고 다른 쪽을 배척하기보다는, 내가 좋아하고 잘할 수 있는 영역에 집중하면서, 필요하면 다른 방법도 기꺼이 배우는 유연함을 가지는 것이 최선의 투자 방식이다.

> **TIP**
>
> **나의 투자 성향 5분 진단 테스트**
>
> 두 스타일의 차이점을 요약한 아래 내용을 보며 내 성향에 맞는 투자를 찾아보자. 어느 한쪽이 '절대적으로 더 좋다'고 말하기는 어렵다. 매매 기간과 시장에 대응하는 방식이 다를 뿐이니, 각자 성향과 목표에 맞추거나 병행하면서 투자해야 한다.

구분	트레이딩	인베스팅
투자 기간	단기 (하루, 며칠, 몇 주 예상)	중장기 (몇 달~수년 이상)
핵심 분석	• 거래량, 유동성(거래대금) • 차트와 수급의 패턴 • 수급을 유인할 재료	• 기업 재무구조와 펀더멘털 • 산업 및 시장 전망 • 밸류에이션(PER, PBR 등)
주요 전략	• 시세 변동을 빠르게 포착해 • 매수 및 매도 • 기계적인 손절이 중요	• 기업가치가 오를 때까지 보유 • 단기 변동에도 묵직하게 버티기 • 안정적 복리 수익 추구
장점	• 단기간에 빠른 수익 가능 • 성공 시 짜릿한 성취감 • 하락장에도 공매도 등 빠른 대응	• 단기 변동에 흔들리지 않음 • 복리 효과로 안정적 자산 증식 • 긴 안목으로 가치 있는 기업 선점
단점	• 심리적 압박, 스트레스 큼 • 시장 급변 시 큰 손실의 위험	• 기업분석에 많은 시간과 노력 필요 • 시장 침체 시 자금이 오래 묶일 수 있음 • 뜻밖에 기업가치가 제자리면 답답함
적합한 성향	• 매일 시장 체크를 즐김 • 속도감, 민첩성 선호 • 리스크 대응이 빠른 사람 • 순발력이 좋은 사람	• 꼼꼼히 분석하고 기다리는 것을 선호 • 길게 보고 묵직하게 보유하는 성격 • 재무와 산업 분석에 흥미 있는 사람

제5장

잃어도 괜찮은 돈이라고?

간혹 주위에서 이런 투자자를 보게 된다. "이 종목은 내가 없어도 되는 돈으로 투자하는 거니까, 잃어도 괜찮아"라고 이야기하는 사람들 말이다. 이거야말로 정말 위험하기 짝이 없는 태도다. 돈을 경시하는 마음을 갖는 순간 투자는 한없이 가벼워진다. 아무 고민 없이 투자한다고? 그건 한낱 투기나 도박과 다를 바가 없다. 혹시 내가 그런 마음으로 투자를 진행한 적은 없는지 돌아볼 필요가 있다.

'잃어도 괜찮은 돈'이라고 부르는 그 자금은, 사실 내 인생의 소중한 시간과 노동을 바치고 얻은 보상 아닌가. 누군가에게는 한 달 치 생활비일 수도 있고, 사랑하는 가족과 따뜻한 밥 한 끼를 먹을 수 있는 소중한 돈일 수도 있다. 액수가 적다고 그 가치마저 적은 건 아니다. 잃어도 된다는 꼬리표를 붙이는 순간, 우리는 그 돈을 지키기 위한 치열한 분석과 노력을 생략하게 된다. 돈을 하찮게 여기는 사람에게 어찌 돈이 머무르겠는가. 적은 돈을 소중히 대하는 태도에서부터 부의 그릇은 만들어지는 법이다.

투자하는 목적은 결국 수익이다. 그리고 그 수익으로 나와 내 가족의 삶을 풍요롭게 하기 위함이다. 주가가 오르고 수익이 나기를 바라면서 짐짓 잃어도 괜찮다고 생각하는 것은 스스로 손실을 불러오는 고약한 마음가짐이다. 어쩌면 그런 말은 실패했을 때 받을 상처를 미리 방어하기 위한 자기합리화일지 모른다. '어차피 없어도 되는 돈'이란 마음가짐으로는 시장의 변동성을 견뎌낼 수 없다. 주가가 조금만 흔들려도 손절매하거나, 그대로 방치하기 쉽다. 투자는 전쟁이다. 내 자산을 불리려는 전쟁터에서 져도 괜찮다는 마음으로 총을 잡는 병사가 되지 말아야 한다. 승리를 향한 간절함과 잃지 않겠다는 처절함이 있을 때 비로소 시장은 수익이라는 전리품을 내어준다.

나는 시장을
이렇게 이겨왔다

제1장

형세 판단 :
유리한 전장에서만 싸우라

주식시장의 사이클은 늘 상승과 하락을 반복한다. 영원한 상승장도, 영원한 하락 구간도 없다. 경제도 호황과 불황을 되풀이하듯이, 자본시장도 상승과 하락을 오간다. '내가 투자하고 있는 지금, 이 시점과 구간은 어디인가'를 끊임없이 스스로 질문해야 한다. 그래야만 유리한 상황에서 투자할 수 있다.

사계절 이론 : 시장의 형세 판단

거시적인 관점에서 시장의 형세를 판단할 때는 일본의 투자전략가 우라가미 구니오(浦上邦雄)의 '사계절 이론'을 참고한다. 물론 이 이론이 만들어진 시대적 특성과 현시점의 시대적 특성을 비교할 때 100% 맞아떨어질 리는 없다. 그러나 시장의 전체적인 사이클이 금리에 의해 좌우되는 점을 고려할 때 그의 사계절 이론은 금리의 방향성에 따른 시장의 형세를 판단한다는 점에서 충분히 참고할 만하다.

우라가미 구니오는 주식시장의 사계절 이론을 이렇게 설명한다.

첫째, 금융장세(봄). 경기는 아직 불황이지만 금리가 하락하며 풍부해진 유동성의 힘으로 주가가 상승하는 구간이다. 불황 속에서도 희망을 보고 과감하게 씨앗을 뿌려야 한다.

둘째, 실적장세(여름). 경기가 회복되고 기업의 이익이 증가하며 주가가 가장 많이 오르는 구간이다. 주도주에 올라타 수익을 극대화한다.

셋째, 역금융장세(가을). 경기가 과열되어 물가를 잡기 위해 금리가 인상되고 유동성이 축소되며 주가가 꺾이는 시기다. 이땐 욕심을 버리고 현금 비중을 늘리며 수확을 준비한다.

넷째, 역실적장세(겨울). 경기 침체가 본격화하고 기업 실적이 나빠지면서 주가가 폭락한다. 섣불리 덤비지 말고 쉬어 가며 다음 봄을 기다려야 한다.

형세 판단의 핵심은 '자연을 거스르지 않는 것'이다. 농부가 한겨울 얼어붙은 땅에 밭을 갈고 씨를 뿌리지 않듯, 투자자 또한 시장이 '겨울(하락장)'일 때는 무리하게 싸움을 걸지 않는 법. 많은 개인 투자자들이 실패하는 이유는 여름의 끝자락에서 환호하며 들어와 가을과 겨울의 매서운 추위를 온몸으로 견디려 하기 때문이다. 내가 이길 수 있는 유리한 전장이란 결국 금리와 정책이 내 편인 구간을 의미한다. 지금 시장이 어느 계절인지를 냉철하게 판단하고 만약 상황이 나에게 불리하다면 과감히 쉼을 택하는 것. 그것이 바로 고수가 싸우지 않고 이기는 형세 판단의 지혜다.

우라가미 구니오의 사계절 이론을 차트로 형태로 요약하면 아래와 같다.

대체로 경기란 2년~3년 주기로 변하며, 영원한 상승장이나 하락장은 없다. 긴 하락의 끝자락, 모두가 비관할 때 다음 상승장을 준비해야 한다. 반면, 상승장의 절정에서 시장이 미친 듯 들떠있을 땐 조금씩 현금 비중을 늘려 리스크를 관리해야 한다. 결국, 투자자는 대중심리에 휩쓸리지 말고 그 반대편에서 움직여야 한다. 대중이 두려워할 때는 매수의 시점을 고민하고 그들이 환희에 취해있을 때는 차분히 수익을 실현해야 한다.

나 역시 이런 식으로 시장의 주기적 사이클을 인식하며 자금을 운용해왔다. 덕분에 시장의 큰 파도 속에서도 균형을 잃지 않고 자산을 지켜낼 수 있었다. 실전은 결코 만만치 않다. 대중과 반대로 움직인다는 건 인간의 본능을 거스르는 일이니까. 하락장에서 모두 공포에 떨며 "이제 주식은 끝났다"라고 외칠 때 매수 버튼을 누르려면 엄청난 용기가 필요하다. 반대로, 주변에서 누가 얼마나 환상적인 수익을 올리고 있느냐 등등의 얘기가 들릴 때 시장을 떠나는 것은 지독한 소외감을 견뎌야 하는 고독한 싸움이다. 하지만 역사는 언제나 소수의 편! 모두가 '예'라고 할 때 아니라고 말할 수 있는 용기, 시장의 광기에 휩쓸리지 않고 냉정하게 시계 제로의 안개 속을 응시하는 인내심. 이것이야말로 투자자가 갖춰야 할 최고의 덕목이다.

내가 경험한 주식시장은 '참지 못하고 조바심내는 사람의 돈이 인내심 넉넉한 사람에게 이동하는 거대한 장'이었다. 유리한 형세가 조성될 때까지 기다리는 것, 그 기회가 왔을 때 주저 없이 행동하는 것. 단순하지만 지키기 어려운 원칙이 투자자의 유일한 방패이자 창이다. 기억하자. 기회는 위기라는 가면을 쓰고 찾아오며, 위기는 기회라는 가면 뒤에서 우릴 덮친다. 그 가면 뒤에 숨겨진 시장의 진짜 얼굴을 보는 혜안을 기르는 것이야말로 우리가 형세 판단을 공부하는 진짜 이유다.

아래는 사계절 이론을 바탕으로 다양한 국면에 대처하는 투자의 특징과 전략이다. 나는 그런 전략으로 주식시장을 이겨내며 초과 수익을 달성해왔다. 단 투자에는 정답이 없으니 나의 경험은 참고만 하되 각자 투자 스타일을 다듬어가는 것이 좋을 것 같다.

증시국면	특징	대응 전략
봄 (금융장세)	• 경기둔화(침체) 국면에서 금리 인하 진행 • 시중에 자금이 풀리며 유동성 장세, 저평가 종목 반등 시작	• 실적 개선 예상 종목 비중확대 시작
여름 (실적장세)	• 금리 인하 효과가 실물경제에 퍼짐 • 기업 실적이 개선되며 주가 상승 지속	• 신고가 추세추종 매매 전략 집중
가을 (역금융장세)	• 경기 과열 우려로 금리 인상 전환 • 대형 금융 및 내수주 강세	• 이익 실현, 헤지 강화 • 현금 비중 50%, 방어 전략(리스크 관리 우선)
겨울 (역실적장세)	• 금리 인상 여파로 기업 실적 둔화 • 주가 전반적 조정/약세장 진입	• 현금 비중 50% 보유 → 증시 단기 급락 시 투입 • RSI 지표, ADR 지표 과매도+반대매매 출회 시 분할매수

3단계 이론 : 상승장의 끝자락에서 수익 지키기

뜨겁게 달아오르는 상승장에서 가장 어려운 것은 '언제 팔 것인가'를 결정하는 일이다. 투자의 거장 하워드 막스(Howard Marks)의 '강세장 3단계 이론'은 이럴 때 시장의 현 위치를 가늠하는 훌륭한 나침반이다. 그의 3단계 이론을 참고하여 어느 시점에 주식 비중을 확대하고 어느 시점에 축소할지 판단하는 것도 좋은 방법이다.

❶ 1단계 : 침체 속에 싹트는 기회(소수의 통찰)

• 시장 분위기 : 대다수가 공포에 질려 있거나 주식시장을 떠났고, 뉴스에는 온갖 악재가 넘친다.

• 특징 : 펀더멘털은 바닥을 찍고 회복 기미를 보이지만, 가격에는 반영되지 않는다.

- 누가 사는가 : 남다른 통찰력을 가진 극소수의 투자자. 이들에게 공포는 매수 기회다.
- 투자전략 : 대중의 비관론에 연연하지 말고 저평가 우량주를 적극적으로 담는다.

❷ 2단계 : 현실적인 낙관의 확산(대중의 참여)

- 시장 분위기 : 전반적으로 경기가 좋아지고 있다.
- 특징 : 기업 실적이 개선되고 주가가 합리적으로 상승하면서 기술적 분석도 잘 맞아떨어진다.
- 누가 사는가 : 대부분의 기관 투자자와 일반 투자자들이 추세를 확인하고 들어온다.
- 투자전략 : 상승 흐름에 편승하여 수익을 극대화하되, 시장을 예의 주시해야 할 때다. 언제라도 하락이 찾아올 수 있다는 가정 아래 시장을 면밀히 주시하고 주식 보유를 꾸준히 판단한다. 추세추종 및 보유의 시기다.

❸ 3단계 : 광기와 탐욕의 절정(위험한 축제)

- 시장 분위기 : 모두가 '주식만 사면 돈 번다'고 야단법석이다. 문외한들까지 투자 계좌를 개설한다.
- 특징 : 펀더멘털과 무관하게 오로지 수급과 심리가 가격을 끌어올린다. 내재가치보다 훨씬 비싼 가격(bubble)을 형성한다.
- 누가 사는가 : 뒤늦게 흥분한 대중들. 위의 1단계에서 샀던 현명한 투자자들은 이들에게 물량을 넘긴다.

- 투자전략 : 냉정하게 매도해서 현금 확보, 파티가 최고조일 때 조용히 빠져나오라. 더 오를 것 같아도 미련을 버린다.

중요한 것은 이익 성장 지속 여부와 금리

결국, 증시의 추세적인 상승과 하락을 결정짓는 것은 펀더멘털이며, 그 중심에는 두 가지 축(성장기업의 이익 성장과 금리)이 자리 잡고 있다.

투자자의 형세 판단

물론 시장의 고점을 정확히 족집게처럼 맞출 수는 없다. 하지만 지금 시장을 지배하는 감정을 잘 살피면 대략적인 위치는 알 수 있다. 평소 주식엔 관심조차 없던 사람이 이런저런 종목을 들먹거리거나 언론이 연일 신기록 갱신을 보도하며 낙관론만 쏟아낸다면, 그때는 하워드 막스가 경고한 3단계일 가능성이 크다. 때로는 3단계의 구간이 생각보다 훨씬 길게 이어지기도 하지만, 특히 3단계의 분위기에 빠져 소위 '빚투' 같은 무리한 투자 결정은 절대 피해야 한다. 현명한 투자자는 1단계의 외로움을 견디고, 2단계의 성장을 즐기며, 3단계의 환호 속에서 남들이 흠뻑 취해있을 때 조용히 그리고 서서히 현금을 챙겨 떠난다. 이같은 사이클을 기억하고 나만의 장기 전략과 단기 대응 시나리오를 미리 세워둔다면, 거친 파도 속에서도 길을 잃지 않을 것이다.

제2장

보험피싱 : 폭락장에 대응하기

시장이 폭락하면 대중의 공포심리는 극단으로 치닫는다. 주가 급락에는 그럴 만한 악재가 있기 마련이지만, 문제는 시장이 항상 과잉 반응(overreact)한다는 점이다. 공포심은 악재의 실제 크기보다 훨씬 더 깊게 주가를 끌어내리는 법이다. 하지만 기업의 내재가치와 펀더멘털에 치명적인 훼손이 없다면, 과도하게 하락한 주가는 결국 제자리를 찾아간다. 이를 '평균회귀의 법칙(mean reversion)'이라 한다. 따라서 공포가 만들어낸 주가와 내재가치 사이의 거대한 괴리는 투자자에게 있어 더할 나위 없는 매수 기회가 된다. 보텀피싱(bottom fishing) 전략은 최저가를 노려 투자하는 기법, 즉, 주가가 바닥일 때 매수한 뒤 반등세가 오면 파는 저점 매수 투자기법이다. 내 경우에도 보텀피싱은 폭락장에서 투자 자산을 가장 빠르고 크게 불려준 효자 전략이었다.

통계적으로 글로벌 주식시장은 매년 10% 내외의 조정(correction)을 1회 이상 겪으며, 수년에 한 번씩은 20% 넘게 하락하는 약세장(bear market)을 맞이한다. 중요한 것은 이 모든 하락장이 영원하지 않다는 점이다. 시간이 지나면 공포는 잦아들고 악재는 해결되거나 시장에 반영되며 주가는 다시 정상 궤도로 복귀한다. 시장의 역사는 이렇게 반복된다는 것이 통계의 진실이다.

떨어지는 칼날 잡기인가, 보텀피싱인가

보텀피싱은 말 그대로 바닥권의 물고기를 낚아채는 전략이다. 하지만 이는 무작정 떨어지는 주식을 사는 '떨어진 칼날 잡기'와는 엄연히 다르다. 둘의 차이는 어디에 있을까.

- 떨어진 칼날 잡기는 부도 위기나 회계 부정 등의 악재로 펀더멘털이 무너졌기 때문에 떨어지는 주식을 단순히 싸다는 이유로 사는 행위다.
- 보텀피싱은 펀더멘털은 견고한데 시장 분위기에 휩쓸려 일시적으로 '가격만' 떨어진 우량 자산이나 ETF를 조금씩 모아가는 전략이다.

투자자는 시장에 대한 분석과 자산에 대한 분석을 통해 떨어진 칼날 잡기인지 아니면 보텀피싱인지를 판단해야 한다.

주가는 결국 펀더멘털에 수렴한다

아래 S&P500 지수 차트가 증명하듯, 자본주의 시스템이 작동하고 국가의 GDP가 성장하며, 대표 기업들의 이익 성장이 지속된다면 시장의 장기추세는 결국 '우상향'이다. 하락장은 상승 추세선 위의 일시적인 굴곡(noise)일 뿐이다. 대중이 그 굴곡의 깊이에 겁을 먹고 도망칠 때, 보텀피싱은 오히려 그 깊이를 이용해 미래의 수익을 확보하는 고도의 심리 게임이자 전략이다.

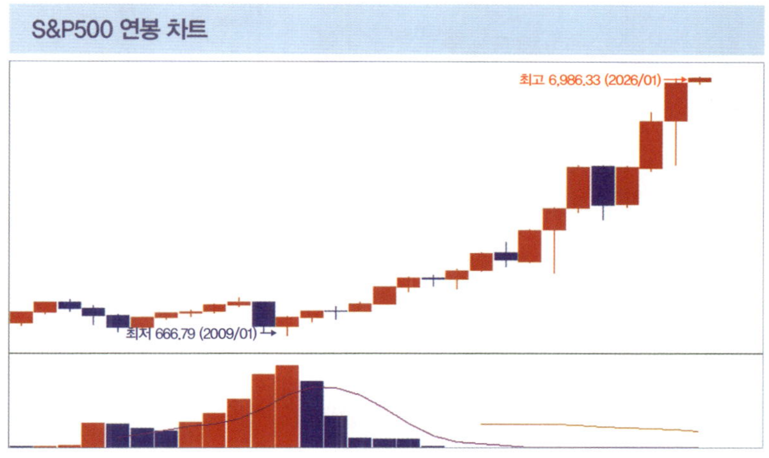

우리 주식시장을 대표하는 코스피 지수는 어떨까? 대체로 상승 추세 없이 박스권에서만 오르내린다고 해서(사실 2025년 상반기까지만 해도 그랬다) 국내 투자자들은 이를 '박스피'라고 불러왔다. 그러나 미국 S&P500 지수만큼 강력한 추세는 아니더라도 코스피 지수 역시 장기적으로는 저점과 고점이 상향하는 완연한 상승 추세를 보인다. 물론 반도체, 조

선 등 기간산업이 사이클 산업이어서 주기적으로 하락·상승의 사이클이 또렷이 나뉠 뿐, 전체적으로는 상승과 하락이 되풀이되면서 장기적으로는 우상향이라 보는 것이 합당하다. 아래의 차트가 그것을 보여준다.

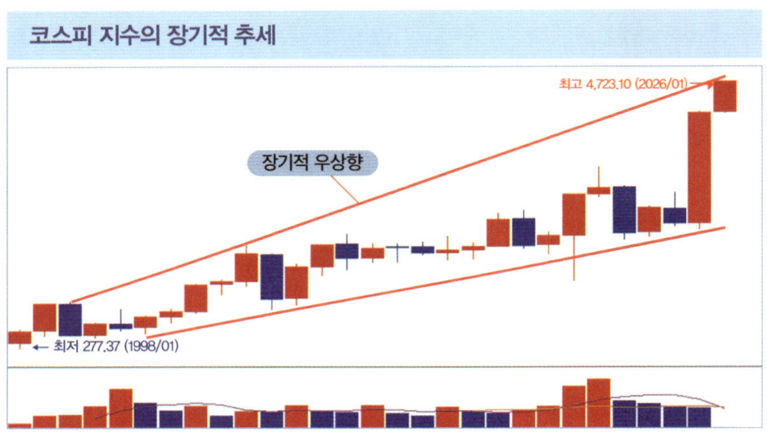

역사를 돌이켜보면, 그 어떤 악재도 시장의 우상향을 막지는 못했다. 그 이유는 단순하다. 자본주의 시장은 살아있는 유기체와 같아서, 인간의 '문제 해결 능력'을 동력으로 하여 움직이기 때문이다. 지금보다 나은 삶에의 갈망은 인류의 본능이다. 이 갈망이 기업가들에게는 혁신의 동기가 되고, 노동자들에게는 성실함의 이유가 된다. 위기가 닥치면 기업은 살아남기 위해 구조조정을 하고 신기술을 개발하며, 정부는 부양책을 내놓는다. 즉, 위기는 시스템을 파괴하는 것이 아니라 오히려 비효율을 제거하고 체질을 개선하는 계기가 되는 것이다. 이것이 바로 자본시장의 본질이다. 인류가 멸망하지 않는 한, 경제는 문제를

해결하며 성장할 수밖에 없다. 우리가 믿어야 할 것은 흔들리는 주가가 아니라, 숱한 전쟁과 전염병 속에서도 문명을 발전시켜 온 인간의 '회복탄력성(resilience)'이다.

결국, 투자란 인류가 만들어낼 더 나은 미래에 자본을 태워 보내는 행위다. 차트가 공포를 가리킬 때, 고개를 들어 역사를 보라. 자본시장은 언제나 위기를 딛고 전 고점을 돌파하며 진화해왔다는 사실을 기억해야 한다. 새 밀레니엄이 시작된 이후 우리 경제를 뒤흔들었던 대표적인 악재와 그 충격파의 극복 사례를 들어보자.

- 2007년~2008년 : 리먼 브라더스 사태 → 금융 시스템의 체질 개선
- 2010~2012년 : 유럽 재정위기(PIIGS) → 유럽 재정건전성 강화(ESM 설립), 중앙은행의 비전통적 통화정책(양적완화) 확대로 글로벌 유동성 시대 개막
- 2011년 : 미국 신용등급 강등(S&P, AAA→AA+) → 미국의 재정 규율 논의 촉발, 역설적으로 달러·미국채의 안전자산 지위 재확인
- 2015~2016년 : 중국 위안화 절하 및 증시 폭락, 국제유가 배럴당 20달러대 급락 → 중국 금융시장 규제·안전장치 강화, OPEC+ 감산 합의 체제 출범으로 원유시장 구조 재편
- 2018년 : 미중 무역전쟁 본격화 및 연준 긴축 가속 → 글로벌 공급망 재편(탈중국·리쇼어링) 시대의 서막, 연준의 "인내심 있는(patient)" 정책 전환 계기
- 2019년 : 일본의 반도체 핵심 소재 한국 수출 규제 → 국내 반도체 기업들의 핵심 소재 국산화 추진 및 경쟁력 제고

- 2020년 : 글로벌 코로나 팬데믹 → 코로나 백신 개발, 일부 신약 개발 기업들의 기술 성장, 세계 주요국들의 공조를 통한 경기 부양으로 침체 극복
- 2022년 : 러시아-우크라이나 전쟁 + 40년 만의 인플레이션 폭등 → 연준의 역사적 긴축(11회 연속 금리 인상)으로 인플레이션 제압, "연착륙(Soft Landing)" 가능성 입증 및 AI 붐의 기폭제 마련
- 2023년 : 실리콘밸리은행(SVB) 파산 및 미국 지역은행 위기 → 연준 긴급 유동성 프로그램(BTFP) 신설, 은행 리스크 관리 체계 전면 재점검, UBS의 크레딧스위스 인수로 글로벌 금융 시스템 구조조정 완료
- 2024년 8월 : 일본 엔 캐리트레이드 청산 및 글로벌 동시 급락 → BOJ 정책 정상화의 시장 학습 완료, 글로벌 레버리지 포지션의 강제 건전화, 과도한 쏠림에 대한 경고 효과
- 2025년 4월 : 트럼프 "해방의 날(Liberation Day)" 관세 충격 → 글로벌 공급망 재편 가속, 관세 협상 체제 재구축, AI·빅테크 고평가 버블의 건강한 조정

덧붙여 흥미로운 차트를 하나 소개한다. 1950년부터 2022년까지 어떤 악재들이 글로벌 거시경제와 자산시장을 강타했으며, 그 영향에도 불구하고 S&P500은 어떻게 70여 년 동안 100배 넘게 상승해왔는지를 보여주는 차트다.

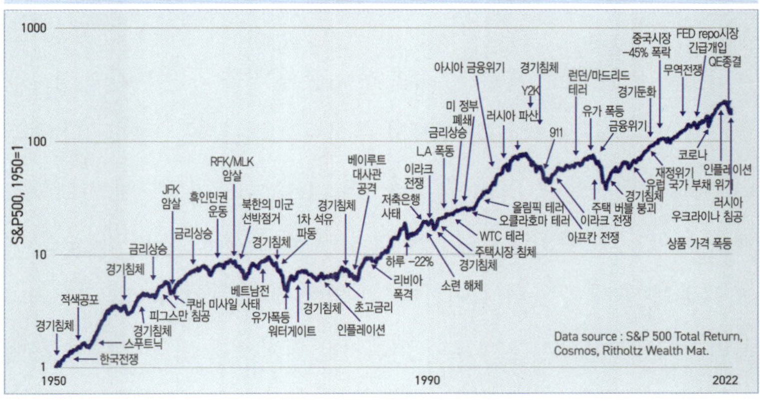

주식 매도를 촉발했던 다양한 이슈들

　결론적으로 복잡계의 세상에서는 이처럼 외생변수가 항상 찾아들고 자본시장은 이를 악재로 받아들여 자산 가격 하락의 빌미가 된다. 그러나 결국 시간이 흐르면서 위기는 극복되고 갈등은 차차 완화되면서 시장에 영향력이 제한적인 상수가 되어버린다. 그러니 지구가 멸망하는 수준의 사건이 아니라면, 투자자는 공포와 비관에 매몰되기보다 위기에서 기회를 찾는 훈련을 해야 한다. 시장이 공포에 휩싸여 주가가 본질 가치에서 지나치게 벗어날 때, 그 구간은 곧 '과매도 영역'이며, 펀더멘털이 훼손되지 않았다면 언젠가 평균으로 회귀하게 된다. 즉, 주가는 본질에서 멀어지면 다시 돌아온다는 얘기다. 지나친 낙관 속의 급등이 결국 조정받듯이, 극단적 비관 속의 급락 또한 회복을 맞이하게 된다.

산책하는 개와 주인

'유럽의 워런 버핏' 혹은 '주식의 신'이란 별명을 가진 투자자 앙드레 코스톨라니(André Kostolany)는 경제와 주식시장의 관계를 산책에 나선 주인과 개에 비유했다. 이는 주가 움직임의 속성을 생생하게 이해하는 데 도움이 된다. 주인이 개를 데리고 산책에 나선다. 주인은 목줄을 쥐고 목표를 향해 꾸준히 걸어간다. 그 옆에서 개는 앞서거니 뒤서거니 따라간다. 하지만 개가 아무리 이리저리 뛰어가려 해도 목줄에 묶여 있는 한 주인이 가는 방향으로 따라올 수밖에 없다. 여기서 주인은 경제 전반 또는 기업의 내재가치나 펀더멘털을 상징하고, 개는 주가를 비유한다. 주인을 앞질러 달려가기도 하고(상승장·버블), 뒤처지거나 뒤돌아가더라도(하락장·폭락) 결국은 주인을 따라갈 수밖에 없다. 주가가 기업의 실적보다 훨씬 높게 치솟기도 하고, 터무니없이 낮게 떨어지기도 하지만, 장기적으로는 기업의 본질적 가치에 수렴하게 된다는 뜻이다.

투자자들이 흔히 실패하는 이유는 주인의 발걸음(펀더멘털)은 보지 않고, 이리저리 뛰어다니는 개(주가)의 움직임에만 현혹되기 때문이다. 개가 너무 앞서갔다면 조만간 돌아올 것을 예상해야 하고, 반대로 한참 뒤처져있다면 곧 달려와 주인을 따라잡을 것임을 알아야 한다. 보텀피싱 전략은 바로 이 지점을 노린다. 개가 주인보다 한참 뒤처진 순간, 즉 시장의 공포가 펀더멘털에 비해 주가를 지나치게 끌어내린 그 순간이 바로 개(주가)가 주인(가치)을 향해 맹렬히 달려올 시점이기 때문이다. 기억해두자. 내일의 주가는 알 수 없다. 변덕스러운 개의 마음을 어찌 알겠는가. 하지만 3년 뒤, 10년 뒤 주인이 어디에 가있을지는 기업의 성장성과 경제지표를 통해 예측할 수 있다. 주인을 믿는다면, 잠시 뒤처진 개를 두려워할 필요가 없다.

한국증시에서의 보텀피싱

한국의 경제는 수출에의 의존도가 무척 높다. 그래서 글로벌 정세와 매크로 이슈에 유난히 민감한 편이다. 2018년~2019년 미·중 무역분쟁의 최대 피해국 중 하나가 한국이었다는 사실에서도 이런 특성은 충분히 느낄 수 있다. 그래서인지 국내 증시도 덩달아 민감하게 움직인다. 실제 MDD라는 데이터를 봐도 한국증시는 상당히 높은 변동성을 보인다. 보통 '최대 낙폭'으로 번역되는 MDD(maximum drawdown)는 어느 기간 중 투자 자산이나 지수의 최고점(peak)에서 최저점(trough)까지의 최대 하락 비율을 의미한다. 참고로 2001년부터 2023년까지의 기간 중 한국증시의 평균 MDD를 살펴보면 다음과 같다.

- 코스피 평균 MDD : -19.67%
- 코스닥 평균 MDD : -24.65%

즉, 지난 20여 년간 매년 1회 이상, 코스피는 평균적으로 고점 대비 약 20%, 코스닥은 약 25% 가까이 하락했던 셈이다. 특히 가격 민감도(베타)가 높은 스몰캡(소형주) 종목은 시장 대비 약 1.5배가량 더 큰 낙폭을 보여 30%~40%까지 하락하는 경우가 드물지 않다. 이걸 거꾸로 보면 어떨까. 매년 적어도 한 번은 '주식을 싸게 살 수 있는 구간'이 온다는 의미다. 다만 문제는 정확한 바닥을 예측할 수 없다는 점. 따라서 하락장에서 '많이 빠졌다'라는 단순한 감에 의존하기보다, 여러 차례에 걸친 분할매수 전략을 구사하는 편이 유리하다. 또 주관적인 판단 대신 객관적인 지표를 활용해야 확률적으로 더 유리한 위치에서 매수할 수 있다.

그렇다면 우리는 어떠한 객관적인 지표를 활용해 저점매수 타이밍을 잡아야 할까? 이런 궁금증을 해결하기 위해 실전 투자 측면에서 자세한 매수 전략을 공유해보고자 한다. 보텀피싱 전략은 미국과 한국 모두에 통용된다. 그러나 두 시장에서 적용되는 전략과 매수 타이밍에 활용하는 지표는 나라마다 차이가 있다. 한국증시에서 보텀피싱 전략으로 매수 구간을 파악하려 할 때, 어떤 객관적 지표를 활용할까? 단기적인 과매도 구간 확인에는 RSI나 ADR 지표를 활용하며, 시장이 극도의 공포 구간에 들었음을 유추하는 데는 '공포탐욕지수'나 '신용매물출회 및 반대매매 출회 수급 지표'를 활용한다.

❶ RSI(relative strength index : 상대강도지수)

RSI는 가격의 상승압력과 하락압력 간의 상대적 강도를 보여주는 지수다. 쉽게 말해서 가격 하락이 계속되고 상승이 없으면 RSI는 0이며, 반대로 상승만 있고 하락이 없으면 100의 값을 갖는다. 일정 기간 주가가 전일 가격에 비해 상승한 변화량이 많으면 과매수, 하락한 변화량이 많으면 과매도로 볼 수 있다. 투자자는 RSI가 70을 넘어서면 과매수 구간이므로 매도 포지션이 유리하다고(매도 시점이라고) 이해할 수 있으며, 반대로 RSI가 30을 밑돌면 과매도 구간이므로 매수 포지션이 유리하다고(매수 시점이라고) 간주할 수 있다. 아래의 차트는 2022년 9월 ~2024년 5월 사이 코스피 일봉 차트와 함께 하단 작은 차트에서 RSI 30 이하인 과매도 구간을 보여준다. 그때가 보텀피싱 전략이 유효한 구간이었다.

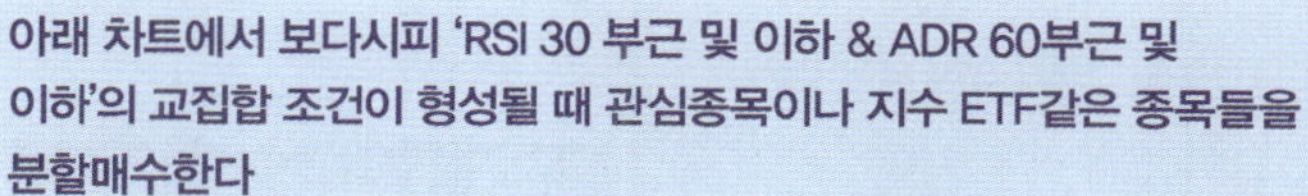

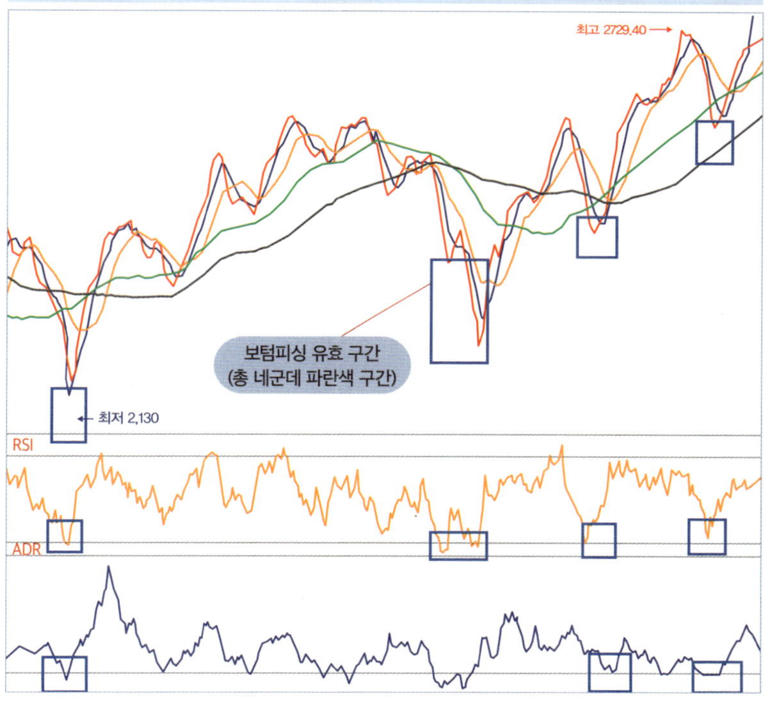

❷ ADR(advance decline ratio; 등락비율)

ADR은 일정 기간(보통 20거래일) 내 상승 종목과 하락 종목 수를 백분율로 나타낸 수치로 시장의 기초 체력을 보여주는 기술적 지표다. 구체적으로는 ADR(%)=(상승 종목 수·하락 종목 수)x100으로 계산된다. ADR이 100 이상이면 상승 종목이 더 많고 100 이하면 하락 종목이 더 많다는 뜻이어서, 시장의 매수세와 매도세의 세기를 가늠해 볼 수 있다. 나아

> **TIP**
>
> ### RSI 및 ADR 지표를 나타내는 방법
>
> RSI 지표를 키움증권의 트레이딩 시스템을 예로 들어 설명하면 첫 화면에서 '차트' 탭을 클릭한 다음, 차트 화면의 왼쪽 맨 위 '좌측 메뉴 보이기·감추기'를 클릭한다. 좌측 메뉴가 보일 때 검색창에 RSI를 입력하면 아래와 같이 나타난다. 여기서 RSI를 클릭하면 RSI를 포함한 여러 가지 기술적 지표가 보인다.
>
> ADR 지표 역시 키움증권의 트레이딩 시스템을 예로 든다면, RSI와 똑같은 과정을 거쳐 좌측 메뉴가 보일 때, 검색창에 ADR을 입력하면 ADR 지수가 나타나는데, 다만
>
> 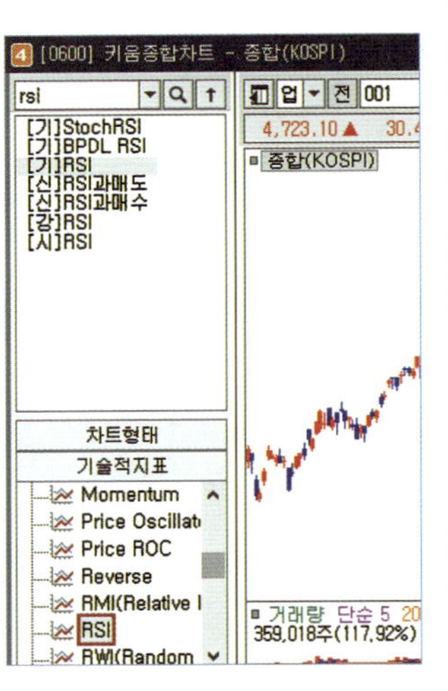
>
> 코스피와 코스닥의 ADR 지표가 서로 다르므로 필요에 따라 선택해야 한다.

가 ADR이 120을 넘으면 과매수 구간으로 매도 포지션이 유리한 매도 시점이고, 80 아래로 내려가면 과매도 구간으로 매수 시점이 된다.

❸ 신용매수와 반대매매

'신용매수'는 빚을 내서 주식을 매수하는 행위다. 금융권에서 대출을 얻거나 마이너스 통장을 활용해 투자금을 마련하기도 하고, 증권계좌에 보유하고 있는 주식을 담보로 제공해 대출받기도 한다. 모든 증권사가 제공하는 서비스여서 투자자들이 많이 활용한다. 그런데 무리하게 빚을 내 신용매수를 시도하면, 투자자를 파산 같은 극단적 리스크에 빠뜨리기도 한다. 그런데도 과도한 신용매수에 의존하는 투자자들이 꽤 많고, 시장이 괜찮다 싶으면 아슬아슬할 정도로 늘어나기도 한다.

담보로 제공한 주식의 가격이 폭락하면 어떻게 되겠는가. 정해진 담보 비율을 만족시키지 못하게 되고, 대출받은 사람이 담보 부족분을 채워 넣거나 어떻게든 빌린 돈을 갚지 않는 한, 증권사는 다음날 시초에 하한가 주문을 걸어 매도 청산해버린다. 이것이 바로 '반대매매'다. 강제 청산 매도 주문을 넣어야 하는 증권사는 8시 50분 일제히 하한가 주문을 넣게 되고, 이런 반대매매로 인해 '예상 체결 등락률 상위' 화면엔 하한가 주문이 넘쳐난다. 반대로 평상시에는 이 화면에서 하한가 주문 종목을 그다지 많이 볼 수 없다.

여기서 우리는 반대매매가 많이 나오는 시점, 즉, 매수에 유리한 타이밍을 골라볼 수 있다. 물론 개장 후 시간이 지나면 하한가 매도물량을 초과하는 매수주문이 들어오며 하한가 표시는 하나둘 사라지기도 하지만, 08시 50분에 하한가 주문이 실제로 얼마나 들어오는지를 파악하면 반대매매가 많이 생기는 시점을 알 수 있다.

참고로 신용거래 융자의 규모가 어떻게 움직이는지 알고싶다면 금융투자협회 사이트(https://freesis.kofia.or.kr)에서 확인할 수 있다. 홈페이지에서 '주식' → '신용공여잔고 추이' 순으로 들어가면 투자자들이 신용매수를 사용하고 있는 금액의 합인 신용공여 잔액을 볼 수 있다. 그중에서 '신용거래융자' 금액이 단기적으로 감소세를 나타낸다면 반대매매 매물이 나오고 있을 가능성이 크다고 유추할 수 있다. 특히 증시 급락(폭락) 구간에 '예상 체결 등락률 상위' 화면에서 반대매매 추이가 확인되는 시점과 더불어 연속적으로 '신용거래융자' 금액까지 감소 추세라면, 주식시장에서는 반대매매 매물이 쏟아지는 상황일 가능성이 크다.

보텀피싱 : 어떤 종목을 매수해서 어떻게 매도할까?

시장 지수를 초과하는 소위 '알파 수익'을 노린다면 본인이 평소에 잘 공부해둔 종목, 특히 '실적 성장주'를 과매도 구간에 매수하는 것이 유리하다. 펀더멘털에 비해 주가가 크게 빠진 시점이므로, 결국 실적만 제대로 성장한다면 주가는 회복할 가능성이 크기 때문이다. 그러나 평소에 투자 공부가 부족한 사람이나 종목 선택 판단이 서지 않는 초급 투자자들은 코스피 지수 ETF(KODEX 레버리지 ETF)를 분할매수하는 편이 성공률 측면에서는 가장 바람직하다. 이 ETF는 코스피 지수의 2배의 변동성을 추종하게끔 구성된 ETF다. 과매도 구간에 특정 종목을 직접 매수하는 경우, 나중에 지수가 반등해도 그 종목은 불행히도 반등하지 않을 위험성이 있기 때문이다. 하지만 지수 추종 ETF는 시장이 반등하면 무조건 지수와 함께 반등하기 때문에, 과매도 구간에서는 이런 ETF를 분할매수하는 전략이 유리하다.

그럼, 매도는 언제 할까? 보텀피싱은 '과매도 구간에서 매수 → 평균회귀'로 수익을 노리는 전략이다. 그러나 만약 과매도 구간에서 잘 매수해놓고 '과매수 구간까지 보유'하는 욕심을 부린다면, 보유 기간이 길어지면서 엄청난 시간적 기회비용이 생기기도 한다. 따라서 욕심을 내려놓고 '과매도 구간(비정상화 구간) → 평균회귀의 구간(정상화 구간)'으로 돌아왔을 때 분할매도로 대응을 하는 것이 현명하다.

구체적으로 말하자면, RSI 지수가 중립 구간인 50 부근까지 올라왔을 때 혹은 ADR 지수가 100 정도에 들어섰을 때, 보유량의 3할~5할을 분할 매도한다. 만약 RSI만 50 부근까지 올라왔고 ADR은 100에 도달하지 않았다면, 1순위로 RSI 지표를 기준으로 대응한다. 시장 지수와 동행하는 지표는 RSI이기 때문에 지수 ETF를 매수했다면 RSI를 우선순위로 보고 대응하는 것이다.

분할매도를 진행 후 남은 물량은 지수가 추세적인 반등을 이어간다면 쭉 보유하다가 10일선~20일선 이동평균선을 이탈하는 추세가 나타날 때 전량 매도하거나, 매수 평단을 위협하는 하락 되돌림이 나온다면 본전 찾기 수준에서 손실 없이 매도하며 현금을 확보하고 운신의 폭을 넓혀둔다(리스크 관리 우선).

보텀피싱 전략에서는 아래와 같이 RSI를 우선순위로 보고 대응한

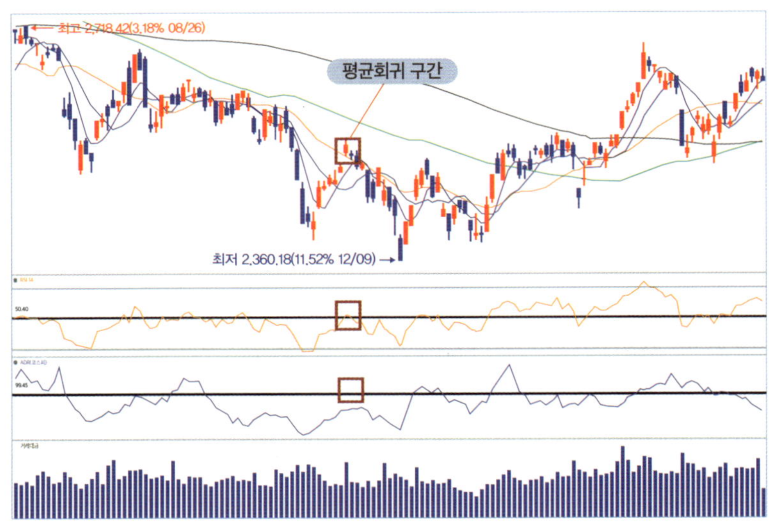

다. 아래와 같이 RSI 기준 50 부근에 도달했을 때는 분할매도 시점으로 대응한다. '과매도 → 정상화'의 평균회귀 구간을 노리는 것이다.

보텀피싱 전략과 리스크 관리

보텀피싱 전략은 주가가 심리적 영향으로 과도하게 하락했다고 판단되는 구간에서 주요 지지선이 붕괴하는 시점의 투매 물량을 싸게 매집해가는 전략이다. 따라서 '매수 후 전저점(지지선) 이탈 시 손절' 방식으로 대응한다면, 성공률은 매우 낮아지게 된다.

고로 가격전략보다는 시간 전략으로 대응하되, 과매도 구간(RSI 과매도+ADR 과매도+반대매매 출회)이 포착되더라도 투자금을 100%를 한꺼번에

쓰지 말고 2회~3회 분할매수로 접근하자. 반대매매가 쏟아지기 시작하면 아주 높은 확률로 단기 바닥이 형성되고 기술적으로 반등하기 때문에, 최초 1회 매수에는 투자금의 5할 정도만 투입한다. 그리고 며칠 내 기술적 반등 구간이 나오면 추가매수를 하지 말고 1회 매수물량만으로 수익을 취한다.

반대로 1차 매수 후 추가로 급락하면서 두 번째 과매도 구간이 나타나면, 남은 50% 자금으로 추가매수하면서 평균단가를 낮추자. 이렇게 두 번 매수한 뒤 기술적으로 반등하면서 손익분기점에 도달하면, 두 번째 매수했던 절반 물량을 매도해 현금을 확보해둔다. 이렇게 되면 매수 평단은 더 낮아지고 투입할 자금은 다시 5할이 확보된 상태이므로 운신의 폭이 넓어진다. 여기서 만약 계속 추가적인 반등과 추세 상승이 이어진다면 여전히 보유하고 있는 5할 물량만으로 수익을 누리면 된다. 그러나 또다시 급락이 나온다면 다음의 과매도 구간에 확보해둔 5할 물량을 추가 매수해서 평단을 더 낮추고 위의 방식을 되풀이 적용한다.

국내주식 보텀피싱 사례

❶ 국내 증시 보텀피싱 사례 1 : 2024년 8월 5일

글로벌 증시가 그야말로 전례 없는 폭락에 휩싸인 하루였다. 이날 코스피 지수는 장중 저가 기준 무려 10.81%라는 폭락을 겪었고, 종가 기준으로는 8.77% 하락으로 마감했다. 코스피 지수가 하루에 8.77%나 무너졌던 사례는 2008년 금융위기 이후 처음이었으며 언론에서는 이

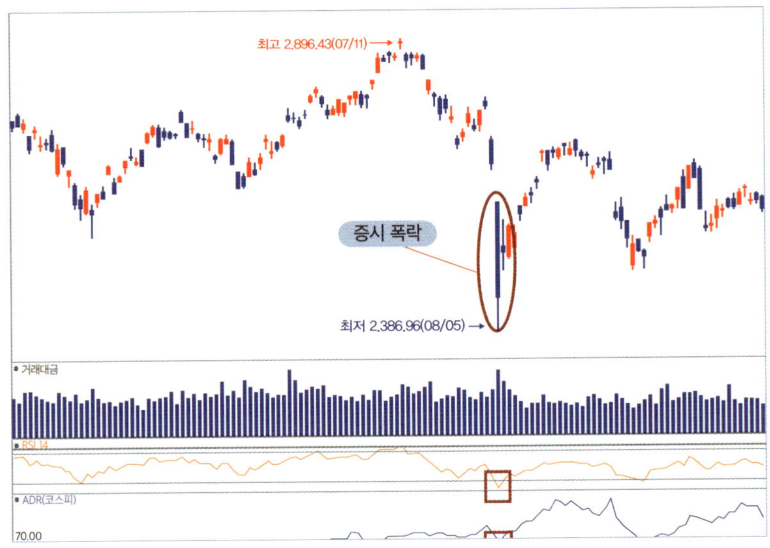

날을 '블랙먼데이'라 불렀다.

어떤 요인이 이날 증시 폭락을 초래했을까? 미국의 경기 침체 공포, 일본발 금리·환율 쇼크(엔캐리트레이드 우려), 중동발 전쟁 리스크 확대 등의 이슈가 복합적으로 작용했다. 엎친 데 덮친 격으로 수급도 특이했는데, 전문가들의 분석을 따르면 그중 하나는 CTA(commodity trading advisor) 펀드의 매도세가 하락을 부추긴 점이었다. 글로벌 CTA 펀드는 대략 340조~350조 원의 천문학적인 자금을 운용하는 펀드다. 이 CTA 펀드의 전략 중 하나가 '시스템 추세추종 전략'이다. 말 그대로 추세가 상승하는 방향에서는 계속해서 포지션을 유지(주식 등 위험자산 보유)하지만, 추세가 변하는 위험 신호가 포착되면 바로 알고리즘이 반응해서 자동 매도하는 식으로 운용된다.

이날 초반부터 아시아 증시가 급속히 하락하면서 미국 선물지수 역시 급락세였고, 시장에서는 계속 경기 침체와 엔캐리트레이드 청산 이슈가 떠오르며 대규모 펀드 자금이 매도로 전환되어 폭락에 속도가 붙었다. 즉, 시장이 급락할 만한 날이긴 했지만, 수급 측면의 이유로 추가적인 폭락이 발생했고, 그러다 보니 놀란 투자자들이 추격 매도하면서 수급과 심리가 덩달아 나빠진 케이스였다.

❷ 당시 시장에 대한 관점

이날 장전 8시 40분(현재는 NXT 거래소 영향으로 8시 50분) 장전 거래주문이 가능한 시간이 되자마자 예상체결 등락률 상위 화면은 쏟아져나온 하한가 주문으로 가득했다. 나는 시장에 본격적으로 반대매매 물량이 쏟아지기 시작한 구간이라 판단하고 약 30% 비중으로 보유하고 있던 현금을 투입해 매수를 진행했다. 하지만 당장 현금을 모두 써버리면 추가적인 하락 발생 시 심리적으로 안정감이 떨어지게 될 것이므로, 이 현금을 3번에 나눠서 사용할 요량이었다. 30% 비중의 현금 중 15%는 개장 직후, 9%는 장 마감 후, 그리고 나머지 6%는 혹시 추가 하락 발생 시 다음날 투입하기로 말이다. 이 계획은 5:3:2의 비율로 시장의 추가적인 하락 발생 가능성을 염두에 둔 것이었다. 계획대로 9시 개장 즉시 15%를 투입, 평소 관심 있던 종목을 1차 분할 매수했다. 시장에 투매가 쏟아졌고 주가가 싸진 구간이라 저가 매수의 좋은 기회라고 판단한 것이다. 그런 다음 여기서 바로 반등한다면 추가 현금투입 없이 1차 매수 물량만으로 수익을 누리고, 반면 더욱 하락한다면 종가 무렵에 2차로 매수할 생각이었다.

그런데 오후 2시경, 글로벌 증시의 엄청난 폭락이 더해지며 코스피와 코스닥 시장 모두 '서킷 브레이커'가 발동되었다. 그래서 남아있는 현금을 모두 투입해 관심 종목들을 추가로 사들였다. 당시 매수한 종목은 'SOL 조선 TOP3 플러스', '코스닥 150레버리지 ETF', '삼성전자', '파마리서치'였다. 조선, 피부미용, 반도체 등이 매크로 이슈와 무관하게 EPS 성장 섹터라고 판단했기 때문이다. 이들의 주가는 펀더멘털에 따라 회복하는 평균회귀의 속성을 나타내며 결국은 강한 반등을 보이리라고 믿었다. 무엇보다도 서킷 브레이커까지 발동되며 주가가 폭락한 구간에서는 추가 하락은 제한적이며, 상승 흐름이 열리며 손익비가 좋은 상황이었다.

결과는 예상대로였다. 이날 매수한 파마리서치는 약 2주일 뒤 저점 대비 50%, SOL 조선 TOP 3 플러스 ETF는 약 20%, 삼성전자는 20%, 코스닥 150 레버리지 ETF는 30%의 상승률을 보였다.

❸ 매도 타이밍

8월 5일 시가와 종가에 나눠 매수했던 물량은 다음 날 기술적 반등 구간에서 절반가량 익절매하고 나머지 물량은 코스피·코스닥 지수가 RSI 50 부근에 왔을 때 수익을 남기고 전량 매도했다. 다음 날 기술적 반등 구간에 일부 물량을 매도한 것은 단발적인 기술적 반등 후 재차 추가 하락이 나올 가능성을 고려, 운신의 폭을 넓히기 위한 위험 관리 전략이었다. RSI 50 정도에서의 전량 매도는 '평균회귀'의 전략이며 '비정상화 → 정상화'까지 도달할 때 원칙대로 대응하기 위함이다. 물론 RSI 50을 넘어서 60~70구간까지 과매수 영역으로 더 갈 수도 있지만, 그때는 이미 운의 영역이기에 통계 데이터에 기반하여 가장 높은 확률로 수익을 주는 RSI 50 부근에서 매매를 종료하는 것이 바람직하다.

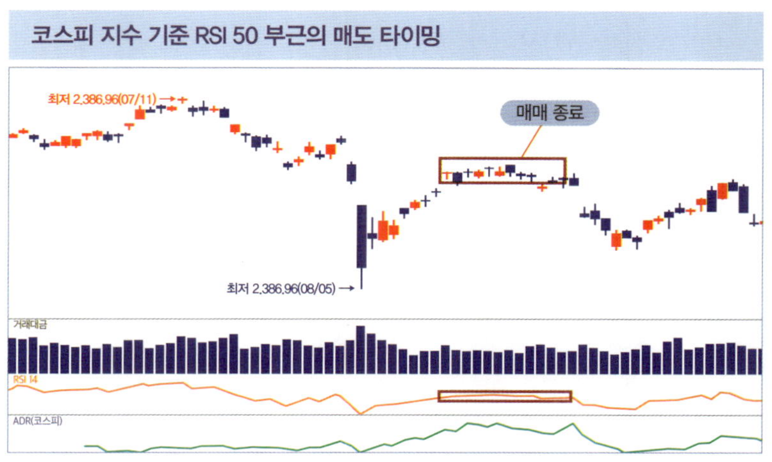

❹ 국내 증시 보텀피싱 사례 2 : 2024년 11월

• 한국 주식 급락의 배경

2024년 11월 중순, 국내 증시는 다시 크게 하락했다. 주된 원인은 미국의 관세정책에 대한 공포심. 트럼프 2기가 시작되자 미국의 관세정책은 주요국들에 큰 부담이었고 1기의 무역 전쟁 악몽을 떠올리게 했다. 수출에 크게 의존하는 한국은 1기에 특히 피해가 컸던지라, 2기 출범 직후 증시엔 엄청난 매도세가 시작됐다. 이런 현상은 한국에 국한된 게 아니어서 글로벌 증시 모두 크게 하락했다. 미국증시조차 안전자산 선호심리로 국채금리가 급등했고, 연준은 관세정책으로 물가가 상승한다면 예정된 금리 인하가 어려울 수도 있다고 했다.

- 시장에 대한 관점

트럼프의 관세정책은 새삼스러운 뉴스가 아니었고, 그의 당선 가능성도 매우 커서 증시에는 충분히 미리 반영되었다. 또 이때만 해도 각국을 향한 관세율이 정확히 책정되지도 않은 상태였는데 주가가 폭락했다는 건 심리적 영향이었다. 미국 내 AI와 인프라 투자 확대를 노리는 트럼프의 정책도 결국 저금리 상황을 갈망했지만, 연준이 금리 인하를 중단하며 추가 하락 가능성은 극히 제한적이었음에도 주가는 지나치게 빠진 상황이었다.

당시의 코스피 지수를 보여주는 아래 차트를 보자. RSI 지표는 30 이하의 과매도 구간에 들어섰고, ADR 역시 60 후반대를 기록하며 과매도 구간에 와 있었다.

장전 호가가 형성되는 8시 50분 정각 키움증권 HTS에서 '0183'을 눌러 '예상 체결 등락률 상위' 화면을 열어보았다. 아래와 같이 30% 떨어지며 하한가에 봉착한 종목들이 수두룩했다. 이는 소위 '반대매매 주문'이 쏟아졌기 때문에 나타난 현상이었다.

반대매매 구간
RSI 14
ADR(코스피)
거래대금

순위	종목명	예상체결가	기준가격	대비	등락률	예상체결량	매도잔량	매도호가	매수호가	매수잔량
1	바이넥스	13,860	19,800 ↓	5,940	-30.00	80,475	103	19,000	13,860	91,006
2	본느	1,029	1,470 ↓	441	-30.00	57,647	4,926	1,478		
3	한싹	3,245	4,635 ↓	1,390	-29.99	9,883	50	4,600	3,245	963
4	아이윈	579	817 ▼	238	-29.13	26,966	85	585	579	26,352
5	KG에코솔루	3,445	4,920 ↓	1,475	-29.98	10,690	136	4,925	3,445	10,421
6	HB솔루션	2,220	3,170 ↓	950	-29.97	74,801	1,908	3,145		
7	삼화콘덴서	20,450	29,200 ↓	8,750	-29.97	11,161	4,689	28,500		
8	씨티케이	3,810	5,440 ↓	1,630	-29.96	1,737	10,617	3,810		
9	HLB파나진	1,870	2,670 ↓	800	-29.96	20,500	4	2,670	1,870	3,001
10	아이비젼윅	1,101	1,572 ↓	471	-29.96	67,334	31,918	1,101		
11	씨씨에스	1,038	1,482 ↓	444	-29.96	42,677	59,781	1,479		
12	쯔리리스오	3,355	4,290 ↓	1,435	-29.96	22,428	9,295	4,225		

다시 말해서 RSI와 ADR 지표가 과매도로 들어선 시점이라 반대매매가 속출한 데다 시장의 비관론이 극도에 달한 구간이었다. 그렇다고 증시의 펀더멘털이 망가진 것은 아니었다. 단지 미국 관세정책과 금리 인하 중단에 대한 '우려와 불안'이 극에 달했기 때문이었다. 이런 판단이 섰기 때문에, 나는 30%의 비중으로 보유하고 있던 현금을 투입해 평소에 흥미를 느꼈던 여러 개의 종목에 대한 분할매수를 진행했다.

현금을 투입할 최적의 타이밍은?

'RSI 과매도 + ADR 과매도 + 반대매매 출회'의 교집합 조건이 형성되는 구간은 그야말로 시장에 공포심리가 만연한 구간이다. 이때 만약 증시 전반의 펀더멘털이 크게 훼손된 것은 아니라는 판단이 선다면, 이러한 교집합의 타이밍은 매우 좋은 매수 기회다. 나는 이럴 때 분할매수로 접근하는 편이다. 주가는 대중의 심리로 움직이기 때문에 공포

심리가 극단으로 쏠리면 주가가 지나치게 하락하며, 역으로 생각하면 이러한 구간은 손익비가 매우 유리해진다. 또 일부 투자자들은 주식을 팔 생각이 없는데도 신용매수의 담보가 부족해지면 반대매매(강제로 매도 청산)를 당하게 된다. 이럴 때 시장의 투자심리는 극도로 악화하며 주가가 과도하게 하락하는 구간이라는 점도 참고하면 좋을 것이다. 아래의 그림은 RSI 과매도, ADR 과매도, 반대매매 출회라는 세 요소가 동시에 발생하는 보텀피싱 전략의 최적 구간, 즉, 현금투입으로 매수할 기회 구간을 보여준다.

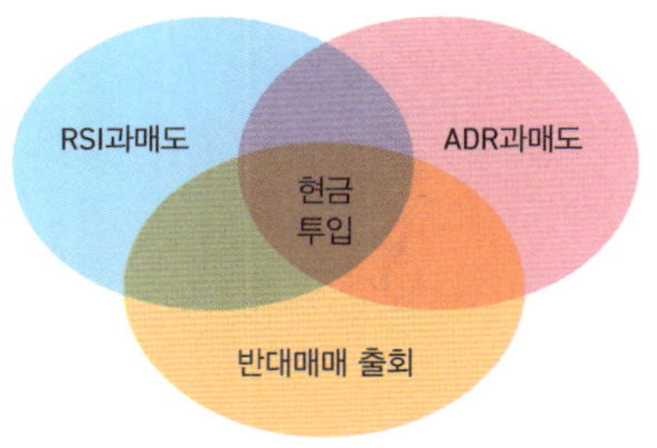

이런 좋은 기회를 만나면 본인이 평소에 잘 공부해놓은 관심 종목을 싸게 매집하는 것도 좋은 방법이며, 국내 증시 지수 ETF를 나누어 매수하는 대응도 바람직하다. 실제로 최근 10년간 코스피의 경우 RSI 지표는 얼마나 빈번하게 과매도 구간에 들어섰을까? 연도별로 과매도 구간에 들어선 횟수는 아래와 같이 요약해볼 수 있다.

- 2014년 : RSI 과매도 구간 진입 4회
- 2015년 : 과매도 구간 진입 4회
- 2016년 : RSI 30 이하 완연한 과매도 구간 1회, RSI 35 부근 5회

- 2017년 : RSI 30 이하 1회, RSI 35 부근 도달 2회
- 2018년 : 미·중 무역분쟁 변동성 확대로 진입 5회
- 2019년 : 미·중 무역분쟁으로 RSI 30 이하 2회, RSI 35 부근 2회
- 2020년 : RSI 30~40 구간 진입 3회, RSI 30 이하 1회
- 2021년 : RSI 30 이하 과매도 구간 3회
- 2022년 : RSI 30 이하 과매도 구간 진입 5회
- 2023년 : RSI 30 이하 과매도 구간 진입 3회

마지막 2023년의 경우, 과매도 구간 진입 이후의 지수는 어떤 흐름을 보였는지, 아래 차트에서 확인해보자.

RSI와 ADR 과매도·반대매매 출회가 2회 연속 나타나는 건 몇 년에

한 번 있을까 말까 한 아주 드문 경우다.

시장이 폭락할 땐 두려워서 팔고, 시장이 호기롭게 상승할 땐 덩달아 매수하는 게 대중의 심리다. 실제로 투자의 양상도 그렇다. 그래서 주식투자자의 90%가 군중심리에 흔들려 돈을 잃고 10% 정도만 꾸준히 돈을 번다. 시장이 신고가를 형성하는 고점에서 매수했다가 시장이 급락하면 공포심에 손실을 무릅쓰고 매도하는 투자자가 될 것인가? 아니면 군중심리에 역행해서 주가가 비정상적으로 빠질 때, 대중이 겁에 질려 투매할 때 똘똘한 종목들을 싸게 담아놓고 기다리는 현명한 투자자가 될 것인가?

계엄에 이어 2025년 4월에는 미·중 갈등 및 관세 분쟁 우려가 비관론을 키웠다. 트럼프의 관세정책이 인플레이션을 유발할 것이고 이는 금리 인하를 중단시킬 거란 우려였다. 그러나 트럼프의 정책 기조는 '저금리'다. 시간이 흘러도 관세는 물가를 압박하지 않았고 금리 인하 기조는 이어졌다. 이처럼 현재 시장의 본질을 파악하고 대중들이 심리가 극단으로 쏠려갈 때는 그 반대에서 고민해보자. 거기에 아주 큰 수익의 기회가 있으니까.

시장이 나빠질 때는 언론의 자극적인 보도와 주위의 소음을 멀리해야 한다. 이럴 때마다 대중의 '클릭'을 유도하려는 언론사들은 더욱 자극적인 뉴스를 내보낸다. 투자자는 객관적 데이터를 활용하여 확실히 중심을 잡아야 한다. 하락의 이유를 파악하고 과도한 하락이라고 판단

비관론이 가득할 때 주식 비중을 높여야 반등 시 수익의 비중이 커진다

아래 그래프는 최근 1년 국내 증시에서 나의 수익률을 보여준다. 빨간 선은 수익률, 검은 선과 파란 선은 각각 코스피, 코스닥 등락률이다. 빨간 네모 구간은 내가 적극적으로 주식 비중을 확대했던 때다. 2024년 12월은 계엄령 이슈로 증시가 폭락하면서 한국증시 비관론이 가득할 때였다. 하지만 정치적 이슈는 증시의 펀더멘털을 훼손시키지 못하고 투자심리만 잠시 악화시킬 뿐이다. 이렇게 무너진 심리가 주가를 싸게 만든다.

되면 저가 매수의 기회를 놓치지 않는 용기를 가져야 한다. 그래야 시장이 조용해지고 반등할 때 수익의 볼륨이 커지기 때문이다. 반대로 증시가 장밋빛으로 가득할 땐 조금씩 수익을 실현하면서 현금을 서서히 늘리는 선제적인 태도가 중요하다. 리스크 관리는 시장이 이미 폭락하고 난 뒤에 하는 것이 아니라 남들이 환희에 들떠있을 때 조금씩 수익실현으로 현금을 확보해놓는 것임을 상기하자.

미국증시에서의 보텀피싱(2015년~2025년)

미국증시는 글로벌 유동성이 가장 활발히 유입되는 시장이며 세계 최고의 자본시장이라는 점에서 프리미엄이 붙는 측면도 있어 과매도 구간 진입 빈도가 한국증시보다 상대적으로 적은 편이다. 우리 증시에서 해마다 평균 3회~5회의 과매도 구간이 생기는 것에 비해, 미국증시는 연중 2회~3회의 과매도 구간(RSI 30~40 구간 진입)을 경험했다. 그렇긴 해도 아래 차트에서 보다시피 RSI 지표가 30 이하로 내려가는 과매도 구간에서는 대개 보기 드문 매수 기회가 찾아오곤 했다.

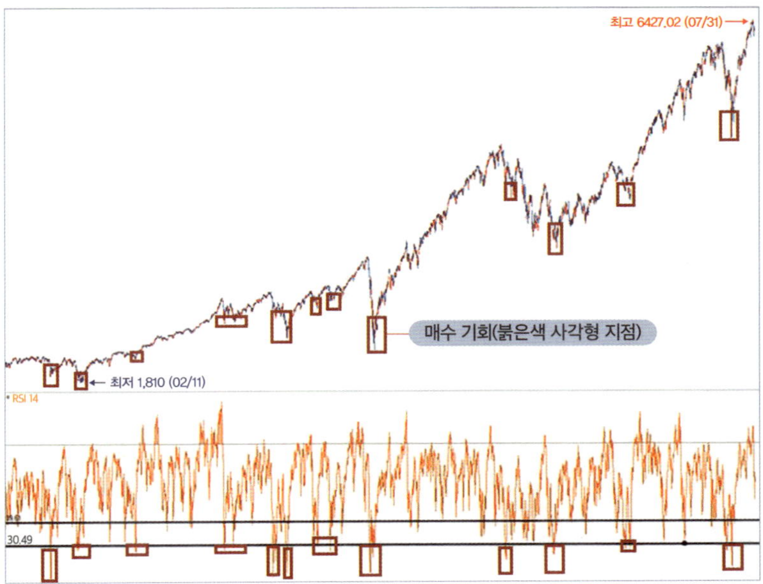

투자자는 평상시에 현금을 적절히 보유해두었다가, 위와 같은 과매도 구간이 발생할 때 3회~5회 정도 나눠서 평소에 좋게 봤던 종목이나

지수 ETF 등을 저점에 분할매수하는 전략을 취할 수 있다. 이는 곧 시장에 비관적인 심리가 팽배할 때, 군중심리가 한쪽으로 쏠려있을 때, 이를 역이용하는 역발상 전략이라 할 수 있다.

국내 증시의 보텀피싱 전략 실행 조건이 ADR, RSI 지표의 과매도, 그리고 반대매매 출회라는 세 가지 요소의 교집합이었다면, 미국증시는 좀 다르다. 우선 미국은 반대매매 청산을 추정할 수 있는 지표가 없다. 대신 VIX 지표와 공포·탐욕 지수를 활용한다. 'RSI 과매도, VIX 지표 과매수, 공포·탐욕 지수 극단적 공포 구간'의 교집합이 이루어질 때 나스닥 지수 ETF나 반도체 ETF를 매수하는 방식이다. 물론 S&P500 지수 ETF 역시 분할매수도 가능하다. 그러나 나스닥 지수 ETF나 반도체 ETF를 조금 더 선호하는 것은 S&P500 지수보다도 변동성이 높기 때문이다. 이 둘은 하락할 때나 반등할 때나 S&P500 지수보다도 훨씬 더 심하게 움직인다는 특징이 있다.

❶ 변동성지수, VIX

VIX는 volatility index의 약자로 변동성지수라고도 부른다. 보통 시장이 급격히 하락하면 VIX 지표는 급등하며, 시장이 안정적일 때 VIX 지표는 바닥을 형성한다. VIX 지표는 S&P500의 선물옵션을 사용하여 콜옵션 & 풋옵션 간의 격차를 계산해 형성된다고만 알아두고, 그저 이 지표를 투자에 활용하면 된다.

VIX 지표 활용법의 핵심은 과거 통계 데이터에 있다. VIX 지표가 30

부근을 넘어가면 시장은 공포 구간에 들어선다. 시장이 비관론으로 쏠려가는 구간이며 서서히 과매도권에 근접하는 시점이라 할 수 있다. 동시에 투매가 쏟아지기 시작하는 구간이므로 주가는 일시적으로 뚝 떨어진다. VIX 지표가 30을 넘어서는 시점에 미국 지수를 매수하면 역사적으로 매우 높은 성공률로 수익을 안겨줬다는 통계도 있으니, 흥미롭지 않은가?

최근 10년간 VIX지표 수치 30을 상회했던 이벤트들과 1개월 후 S&P500 지수 등락률

날짜	이벤트	VIX	S&P 500	1M 후	등락률
2015.08.24	중국 위안화 절하	40.7	1,893	1,932	+2.1%
2018.02.05	볼마겟돈	37.3	2,648	2,720	+2.7%
2018.12.24	Fed 긴축 + 무역전쟁	36.1	2,351	2,665	+13.4%
2020.02.28	COVID-19	40.1	2,954	2,627	−11.1%
2021.01.27	GME 밈스톡 사태	37.2	3,750	3,811	+1.6%
2022.01.24	인플레 + 금리 인상	31	4,356	4,225	−3%
2022.09.26	금리 정점 공포	32.6	3,655	3,860	+5.6%
2024.08.05	엔 캐리 청산	38.6	5,186	5,503	+6.1%
2025.04.04	트럼프 관세 충격	45.3	5,074	5,605	+10.5%

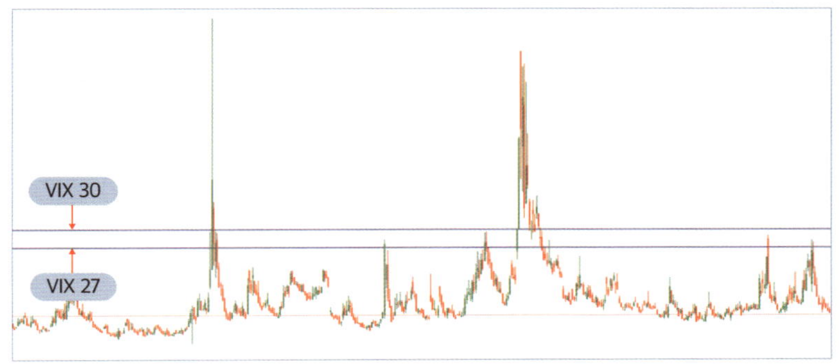

위의 차트에서 VIX 지표가 27~30 정도이면 시장은 공포심리가 만연한 구간이다. 따라서 VIX 지표가 30 이상일 때 분할매수가 이론적으로 최상의 시나리오이지만, 시장의 급락으로 VIX 지표가 30을 넘는 경우는 아주 드물어서 기회를 포착하기가 어렵다. 하지만 VIX 지표가 25~27구간에 들어서는 경우는 매년 2회~3회 정도 나타나기 때문에, 나는 그럴 때 보유현금의 3할~4할 정도를 투입해 나스닥 ETF, 필라델피아 반도체 ETF 등의 지수 ETF를 매수한다. 현금을 모두 투입하지 않는 이유는 운신의 폭을 넓혀두기 위함이며, 혹시 더 큰 폭락이 발생했을 때는 훨씬 높은 수익을 가져올 수 있으니까 그런 기회를 노려보기 위함이다.

VIX 지표 확인에는 여러가지 방법이 있으나, 트레이딩뷰 사이트 TradingView.com에서 상품 검색란에 'VIX'를 입력한 다음 시카고 옵션 거래소를 뜻하는 CBOE의 VIX 지표를 선택하면 된다.

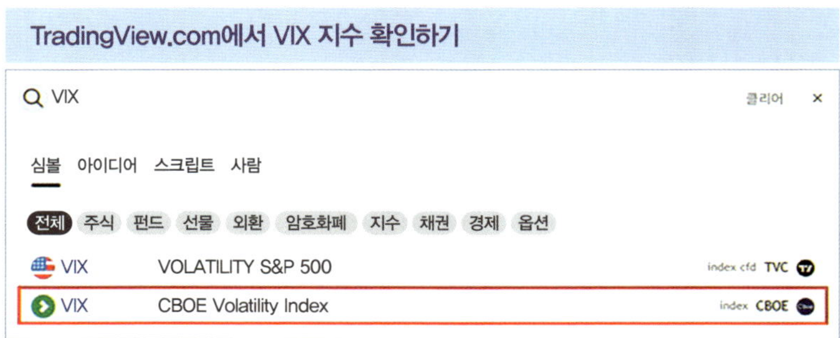

❷ 공포·탐욕지수로 매수 시점 잡기

공포·탐욕지수(Fear & Greed Index) 역시 시장의 심리를 파악할 수 있는 심리지표다. 이 지수는 시장 모멘텀, 주가 강도, 주가 폭, 풋·콜 옵션 비율, 정크 본드 수요, 시장 변동성, 안전자산 수요 등 총 7개의 항목을 측정하여 산출되는데, 투자자는 그냥 상식적으로만 알아두면 되겠다. 공포·탐욕지수 0~25는 극단적 공포(extreme fear), 26~44는 공포(fear), 45~55는 중립(neutral), 56~74는 탐욕(greed), 75~100은 극단적 탐욕(extreme greed) 구간으로 나뉜다.

극단적 공포 구간에는 시장에 비관적 심리가 만연하여 대체로 저점 매수의 기회가 되며, 반대로 극단적 탐욕 구간에는 시장에 낙관론과 환희가 만연하여 일시적으로 가격이 비싸지는 경우가 많다. 따라서 보텀피싱 전략에서 투자자는 시장이 공포심리에 두려워할 때, 오히려 욕심을 낼 수 있는 극단적 공포 구간을 공략한다. 공포·탐욕지수가 10 이하로 내려왔을 때 통계적으로 매우 높은 성공률의 저가 매수 시점이므로 앞서 살펴본 VIX 지표와 RSI 지표를 조합하여 수익 극대화의 지표로 활용한다.

공포·탐욕지수는 CNN.COM 사이트에서 확인할 수 있다.

❸ 미국 보텀피싱 사례 1 : 2024년 8월 5일 알고리즘 투매

24년 8월 5일 한국증시와 마찬가지로 미국증시도 역대급 폭락하면서 S&P500지수가 RSI 30 부근에 도달했고, VIX 지표는 30을 넘어섰

다. 공포·탐욕지수 역시 10 이하로 내려오면서 보텀피싱 전략으로 저점 매수할 수 있는 절호의 기회였다. 개장 전 프리마켓에서 SOXL(반도체 3배 레버리지 ETF)과 TQQQ(나스닥 3배 레버리지 ETF)를 분할 매수했고, RSI가 50에 도달하는 시점인 8월 13일부터 원칙대로 절반 물량을 분할 매도했다. 이후 추가적인 상승 구간에 남은 절반을 매도하면서 수익을 확정 지었다. 매도 청산 이후 지수는 계속 상승했지만, 확률적으로 'RSI 30 부근 매수 → RSI 50 부근 매도'가 가장 안정적인 수익 구간이라, 욕심 부리지 않고 단기간 30%~40% 수익에 충분히 만족하며 매매를 마무리했다. 이 실전 사례의 결과를 아래의 표에서 확인해보자. 이어지는 차트는 당시 S&P500 지수와 RSI 지표의 흐름을 또렷하게 보여주는데, 빨간색 상자로 표시된 구간이 매수와 매도의 적절한 시점을 고스란히 드러내고 있다.

매도일자	종목 코드	종목명	매입평균가	매도 평균가	수익률
2024/08/13	SOXL	미국 반도체 3배 디렉시온 ETF	26.9900	34.7200	28.05
2024/08/13	TQQQ	나스닥 3배 레버리지 ETF	57.3900	63.6400	10.35
2024/08/13	TSLR	테슬라 데일리 2배 롱 ETF	13.9700	14.0100	−0.23
2024/08/14	SOXL	미국 반도체 3배 디렉시온 ETF	26.9900	35.0500	29.28
2024/08/15	SOXL	미국 반도체 3배 디렉시온 ETF	26.9900	38.5800	42.92
2024/08/15	SOXL	미국 반도체 3배 디렉시온 ETF	26.9900	40.0700	42.83

이와 함께 아래 24년 8월 5일 전후의 VIX 지표 차트를 봐도, VIX 지표가 어떻게 30을 돌파하고 곧장 68 고점을 갱신했는지 (즉, 저점 매수 타이밍을 제공했는지) 또렷이 알 수 있다.

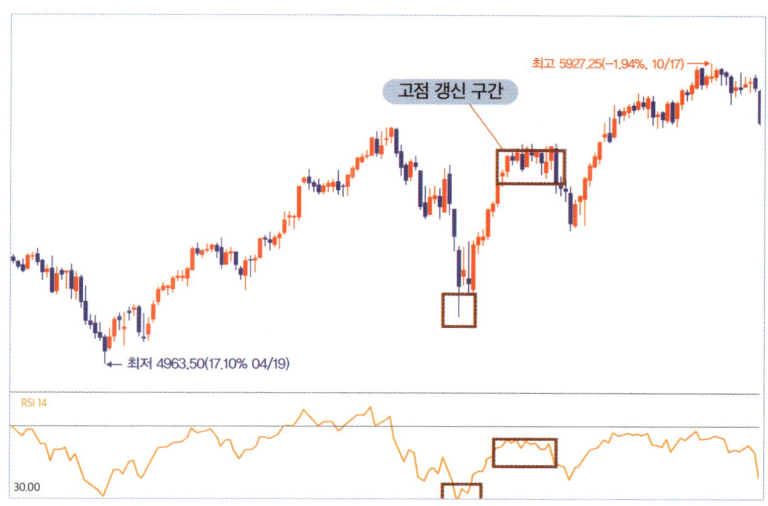

고점 갱신 구간
최고 5927.25(-1.94%, 10/17)
최저 4963.50(17.10% 04/19)
RSI 14
30.00

❹ 미국 보텀피싱 사례 2 : 2025년 4월 3일

미국 트럼프 대통령은 이날 교역국들에 대해 전방위적 상호관세를 발표했다. 트럼프 1기(2017년 1월~2021년 1월)에도 이미 무역분쟁으로 전 세계 자본시장을 뒤흔든 바 있었기에, 이번 관세전쟁도 적잖은 충격일 거란 우려가 지배적이었다. 아니나 다를까, 이날 불확실성은 크게 부각되었고, 나스닥 지수는 6% 정도, 필라델피아 반도체 지수는 9% 정도의 하락을 보였다. 2020년 코로나 팬데믹 이후 처음 겪는 폭락과 변동성이어서, 시장의 공포심리는 이만저만이 아니었다. 하지만 역으로 생각하면, '공포에 사고 환희에 팔라'고 하지 않았던가.

이때 나는 가장 변동성이 큰 SOXL(미국 반도체 3배 ETF)을 4월 3일(50%), 4월 4일(30%), 4월 7일(20%)로 시차를 두고 총 3회에 걸쳐 분할 매수했다. 반도체 ETF 지수를 집중 매수한 데도 나름의 이유가 있었다.

- 글로벌 AI 성장 모멘텀은 유효하고 반도체의 수요도 장기간 증가할 수밖에 없다.
- 관세정책과 무관하게 미국 빅테크의 실적 성장은 계속될 것이다.
- AI에 대한 빅테크들의 CAPEX(자금 투자)는 장기간 이어질 것이고 엔비디아를 비롯한 미국 반도체 대표주 추세는 회복될 가능성이 크다.
- 대통령이 자국 경제를 파멸로 이끌 선택은 하지 않을 것이다, 라고 판단했기 때문이다. 무엇보다 당시의 악재들은 주식시장에 이미 충분히 혹은 지나치게 반영되었다고 믿었다. 심리지표인 공포·

탐욕지수가 극단적 공포를 가리키고 있고 VIX 지표 역시 전례 없는 과매수 구간을 기록하고 있었기 때문이다. S&P500지수 기준 RSI 지표 역시 30 이하로 내려오면서 과도하게 하락한 구간이 분명했다.

이러한 과매도 구간에는 악재가 더 나와도 주가는 크게 빠지지 않으며, 악재가 완화하거나 새로운 호재가 나오면 주가는 아주 강하게 반응할 여지가 크다. 즉, 오히려 손익비가 매우 좋은, 유리한 투자의 기회다.

위 사례의 결과를 보여주는 S&P500 지수 차트라든지 당시 RSI 지표나 VIX 지표 차트 등은 사례 1과 너무나 흡사하기 때문에 굳이 다시 제시하지 않는다.

제3장

추세추종 : 상승장에 대응하기

누구나 한 번쯤 '항상 시장이 옳다'는 말을 들어봤을 것이다. 주가는 개인의 생각이 아니라 시장참여자 다수의 생각이 결정한다는 얘기다. 이 관점에서 보면 우리가 흔히 만나게 되는 '52주 신고가'란 투자자 대다수가 해당 종목의 미래를 긍정적으로 보고있다는 뜻이다. 즉, 이미 시장참여자들 사이에서 매수 및 보유심리가 공고해졌고, 이런 군중심리의 쏠림은 특별한 악재가 없는 한 관성에 의해 장기간 지속하는 경우가 많다. 특히 역사적 신고가를 돌파한 종목의 경우, 차트상 저항으로 작용할 매물대가 존재하지 않기에, 강력한 주가 상승의 모멘텀이 동반되면 마치 활주로를 박차고 이륙하는 비행기처럼 본격적인 상승 랠리를 이어가기 일쑤다. 이런 종목을 우리는 '주도주'라 부르며, 그 주도주에 올라타는 매매방식이 바로 신고가 추세추종 매매다.

주가가 역사적 고점을 갱신한다는 것은 손실 구간에 있는 투자자가 거의 없고, 보유자들은 수익권에 있거나 추가 상승을 기대하며 들고 있다는 얘기다. 이런 심리 구조는 매도 압력을 약화하고, 오히려 추가 상승 가능성을 높인다. 보유자로서는 계속해서 수익 확대를 기대하는 구간이며, 미보유자들은 FOMO 심리가 작동해 추격매수를 하고 싶어지는 구간이기 때문이다. 따라서 상장 이후 역사적 신고가를 기록한 종목이 있다면, 아찔하게 너무 비싸다고 두려워하기보다 좋은 매수 대상이 나타난 기회로 보는 게 합리적이다.

단, 무작정 추세추종은 절대 금물이다. 역사적 신고가를 돌파했다고 해서 모두 계속해서 상승을 이어가는 것은 아니니까. 그 주식이 지속 가능한 실적 성장과 펀더멘털 개선에 기반을 두고 상승했는지, 혹은 새롭게 생겨난 재평가의 모멘텀이 발현되었는지를 반드시 확인하라. 특히 무엇보다 EPS(주당순이익)의 성장이 계속되는지를 꼭 판단해야 한다. 결국, 주가는 장기적으로 펀더멘털에 수렴하기 때문이다. 따라서 기업이 신고가 이후에도 EPS 성장세를 꾸준히 유지한다면, 그 추세가 꺾이기 전까지 계속 우상향 추세를 이어갈 것이다. 다시 강조하거니와, 52주 신고가나 역사적 신고가 종목이 나타났을 때는 차트보다 이익 성장 여부를 먼저 파악하자. 동시에 매출 추세도 살피고, 산업의 구조적 성장이 동반되는지도 반드시 점검해야 한다.

추세추종 종목, 어떤 기준으로 선정할까?

추세추종의 선구자인 윌리엄 오닐(William O'Neil)은 수십 년간 데이터 분석을 통해서 성장주 종목 선정의 기준을 마련했다. 그는 1950년대 이후 미 증시에서 가장 크게 오른 주도주들을 거슬러 올라가 공통점을 뽑아냈는데, 그 결과를 하나의 약어로 정리한 것이 'C.A.N.S.L.I.M.'이다. 그 하나하나를 자세히 풀어보자.

❶ C : current quarterly earnings(현 분기 이익이 25% 이상 증가한 종목)

가장 최근 분기의 EPS가 전년 동기보다 최소 +25% 이상 성장하고 있거나 가능하면 40%~50% 급성장했다면 더할 나위 없다.

- **중요한 이유** : 52주 신고가가 숫자로 증명된 성장에서 나오고 있는지 확인하는 단계이기 때문. 주가는 펀더멘털에 수렴한다는 논리. 분기 실적이 점프하는 시점은 기관투자가들이 본격적으로 포지션을 키우는 구간(적극적인 매수에 가담하는 구간)인 경우가 많다.
- **체크 포인트** : (1) 매출도 함께 두 자릿수 이상 성장하고 있는가 (2) 영업이익률이 개선되고 있는가 (3) 전 분기와 비교해도 실적 모멘텀이 가속되는가
- C가 좋지 않은 신고가는 종목 선정에서 제외하는 편이 좋다. 실적 성장 없이 단순 이슈나 테마에만 의존한 신고가는 추세가 쉽게 꺾인다.

❷ A : annual earnings growth(연 이익이 25% 이상 증가한 종목)

최근 3년 이상 연속으로 연간 EPS가 증가하고, 연평균 성장률이 20%~25% 이상인 기업을 선호한다. 오닐은 ROE 17% 이상의 수익성을 기준으로 보기도 했다.

- **중요한 이유** : 분기 실적은 일회성 이벤트일 수 있지만, 연간 실적

은 사업의 체질과 성장의 실질적 방향을 보여준다. 52주 신고가를 여러 번 갱신하며 장기간 우상향하는 종목은 대체로 연간 실적 트렌드가 아름답게 오른다.

- **체크 포인트** : (1) 3년 연속 EPS/매출 우상향인가? (2) ROE와 영업이익률이 업종 평균 대비 높은가? (3) 자산매각, 환입 등 일회성 이익으로 부풀려진 실적은 아닌가?
- A가 받쳐줘야만 신고가 구간에서 조정이 나와도 큰 추세가 꺾이지 않고 이어질 가능성이 크다.

❸ N : new(신경영, 신제품, 새 서비스, 신고가 등 새로운 것)

신기술이나 사업 재편, M&A, 경영진의 변화 등도 고려하며, 새로운 가격 영역(신고가 돌파) 자체가 new로 인식되기도 한다.

- **중요한 이유** : 앞으로의 성장을 기대하려면 과거와는 다른 새로운 성장 동력이 필요하다. 그리고 시장참여자들은 새롭고 신선한 것에 흥분한다. 그러니까 52주 신고가는 시장참여자들이 '이 회사를 새롭게 보기' 시작했다는 시그널일 수 있다.
- **체크 포인트** : (1) 사업보고서/IR에서 강조하는 '새로운 성장축'이 무엇인가? (2) 실제로 그 새로움이 매출·이익에 반영되기 시작했는가? (3) 단순 이벤트성 호재(테마성 뉴스, 규제 완화 기대감 정도)에 그치는 건 아닌가?
- 52주 신고가 매매에서 N은 특히 중요하다. 가격만 새로운 게 아니라 '사업 스토리'도 신선하고 새로워야 시장의 관심을 높게 받고 추세도 오래 간다.

❹ S : supply & demand(주식의 수급, 유통물량, 거래량이 적정한 종목)

신고가 돌파 구간에서 평소 대비 강한 거래량이 동반되는 종목

- **중요한 이유** : 수급은 모든 재료에 우선하고, 내용이 어떻든 매수
자가 많아야 주가가 올라간다. 공급(팔 사람)은 적은데 수요(살 사람)가
몰리면 주가는 상승한다.
- **체크 포인트** : (1) 시가총액과 유통물량(대주주와 특수관계인 지분율) (2)
신고가 돌파 시 거래대금이 평균 대비 얼마나 늘었는가? (3) 자사
주 매입, 소각 등으로 공급을 줄이는 행위가 있는가?
- 요건이 좋은 종목은 신고가 돌파 후에도 대기 매수 수급이 받쳐주
는 경우가 많으므로 눌림목의 조정이 나와도 다시 주가를 회복시
키고 상승 추세를 이어가는 경우가 많다.

❺ L : leader or laggard(이익, 매출, 자본이익률, 주가 등이 최고인 주도주)

한 섹터 내에서 주가 상승률, 실적 상승탄력이 가장 좋고 시총이 큰
대장주(주도주)에 집중한다.

- **중요한 이유** : 어차피 1등 기업이 가장 잘한다. 학교에서도 지금 전
교 1등이 앞으로도 전교 1등 하는 원리와 같다. 1등 주의 주가가 가
파르게 올랐다고 해서 3등, 4등 주 같은 하위 종목을 택해 매수하
는 우를 범하지 말라. 무조건 주도주를 공략한다!
- **체크 포인트** : (1) 동종 섹터 내 당일 상승률, 주간·월간 상승률이
가장 큰 종목인가? (2) 매출, 영업이익, EPS, ROE 등 실적 성장률이
비교 우위에 있는가?

❻ I : institutional sponsorship(기관투자자들이 몰려드는 종목)

연기금, 헤지펀드, 대형 자산운용사, 롱 펀드 같이 우량한 기관투자
자들의 자금이 유입되고 있는 것으로 추정되는 종목

- **중요한 이유** : 개인투자자들의 자금력만으로 추세적인 상승을 보
  이는 종목은 아주 드물다. 기관이나 외국인들이 연속적으로 자금
  을 투입하는 종목을 선정하는 것이 좋다. 미국 주식의 경우 차트상
  평균보다 훨씬 큰 거래량이 생기는 모습으로 그런 종목을 추측할
  수 있다. 국내 주식의 경우엔 증권사들의 트레이딩 시스템에 기관
  과 외국인의 매매 동향이나 투자자별 매매 동향을 확인할 수 있는
  메뉴가 있으니 이를 이용하면 된다.
- 대체로 52주 신고가를 만들고 유지하는 동력은 끊이지 않고 유입
  되는 기관의 우량 자금이다.

❼ M : market direction(시장의 방향성)

S&P500, 나스닥 , 코스피 , 코스닥 등 지수의 중기 추세가 상승인지
를 우선 확인해야 한다.

- **중요한 이유** : 지수를 이기는 종목은 쉽게 나타나지 않는다. 시장
  환경이 투자에 적대적일 땐 쉬는 것이 유리하다. 아무것도 하지 않
  는 것 역시 투자의 한 부분이다. 투자 성공률이 낮은 구간에서 굳
  이 접근할 필요는 없지 않은가. 지수가 저점과 고점을 높여가는 상
  승 추세가 이어질 때 공격적으로 접근하자. 수익을 내기 유리한 시
  점에서는 적극적으로 투자하고 그 반대의 경우에는 손실을 최소
  화한다. 혹은 투자하더라도 그 비중을 평소보다 1/3~1/2 정도로

낮춰서 접근한다.)

- 개별 종목이 아무리 좋더라도 시장이 본격 하락하면 종목의 수급도 매도 우위로 바뀐다. 윌리엄 오닐 역시 시장 지수가 하락 추세전환 시점이라 판단될 땐 신규 매수를 자제할 것을 강조했다.
- M은 공격적인 베팅 시점을 결정하는 마지막 관문이다. 52주 신고가 종목이 아무리 매력적이어도, 시장이 역풍이면 베팅 강도를 줄이거나 관망하는 편이 상책이다.

이렇게 C.A.N.S.L.I.M의 조건에 해당하는 조건의 종목을 찾아서 투자하는 것이 추세추종 투자인데, 한마디로 '실적(펀더멘털)+수급+추세+시장 방향'이 동시에 맞아떨어지는 종목을 골라 신고가 돌파 구간에 매수하는 전략이다. 또한 추세추종 매매 전략은 신고가 돌파 구간(Break Out), 돌파 후 눌림목(Pull back), 변동성 축소 패턴(VCP) 등 여러 매수 전략이 있지만 지면상 돌파 구간의 매수만 다루도록 한다. 심화학습이 필요하다면 시중에 추세추종 전략 관련 양서들이 많으니 추가적으로 학습을 해보시기를 추천한다.

추세추종 종목의 매수 시점

추세추종 전략에서 보통 매수 시점은 이렇게 요약된다 :
① 특정 섹터에 대한 전방위적 매수세가 유입될 때(섹터 액션)
② 섹터 내의 상승률과 거래대금을 주도하는 주도주 혹은 대장주가

52주 신고가를 돌파하는 흐름이 나타날 때

추세추종은 '달리는 말'에 올라타는 전략이다. 따라서 가장 빠른 1등주를 매수하는 것이 핵심이며, 2등~3등주의 매수는 철저히 배제한다. '가장 많이 오른 1등주를 사는 건 위험하다'라는 생각으로 주가가 덜 오른 2등~3등주를 매수하는 것이야말로 투자자들이 가장 많이 범하는 오류다. 그런 방식은 기대수익률을 낮추고 오히려 리스크만 커진다.

생각해보라, 왜 최강의 시세로 1등주가 되었겠는가? 그만큼 성장 스토리가 가장 매력적이며, 그 사실을 주식시장이라는 집단 지성이 공감하기 때문 아닌가. 2등~3등주는 1등주가 많이 오를 때 덜 오르고, 빠질 때는 같이 빠지는 패턴을 보여, 효율이 떨어지는 투자전략이다. '주가가 많이 오른 종목은 위험하다'라는 사람들의 흔한 고정관념에서 벗어나야 한다. 물론 기대감만으로 지나치게 오른 종목은 조심해야 하겠으나, 이익의 지속 상승 등 합리적인 이유가 있는 주가 상승은 단기적인 변동성이 있더라도 꾸준히 우상향의 흐름을 보이는 법이다. 특히 시총 최상위 종목이 강력한 거래대금을 동반하며 신고가를 돌파하는 상황이 벌어진다면, 이는 시장의 유동성과 관심이 그쪽으로 집중되는 상황이므로, 가장 의미있는 시그널로 봐야 하고 추세추종 관점에서 무조건 관심을 가져야 한다.

돌파(breakout)냐, 눌림(pullback)이냐?

추세추종의 정석은 '주가가 주요 저항선이나 신고가를 돌파하는 시점에 진입'하는 것이다. 형성된 강력한 추세에 편승하는 전략이기 때문이다. 신고가 돌파는 그 자체로 이제 새로운 시세의 영역으로 진입한다는 강력한 시그널이다. 물론 돌파 후에 주가가 잠시 쉬어가는 조정, 즉, 눌림목이 발생하기도 한다. 투자자의 성향에 따라 이 눌림목을 공략할 수도 있지만, 기본 원칙은 '돌파 구간 포착 후 즉시 진입'이다. 눌림을 기다리다가 아예 매수 기회조차 못 잡고 '진짜 주도주'를 놓칠 수 있기 때문이다. 단, 여기서 중요한 조건이 있다. 그냥 돌파가 아니라 반드시 폭발적인 거래량을 동반하는 돌파를 잡아야 한다. 거래량이 실리지 않은 돌파는 다시 주저앉을 확률이 높기 때문이다.

추세추종 전략에서의 손절

손절을 자유자재로 실행하지 못하는 성향의 투자자는 애당초 추세추종 전략을 시작하지 않는 게 좋다. 추세추종에서 진입 타이밍은 앞서 설명했듯이 '대량 거래량을 동반한 의미 있는 저항선(신고가)의 돌파 구간'이다. 그리고 이 지점에서 매수할 때 '손절선'도 미리 정한다. 일반적인 손절선은 윌리엄 오닐이 제시한 매수 시점 대비 8%의 손실이 발생할 때다. 그것은 오닐의 C.A.N.S.L.I.M.이 승률보다 손익비(risk-reward ratio)로 수익을 내는 전략이고, 손익비의 황금비율을 1:3으로 설정하기 때문이다. 즉, 8%의 손실을 감내하면서 그 세배인 24%의 수익을 기대하는 것이다. 따라서 신고가 돌파 구간에 매수한 후 24% 올랐을 때 1차 분할매도로 차익을 실현한다. 이렇게 매매를 이어나가면 3번의 매매 중 2번을 실패하고 (-16%), 1번만 성공해도 (+24%), 결과는 8%의 수익이다. 이걸 계속해서 수익을 쌓아나가는 것이 바로 추세추종 전략이므로, 때로는 손절을 반복하기도 한다. 하지만 C.A.N.S.L.I.M. 조건에 부합하는 주도주를 택했다면 1:3 손익비 전략으로 꾸준한 수익을 볼 확률이 높다.

추세추종 실전 사례 - 엔비디아

AI 시대의 거인 엔비디아는 2023년 현재 오닐의 전략에 가장 부합하는 종목 중 하나였다. 그만큼 폭발적인 실적 성장, 압도적인 경쟁력, 새로운 AI 기술 등장으로 글로벌 증시 최고의 주도주로 평가받았다. 아래 2023년 2월~24년 2월의 엔비디아 일봉 차트를 보라. 2023년 8월부터 주가는 50달러 신고가에 접근하지만 계속해서 저항에 막히면서 2024년 1월 초까지 줄곧 횡보하게 된다. 그러던 2024년 1월 8일, 마침내 강력한 거래량을 동반하며 신고가인 50달러를 돌파하게(빨간 네모 구간 참조) 된다.

여기서 추세추종 전략을 따르면 50달러 돌파 구간이 매수 시점이다. 그 후엔 어떤 상황이 전개될까. 크게 두 가지다.

- 50달러 돌파 후 반대로 하락 → 이런 돌파의 흐름은 휩쏘(whipsaw), 즉, 속임수일 가능성이 크므로 8%까지 하락하면 바로 손절한다.
- 50달러 돌파 후 계속 상승 → 물량을 계속 보유하다가 24%의 수익 구간이 오면 보유량의 30%~50%를 1차 매도해 차익을 실현한다. 나머지 물량은 계속해서 상승 추세를 따라 보유한다. 1차 분할

매도는 심리적 안정을 확보하기 위함이다. 매수 후 수익률이 눈에 아른거리 게 되면 얼른 매도하고 싶을 수밖에 없다. 따라서 일단 일부에 대해 수익을 실현한 후 나머지 물량은 끌고 가는 것이다. 이렇게 되면 주가가 다시 본전 가까이 떨어지더라도 전체로는 수익인 상태에서 거래를 마무리할 수 있으며, 행여 100%~200%의 어마어마한 상승이 나오는 경우도 중간중간의 하락을 여유 있게 견딜 수 있다.

매도 시점은 어떻게 잡아야 할까? 내가 매도한 가격이 시세의 꼭지였기를 바라는 투자자들(특히 초심자들)이 많다. 하지만 비현실적인 꿈이다. 최고점에서의 매도는 당연히 운의 영역이고, 그런 꼭지를 맞히기는 불가능하다. 추세가 꺾이는 신호가 확인될 땐 매도가 정석이다. 다시 말해서 머리에서 파는 게 아니라 '오른 어깨'를 확인하고 파는 것이다. 잊지 말자, 시세의 상승 구간에서 어디가 머리(꼭지)인지는 절대 알 수 없다.

오닐의 전략에서 1차 목표가(24%) 도달 후에도 전량 매도하지 않고 일부 보유한다는 것은, 그 종목을 '주도주(super stock)'로 판단해 장기 보유(position trading) 모드로 전환했다는 뜻이다. 이때 나머지 물량의 최종 매도 시점은 어떤 수익률 수치가 아니라, '추세가 꺾인다는 기술적 신호'를 보고 결정한다. 오닐이 제시하는 핵심적인 최종 매도 신호는 크게 세 가지다.

❶ 50일 이동평균선의 붕괴(가장 중요한 지지선)

장기 레이스를 펼치는 주도주는 상승 과정에서 50일 이동평균선(주봉
상 10주 이동평균선)의 지지를 받으며 올라간다.

- **매도 신호** : 주가가 높은 거래량을 동반해 50일 이동평균선을 하
향 돌파하고, 그 아래에서 마감할 때가 최종 매도 시점이다.
- **이유** : 기관 투자자들의 지지가 철회되었다는 가장 강력한 신호이
니까. 이때가 남은 물량을 최종 정리해야 할 시점이다.

❷ 시장의 천장(general market top)

개별 종목이 아무리 좋아도, 시장(코스피/코스닥 지수) 전체가 약세로 돌
아서면 버틸 수 없다. 시장 지수가 '매물 출회일(distribution day)'을 쌓으며
하락 추세로 전환하거나, 주도주들이 하나둘씩 50일 이평선을 깨고 내
려앉을 때는 개별 종목의 차트가 아직 살아있더라도 방어적으로 최종
매도를 고려해야 한다. 결론적으로, 25% 구간에서 일부 차익을 실현
했다면, 남은 물량은 '50일 이동평균선'을 생명선으로 삼고 끝까지 따
라 가본다. 그 선이 무너지거나, 시장에 광기가 서린 클라이맥스 톱 징
후가 보일 때가 바로 여정을 마쳐야 할 최종 매도 시점이다.

추세추종 실전 사례 - 구글

오픈 AI의 챗GPT와 더불어 제미나이라는 LLM을 통해 막대한 영
향력을 행사하는 구글 역시 2025년의 주도주였다. 매 분기 엄청난 이

익 성장을 보여준 구글은 LLM이라는 새로운 성장 동력이 두드러지며 AI 시대 주도 기업 중 하나로 평가받는 상황이었다. 구글은 2분기 호실적 발표 후 3분기의 가이던스(실적전망) 역시 긍정적이었고, 이후 점진적인 우상향을 보였다. 그리고 2025년 8월 말, 역사적 신고가를 돌파했다. 추세추종 관점에서는 207달러 부근의 신고가를 돌파하며 평균보다 많은 거래량이 동반되는 8월 28일을 매수 시점으로 접근했다. 매수하면서 '8% 손실 나면 손절'을 설정하고 보유하는 전략을 취했다.

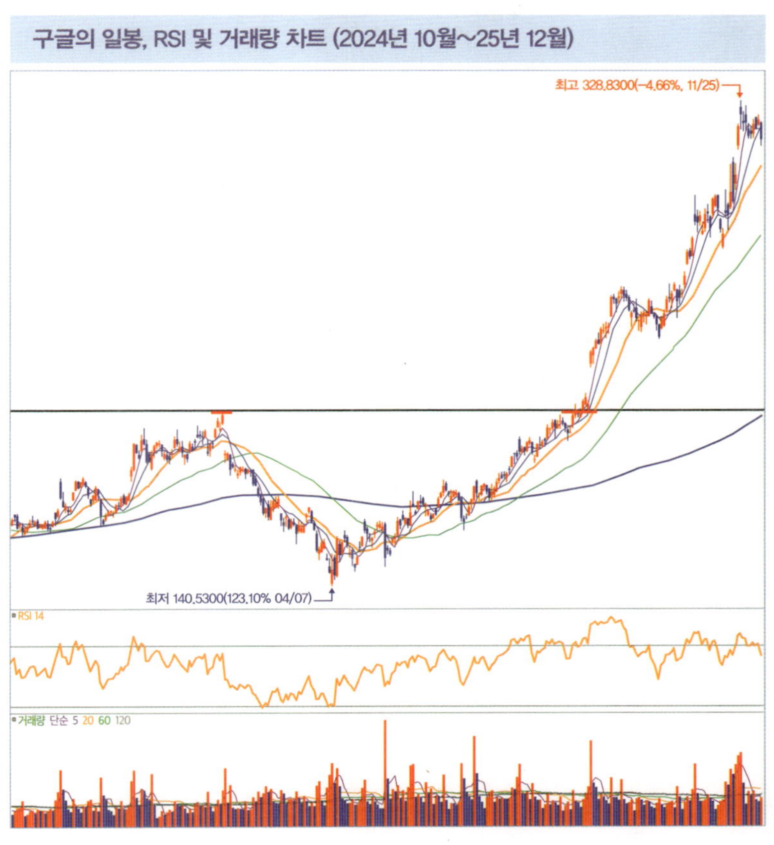

　평균단가 207달러에 매수한 후 구글의 주가는 상승세를 이어나갔고 24% 수익률에 도달할 때 보유물량 중 30%를 1차 매도하며 심리적 여유를 확보했다. 이후 남은 70%의 물량을 계속 장기 보유하되, 50일 이동평균선(초록색 선)을 최종 이탈할 때 전량 매도할 계획이다. 2025년 12월 현재 50일선 이동평균선을 여전히 이탈하지 않고 있으므로, 계속 보유하는 중이다.

제4장

이슈 트레이딩 : 시장이 횡보할 때

시장 파급력이 큰 이슈가 발생할 때 재빠르게 매수하여 단기 차익을 실현하는 매매전략이 이슈 트레이딩이다. 투자자들 사이에 재료매매, 뉴스매매 등으로 불리기도 하는데, 처음 이슈(뉴스나 재료)가 발생하며 시장에 크게 드러나기 시작하는 시점에 그 이슈의 신선도, 파급력, 지속성, 재료 가치 등을 판단하여 접근 여부를 결정한다. 장 마감 후에 이슈가 도드라져 다음날 시초부터 접근해야 한다면, 그 재료의 파급력, 지속성, 가치를 고민·분석할 시간이 충분하지만, 장중에 이슈가 생기면 순발력과 빠른 판단력으로 다른 투자자들을 앞질러야 해서 쉽지 않은 매매방식이다. 따라서 일반적으로 직장인이나 일과 중 간간이 주식 창을 확인하는 투자자들에게는 오히려 위험성이 높은 매매방식이며 성공률도 떨어진다. 그런 사람들에겐 이슈 매매를 추천하지 않는다. 아니, 빈틈없이 시장을 계속 모니터하는 투자자들에게도 이 방식의 매매는 효율이 떨어지거나 에너지 소모가 크다는 점을 알려둔다.

그런데도 이슈 트레이딩을 숙지하면 좋다. 아주 간간이라도 엄청난 파급력을 가진 이슈들이 발생하기 마련이고, 그럴 땐 주식시장에 큰 충격이 올 수 있기 때문이다. 특히 전 국가적으로 혹은 세계적으로 파문을 던지며 튀어나온 이슈인 경우, 주식시장에 영향력을 상당히 크게 행사하기 때문에 나는 이럴 때 매수에 가담해보기도 하는 편이다.

통계적으로 1년에 3번~4번씩은 큰 수익을 안겨줄 수 있는 이벤트가 발생하는 편이다. 매일매일 그런 이슈에 매달리면 안 되겠지만, 성공률이 매우 높아보이는 이벤트가 확실하다면 굳이 거부할 필요도 없다는 생각으로 투자에 임하는 것이 좋다. 이런 이슈들의 공통점은 전 국가적으로 관심이 높거나 전 세계적으로 눈길을 끈다는 것이다. 우리는 매일 언론을 통해 이런 이슈를 만나지만, 핵심은 정말 의미있고 파급력이 큰 이슈에만 접근하는 것이다.

이슈의 크기와 재료의 가치, 어떻게 판단하나?

재료의 가치 판단에는 정형화된 기준이 없으며, 투자자의 관점과 시장 상황에 따라 주관적으로 판단해야하므로 사실상 까다롭다. 하지만 아래와 같이 몇 가지의 기준을 정해놓고 접근하면 매매의 성공률을 크게 높일 수 있다.

❶ 재료의 신선도(newness & first impact)
시장은 언제나 '새로운 것'에 격렬하게 반응한다. 어떤 이슈든 시장

에 처음 노출된 것인지(최초 발생), 아니면 이미 알고있는 내용이 재탕된 것인지(재가공)를 먼저 파악해야 한다. 아무도 예상하지 못한 시점에 갑자기 터진 이슈일수록 당연히 파괴력이 크다. 갑작스러운 인수합병 공시나 예상치 못한 지정학적 리스크의 발생 같은 예를 들 수 있다. 다만 이미 알려진 악재나 호재는 주가에 '선반영' 되어있을 확률이 높다. 항상 시장에 없던 새로운 사실이나 현상이 생겨난 재료에 주목하자.

❷ 사회적 파급력과 대중의 관심도(buzz factor)

이슈가 특정 섹터에 국한된 것인지, 아니면 일반 대중까지 알게 될 내용인지 구분해야 한다. 이를 직관적으로 판단하는 가장 좋은 방법은 흥미롭게도 "점심시간 대화 주제가 될 수 있는가?"이다. 대통령 관련 이슈라든지, 로제가 불러서 세계적 히트가 된 노래 '아파트'라든지, 전쟁에 관련된 뉴스 등 주식시장 참여자뿐만 아니라 온 국민이 귀를 쫑긋 세울 만한 주제다. 대중의 관심이 쏠리는 곳에 돈이 몰리는 법 아닌가. 미국 대선, 팬데믹, 글로벌 기업의 혁신 등 전 지구적인 이슈도 많다. 사실 국내에 한정된 이슈보다는 전 세계가 주목하는 뉴스가 훨씬 더 큰 시세를 만든다.

❸ 재료의 지속성(continuity)

이슈가 단발성으로 끝날 것인지, '일정'을 갖고 계속될 것인지 판단해야 한다. 자연재해, 단순 사고 등 단발성 이슈라면 발생 직후가 고점일 가능성이 크다. 만약 장 마감 후 이러한 뉴스가 나왔다면 다음날 시가가 고가일 가능성이 매우 크다. 이런 경우는 매매 대상에서 제외하는 게 좋다.

정책 발표, 선거, 신기술 출시 등은 '기대감 형성→ 관련 일정 도래→ 결과 발표→ 후속 조치' 순서로 스토리가 이어진다. 재료가 소멸하지 않고 일정 기간 계속 재생산될 수 있다면, 눌림목에서도 충분히 재진입이 가능한 A급 재료라 하겠다. 만약 장 마감 후 이러한 재료가 노출된 경우, 다음날 시장이 열리고 시초가에 갭 상승이 나타났을 때는 매수에 가담하지 말고, 차익매물이 나오며 충분히 매도물량이 쏟아진 종가 무렵부터 며칠간 조정 구간에 분할 매수한다. 다만, 엄청나게 파급력이 큰 이슈라면, 시초가에 점상한가를 기록하며 출발할 때가 있다. 그럴 때는 점상한가 이후 다음날 추가적인 갭 상승이 이어질 가능성이 크므로 점상한가에 매수한다.

❹ 수혜의 직접성과 논리적 타당성(correlation)

뉴스와 종목 간의 연결고리가 얼마나 탄탄한지 확인하자. 시장은 직관적이고 강력한 연결고리를 좋아한다. 가령 전염병이 창궐했다면 마스크/백신 관련주는 실적이 즉각적으로 좋아지는 등 명백한 혜택을 누린다. 튼튼한 연결고리 덕분에 직접 수혜하는 경우다. 또 이런 이슈가 터질 때 가장 먼저, 가장 강렬하게(상한가 등) 반응하는 종목이 바로 대장주다. 2등주~3등주는 재료의 가치가 좀 희석되면 급락할 위험이 크다. 반드시 대장주를 선별하는 안목을 길러야 한다.

❺ 시장의 분위기와 거래대금(market sentiment & volume)

아무리 좋은 재료라도 시장이 받아들일 준비가 안 됐다면 무용지

물! 따라서 뉴스가 뜬 직후, 호가창의 체결 속도가 빨라지고 분봉상 거래대금이 폭발적으로 늘어나는지 확인하자. 이슈 트레이딩의 본질은 '돈이 몰리는 곳에 숟가락을 얹는 것'이므로, 거래량이 동반되지 않는 뉴스는 가짜일 확률이 높다. 또 상승장에서는 자금이 여러 섹터로 분산되지만, 횡보장이나 하락장에서는 '확실한 하나의 이슈'에 자금이 쏠리는 경향(수급 블랙홀 현상)이 있다. 따라서 시장이 지루할 때 터지는 '초대형 이슈'는 평소보다 파급력이 훨씬 더 크다.

이슈 트레이딩 실전 매매 복기

최근 1년 사이 매매를 부추겼던 여러 이슈와 그때 내가 매매했던 종목들을 소개한다.

❶ 로제의 'APT' 인기 폭발

2024년 10월 18일 블랙핑크 멤버 로제의 싱글 'APT'가 공개돼 글로벌 팬들의 폭발적 반응을 불러왔다. 중독성 있는 멜로디가 삽시간에 퍼지면서 한국뿐만 아니라 미국, 영국 등 글로벌 팝의 고장까지 뒤집어 놓았다. 공개 직후 이 노래의 유튜브는 닷새 만에 1억 뷰라는 상징적인 조회 수를 달성하며 관련주들에 대한 뜨거운 반응이 이어졌고 YG PLUS는 이날 첫 상한가를 기록했다.

❷ 매수 접근의 근거 '재료의 연속성'

당시 유튜브 조회 수가 어느 정도의 속도로 상승할지를 분석했더니 10월 말 정도에 2억 뷰를 달성할 거란 예상이 나왔다. 게다가 글로벌 인기에 힘입어 10월 24일 글로벌 애플 뮤직에서 1위를 달성했고 이어 29일 빌보드 핫100 차트가 발표될 예정이어서, 주식시장에서는 YG PLUS에 대한 기대감이 충만했다. 주가 상승을 유인하는 것은 바로 이런 기대감이고, 이벤트 전까지는 그런 기대감이 유효했다.

❸ 매수 접근의 근거 '재료의 파급력과 종목 선정'

로제의 소속사는 The Black Label이라는 비상장기업이지만 음반 유통사는 YG PLUS이므로 직접 수혜의 연결고리가 튼튼했고, 이 이슈의 대장주는 단연코 YG PLUS였다. 간접적인 혜택을 보는 2등~3등주도 있었지만, 개연성 측면에서는 YG PLUS의 수혜 강도가 가장 높았고 시장에서도 YG PLUS 상승 폭과 거래대금 유입이 가장 컸다.

❹ 매매의 성공률 더하기 '과거 사례 연구'

매매 성공률을 높이기 위해서 과거 K-pop 종목이 세계적으로 큰 인기를 끌었던 사례들을 공부했고 각각의 이슈가 대두되었을 때 관련주들의 주가 흐름을 복기했다. 이렇게 두루 공부한 이유는 매수 후 주가에 변동성이 생겨도 홀딩할 수 있는 중심을 잡기 위해서였다.

❺ 매도 시점

단기적으로 투자자들의 관심은 이 노래 유튜브가 언제 2억 뷰를 달성할 것인지, 그리고 빌보드 핫100에서 어떤 성적을 거둘 것인지였다. 거꾸로 10월 29일 핫100이 발표되는 시점에 단기 재료는 소멸할 거란 얘기였다. 그런 결과는 아무도 예상할 수 없으므로, 최상의 결과를 예상하면서 계속 보유하는 것은 50:50의 확률로 불리한 전략이었다. 따라서 기대감에 상승할 땐 익절하는 게 유리하다는 판단이었다. 행여 최상의 결과가 나와 주가가 더 올라도 그건 나와 인연이 없다고 제쳐두는 게 좋다. 기대감과 수급에 의한 상승은 전혀 예상할 길이 없고 순전히 운에 맡겨야하므로 단기간에 충분히 수익을 누린 것으로 감사하는 게 좋다. 어떤 종목이든 고점을 맞히기는 절대 불가능하고, 그걸 기다린다는 것은 리스크만 높일 뿐이다. 특히 기대감과 시장의 관심이 더해져 단기적으로 급등한 경우, 허리와 어깨 중간 즈음의 구간에서 분할매도하는 것이 현명하다.

❻ 윤석열 대통령 계엄선포와 정치적 혼란

2024년 12월 3일 밤 윤석열 대통령이 비상계엄을 선포했다. 진짜 거짓말 같은 블랙스완 급 뉴스로, 정치적 불확실성을 극도로 증폭한 증시의 '초'악재였다. 국내 자산시장의 분위기를 전해주는 가상화폐 시장에선 계엄선포 직후 극심한 패닉 셀이 벌어졌고, 거래소들은 트래픽 폭주에 접속조차 불가한 상황이었다. 생전 처음 겪는 계엄선포에 새벽까지 상황을 지켜봤는데 다행히 새벽 4시 30분 계엄이 종료되었다. 상황은 일단락되었으나 정치적 혼란은 불을 보듯 뻔했다. 국민의 불안감 확대는 윤 대통령의 몰락과 차기 대선 후보로 유력한 이재명 후보의 부상을 가리키고 있었다.

주식투자자라면 누구나 이 엄청난 이벤트를 겪으면서 날이 새면 '이재명 테마주'가 들썩이기 시작할 것임을 인지했을 테다. 나는 이재명 테마주들이 시초가부터 상한가를 찍는 '점상한가'로 출발할 것으로 판단했다. 그렇지만 이 재료가 드러난 최초 구간이라는 점을 고려하면, 적어도 시세가 두어 차례 추가로 확산할 가능성이 크다고 봤다. 전대미문의 국가적 사건인 데다 그 파급력이 매우 크고 대통령의 탄핵 절차가 이어지며 뉴스 흐름은 계속될 수밖에 없어 이재명 테마주들을 향한 관심과 투자는 계속 이어질 판국이었다. 당시 내가 세운 매매전략은 아래와 같이 텔레그램 채널에 올렸던 나의 코멘트로 충분히 설명될 것이다.

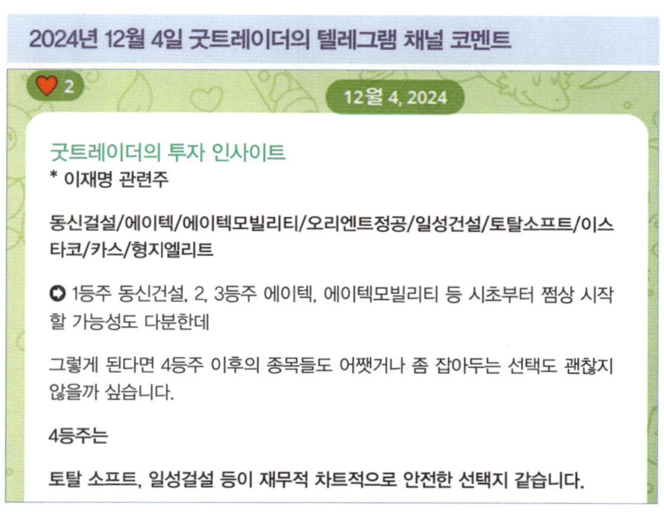

보다시피 이때의 전략은 1-2-3등 주인 동신건설, 에이텍, 에이텍모빌리티에 8시 40분부터 매수주문을 걸어두고 개장 직후 점상한가 가격에 매수체결이 된다면 다음날까지 홀드하는 전략과 더불어 모두 체결되지 않으면 4등주까지 노리는 전략이었다. 대통령 탄핵절차와 조기대선을 둘러싼 모멘텀이 이어질 것이므로 재료의 연속성·지속성 측면에서 충분히 접근해볼 만했다. 이런 판단을 기반으로 개장 전 8시 40분에 에이텍, 에이텍모빌리티, 동신건설, 일성건설에 매수주문을 걸었고 이중 에이텍모빌리티와 일성건설 매수주문이 점상한가 가격에 체결되었다. 그리고 다음 날 개장 시 높은 상승을 보이며 시가가 갭 상

승을 보일 때 바로 매도했다. 아래의 그래프가 이 일련의 상황을 보여준다.

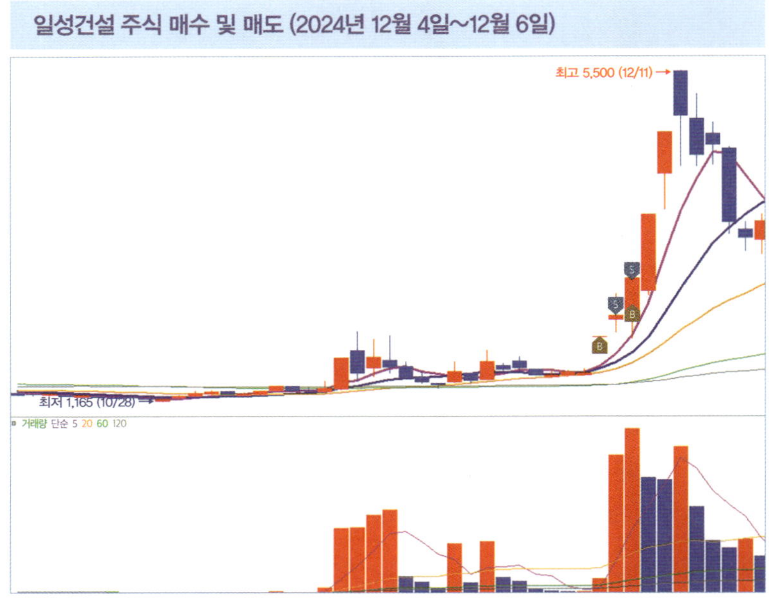

> **TIP**
>
> ## 이슈 트레이딩에서 1등주 고르기
>
> 어떤 종목이 1-2-3등 주인지를 판단할 때는 주로 최근에 비슷한 이슈로 해당 종목들이 움직였을 때 1-2-3등 주가 무엇이었는지를 참고한다. 물론 주식시장에 100%의 확률이 어디 있겠는가만, 투자자 심리에는 대개 어떤 관성이 작용하므로 예전에 그들의 그룹 액션(전체적으로 상승이 나오는 현상)이 있었다면 1등주는 다음번에도 계속 1등주로서 상승 폭과 탄력을 보일 가능성이 크다.
>
> 비상계엄 선포 후 이재명 테마주에 대해서도 그때 기준 직전의 이재명 테마주 흐름을 분석했다. 가령 과거 이재명 테마주들이 크게 상승했던 이슈는 2024년 11월 25일 위증교사 1심 선고였다. 여기서 무죄선고가 나오자 동신건설, 오리엔

트정공, 에이텍, 에이텍모빌리티 등 이재명 테마주들은 일제히 상한가로 치달리고 일성건설은 16.78% 상승했다. 그렇다면 이번 비상계엄 선포 이슈에도 그들이 가장 강한 상승세를 보일 법했다.

약간 더 들어가 상승 속도를 생각해보자. 어떤 종목이 가장 빨리 상한가에 안착했는가에 따라 1-2-3등 주를 구분할 수도 있다. 당시 분봉 차트를 확인해보면 에이텍(14:33), 동신건설(14:36), 에이텍모빌리티(14:39), 오리엔트정공(15:09) 순으로 상한가를 찍었다. 다만 시간상 그 차이가 별로 크지 않아 굳이 한 종목을 선택하기보다 세 종목을 분산 매수하는 것이 유리하다고 판단했다.

매도 시점은 어떻게 잡았을까? 계엄 사태 이후 이재명 테마주의 주가는 꽤 오래 추가적인 상승을 이어갔다. 그러나 나는 첫 번째 상한가에서 매수한 후 두 번째 갭 상승 수익 구간에 전량 매도했고, 이후 일성건설만 단기 트레이딩으로 거래했을 뿐 다른 종목은 매매하지 않았다. 왜일까. 첫 번째 급등과 다음번 급등 사이 구간이 가장 위험이 적고 성공률이 높기 때문이다. 정치테마주는 이름처럼 정치적 상황에 좌지우지되는데 이걸 예측하는 능력은 부족하다는 판단도 작용했다. 물론 이어진 상승 랠리에 추가 수익을 못 봤으니 아쉽기도 하지만, 굳이 정치테마주가 아니어도 마음 편히 수익 낼 수 있는 종목은 지천에 늘려 있다. 한 종목에 미련 둘 필요는 없다는 생각이었으며, 마음 편히 매수할 수 있어야 들고있는 동안에도 흔들리지 않을 거란 믿음이었다.

❼ 트럼프 대통령 재선

2024년 11월 6일 미국 대선에서 트럼프가 대통령에 당선되었다. 한국 대선과 더불어 미국 대선은 파급력이 전 세계적으로 큰 이슈다. 세계 경제에 중요한 영향력을 행사하는 초강대국의 대통령이 결정되는 것이니까.

당시 트럼프의 선거 활동을 가장 많은 지원한 인물 중 하나가 테슬라의 CEO 일론 머스크였다. 그는 트럼프에 대한 공식 지지 선언 이후 월별 후원을 약속했으며, 공화당과 민주당을 동시 지원했던 여타 빅 테크 CEO들과는 달리 오로지 트럼프 지원에 '올-인'하는 승부수를 뒀다. 트럼프가 낙선한다면 매우 불리한 상황이 될 터였지만, 반대의 경우 그 누구보다 훨씬 커다란 수혜가 예상되었다.

❽ 테슬라에 대한 매수 관점

대선을 한 달 앞두고 테슬라의 주가는 크게 하락했다. 로보택시 공개 이벤트 이후 단기 재료가 소멸하면서 '뉴스에 매도하는' 물량이 쏟아졌기 때문이었다. 그러나 이 행사로 자율주행 사업의 비전을 확인할 수 있었으며, 주가 하락이 단기적인 재료로 인한 심리적 영향과 수급 때문이었다는 점, 펀더멘털은 여전히 튼튼하므로 오히려 매수 기회라 판단했다. 장기적인 시계열에서 자율주행, 로봇, ESS 등 테슬라의 성장 모멘텀이 매우 매력적이었으므로, 그때 나의 투자전략은 주가 급락 구간에서 분할 매수해 비중을 확대해나가는 것이었다.

나는 대선 직전 여론조사를 통해 트럼프의 당선 가능성이 매우 크다는 걸 인지했고, 선거 일정을 둘러싼 기대심리에 의한 테슬라 주가 상승을 노렸다. 만약 예상을 뒤엎고 트럼프가 낙선하는 경우 큰 폭으로 조정받겠지만, 나는 그런 리스크 때문에 투자금 중 5할만 투입해 2024

년 10월 중순 테슬라 ETF 'TSLR'를 매수했다. 불행히도 주가가 크게 하락한다면 장기 전략으로 계속 분할 매수한다는 것이 나의 플랜B였다. 다행히 트럼프는 당선되었고 테슬라 주가도 매우 격렬하게 반응했다.

아래 차트는 이상의 과정을 일목요연하게 보여준다. 2024년 10월 10일 로보택시 공개 행사 이후 단기 재료가 소멸해 주가가 급락한 구

간(빨간 네모)을 매수 시점으로 잡고 15.29달러 부근에 사들였다. 이후 TSLR 가격은 미국 대선이 다가오면서 상승세를 이어갔다. 트럼프의 당선 확률이 압도적으로 높아 시장참여자들은 '트럼프 당선→테슬라 수혜'라는 공식을 믿는 모습이었다.

적절한 매도 시점은 어떻게 잡았을까. 대선 결과 확인 후 'TSLR'은 추가적인 상승세를 이어나갔다. 나는 11월 7일과 11월 8일에 나눠서 분

할매도를 진행했다. 재료매매의 원칙상 노리고 있던 재료가 소멸하는 시점에 수익을 취하는 것이 기본 원칙이기에 단기간의 수익에 만족하며 수익을 확정했다. 이후에도 TSLR 주가는 계속 가파른 상승을 이어나갔으나, '가장 확률 높은 기대감의 상승 구간'에서 수익을 취한다는 원칙은 고수했다. 이후 상승의 영역은 수급과 시장의 광기이고 언제든 급락이 나올 수 있으므로, 자칫 수익을 반납하는 리스크도 생각해야 한다. 결과적으로 주가는 더 크게 상승했지만, 추격매수를 하지 않은 것은 더 큰 수익에 욕심을 부리기보다 수익을 다시 반납하는 리스크를 피하기 위함이라 할 수 있다. 어쨌거나 당시 테슬라 ETF 'TSLR'의 최종 수익률은 66.27%~95.96%에 이르렀다. 대저 대중의 심리는 주가가 오르면 괜히 FOMO 심리가 앞서면서 더 따라 사고 싶은데 그러한 욕심에서 항상 자유로워지는 훈련을 해야 한다.

❾ 이재명 대통령 당선

2025년 6월 3일 대한민국 21대 이재명 대통령 당선. 대선을 앞두고 압도적인 지지율을 누린 이재명 테마주(인맥 관련주, 정책 관련주)들이 크게 올랐는데, 그의 강렬한 의지가 담긴 주요 정책은 AI 투자와 증시부양이었다. 특히 하반기 금리 인하 사이클과 유동성 장세가 시작되는 시기였고 이재명 당선 시 강력한 증시부양책이 예상되어, 무엇보다 그 수혜주인 증권주를 분석하기 시작했다. 당시 증권주들이 하나둘 52주 신고가 근처에 올라와 있었던 것도 증권주를 들여다보게 된 계기다. 시장참여자들이 서서히 관심을 가지기 시작한다는 증거였기 때문이다. 2025년 4월~5월에 걸쳐 내가 텔레그램 채널과 블로그에 올렸던 증권주 분석 글도 모두 그런 내 생각의 결과였다.

선거 결과가 확정되면 그때까지 상승했던 테마주들은 일제히 급락하는 법이다. 테마주의 상승은 순전히 심리와 수급의 영향일 뿐, 실제 기업의 펀더멘털이나 실적 개선 등과는 거의 무관하기 때문이다. 주가는 궁극적으로 펀더멘털에 수렴하고 심리와 수급에 의한 과도한 상승은 결국 제자리로 돌아온다. 그러나 증권주들의 경우 증시 활성화가 본격 추진된다면 거래대금이 늘며 매매수수료 수익도 커진다. 동시에 금리 인하 유동성 장세 사이클에 따라 증권사 장기 이익 개선도 필연적이므로, 'Sell on news(뉴스에 파는)'로 인한 하락 시 추가매수 및 비중확대의 계획도 품고 있었다. 당시 증권주들의 밸류에이션 역시 PBR 0.3배~0.4배 수준의 저평가였기에 적극적으로 매수해도 될 상황이라 판단했다.

인맥이나 정책 관련주 등 테마주에는 개인투자자들의 매수세가 몰리는 데다 여기에 외국인과 기관투자자 자금까지 더해진다. 특히 정책 수혜에 따른 실적 성장이 보장되는 증권 섹터의 경우, 외국인 투자자의 수급 영향력이 컸다. 특정 국가의 증시를 전체적으로 매수하는 패시브 자금이 유입될 땐, 외국인이 수조 원~수십조 원의 천문학적 금액을 투입한다. 다만 이들은 기대감이 형성될 때 자금을 집행하는 게 아니라, 구체적 결과가 확인된 후 자금을 집행하는 경우가 많다. 워낙 천문학적인 자금인지라, 헤지펀드나 투자은행들이 내부 결정 프로세스를 거쳐 최대한 안정적으로 투자하기 때문이다. 따라서 한국의 대선 결과가 나온 후 증시가 더욱 가파른 상승세를 이어나간 건 개인 기관투자자 수급에다가 뒤늦게 들어온 외국인 투자자들의 수급까지 더해져서 나타난 결과였다.

⓾ 실제 거래 진행 복기

나는 2025년 4월 말부터 증권 섹터와 증권사들에 대한 조사를 시작, 먼저 그들의 비즈니스 모델을 파악했다. 증권사마다 약간의 차이는 있지만 그들의 매출은 대체로 1) 사람들이 주식을 사고팔 때 내는 매매수수료 30%~35% 2) 증권사가 직접 주식을 매매하는 자기자본 운용 25%~35% 3) 투자은행 20%~25% 4) 자산관리 10%~15% 5) 기타 5%~10%의 비중으로 구성되었다. 역시 매매수수료의 비중이 가장 크다는 것은 증시 활황기에 증권사들의 실적도 덩달아 올라간다는 얘기다.

이어 각 증권사의 매매수수료 비중을 좀 더 자세히 들여다봤더니, 이 비중이 가장 높은 회사는 아래의 표에서 보듯이 키움증권이었다. 나는 곧바로 4월 28일 키움증권을 매수하여 투자를 시작했다. 이후 계속 조사하면서 확신이 안 들면 비중을 줄여나갈 생각이었다. 하지만 주가가 계속 올라 가버리는 바람에 추가매수는 실행하지 못했다.

증권주의 PBR이 1배에 다가서기 시작하는 6월 16일 나는 65.17%의 수익을 남기면서 전량 매도를 단행했다. 물론 그 이상의 상승도 기대해볼 수 있었지만, 이미 수익률도 높았고 더 욕심을 부리면 시간적 기회비용이 커진다고 생각했다. 매도하고 다른 좋은 종목에 투자하는 편이

더 효율적이라 판단한 것이다. 참고로 PBR이 아주 낮았던 종목이 PBR 1 수준까지 올라가면 강한 저항에 맞닥뜨리기 쉽다.

주요 증권사별 매출 구성비

구분	브로커리지 (위탁매매)	자기매매 (PI)	IB	WM	기타
미래에셋증권	30%	25%	25%	15%	5%
삼성증권	35%	30%	20%	10%	5%
NH투자증권	40%	20%	25%	10%	5%
신영증권	10%	15%	10%	65%	
키움증권	60%	15%	15%	1%	4%
대신증권	40%	20%	20%	15%	5%
한국투자증권	35%	10%	25%	25%	5%

출처 : KIS

이재명 대통령 당선 전후의 키움증권 매매 실전 사례

이 투자 사례를 아래 차트에서 간결하게 복기할 수 있다. 여기서 노란색 타원은 키움증권을 매수한 지점, 그리고 노란색 네모 구간은 매도 시점을 나타낸다. 그리고 대통령선거 결과 발표 후 첫 거래일인 6월 4일부터 '뉴스에 팔기'에 따른 하락은커녕 오히려 강력하게 이어진 상승 추세도 또렷이 볼 수 있다.

> **TIP**
>
> ## 매도 시점 잡기에 도움 되는 애널리스트 리포트
>
> 투자 공부를 위한 가장 양질의 콘텐트는 증권사 애널리스트들의 리포트라 할 수 있다. 그리고 우리나라에선 이들의 산업 리포트, 심층(in-depth) 리포트를 대부분 무료로 볼 수 있다. 투자자라면 내가 투자하고 있거나 관심 있는 기업과 산업에 대해 애널리스트 리포트를 꾸준히 읽어봐야 한다. 무시로 바뀌는 기업의 가치, 주가 변화, 그리고 시장의 심리 변화를 감지하며 매 순간 매수·보유·매도를 고민하고 결정해야 한다.
>
> 가령 내가 증권주 매도를 결정하게 된 요인 중 하나는 애널리스트들의 톤이 조금씩 보수적으로 바뀌고 있다는 점이었다. 고객들을 생각해야 하는 애널리스트들은 '목표 주가 하향'이나 '매도' 리포트를 내기가 부담스럽다. 그런데도 아래와 같이 중립적이거나 보수적인 관점의 리포트가 자꾸 나온다면, 매도를 진지하게 고민해봐야 한다. 그만큼 많은 용기를 내서 표명하는 관점이기 때문이다. 주가 상승이 실적 성장이나 펀더멘털 개선보다도 너무 빠르다면, 그만큼의 하락 조정은 필연적이다. 굳이 무리해서 종목을 보유하는 대신 더 편하고 쉬운 투자처를 찾는 것도 현명한 선택이다.

일자	제목	*작성자	제공처	투자의견
25/07/18	[증권] 하반기 ISSUE Check	장영임	현대차	OVERW....
25/07/17	[증권] 희망은 아직 현실이 되기엔	김지원	다올	= Overwei....
25/07/15	[증권] New Wave	고연수	하나	N Overwei...
25/07/14	[증권] 鷄肪(계륵) : 정책 기대감이 촉발시킨 3개월만의 변화는 이미 반영 중	*김인	BNK	N 중립
25/07/11	[증권] 2Q25 Preview – 오른 기대를 만족시키고 남을 실적	정민기,박세웅	삼성	= OVERW....
25/07/11	[증권] 목표주가 상향하나 고려해야할 몇 가지 조건들	박혜진	대신	= Overwei....
25/07/11	[증권] To beat heightened expectations	Min–Gi Jung, ...	삼성	= OVERW....
25/07/09	[증권] 쉽게 끝나지 않을 랠리	윤유동, 김종영	NH	
25/07/09	[증권] 2Q25 Preview : 생각보다 더 좋은데?	임희연	신한	= 비중확대
25/07/09	[증권] A rally that is unlikely to end soon	Yu–Dong Yo....	NH	
25/07/08	[증권] 구조적 변화 속 증권사	조아해, 공건희	메리츠	
25/07/07	[증권] 더 이상 저평가 아니다	정태준	미래에셋	중립

제5장

성장주에 투자하라 : 저평가 성장주 인베스팅 전략

성장주 투자는 시장에서 소외되어 주가가 저평가되었다고 판단되는 종목을 선제적으로 매수 접근하여 시계열을 넉넉히 잡고 기다리는 전략이다. 그런 점에서 이미 충분히 가격평가가 이루어진 신고가 종목을 매수해 빠른 수익을 도모하는 추세추종 전략과는 상반된 투자전략이라 하겠다. 상황에 따라 손절 매도를 실행하기 어려운 성향의 투자자라면 '실적은 계속 성장하지만, 주가는 상대적으로 저평가된' 종목을 장기간 보유하는 전략이 유리하다.

성장주 인베스팅의 핵심은 '현재의 초라한 주가에 가려진 미래의 압도적인 실적 성장'을 남들보다 먼저 읽어내는 데 있다. 대중이 그 가치를 알아차리고 주가가 적정 가치를 찾기 시작할 때까지, 때로는 지루할 수 있는 시간을 인내하는 것이야말로 이 투자법이 요구하는 가장 큰 비용이자 능력이다.

기업의 분석 : 정량적 분석 vs 정성적 분석

성장주 투자에서는 기업의 내재가치와 펀더멘털, 그리고 미래의 이익 성장 여부에 근거하여 투자할 기업을 선별한다. 이런 기업분석에는 정량적 분석과 정성적 분석의 두 가지 방법이 있다. 정량적 분석은 재무제표 같이 수치화된 데이터를 바탕으로 기업의 과거 실적, 현재의 재무 상태, 그리고 수익성을 객관적으로 평가한다. 반면, 정성적 분석은 수치로 명확히 표현하기 어려운 보이지 않는 가치, 즉 비즈니스 모델의 우수성, 경영진의 역량, 산업의 트렌드 등을 평가한다. '지금까지 얼마나 잘해왔고 지금 얼마나 튼튼한가'를 묻는 기초 체력 측정이 정량적 분석이라면, 정성적 분석은 '앞으로 얼마나 더 크고 빠르게 성장할 수 있는가'를 가늠하는 잠재력 평가다. 성공적인 투자를 위해서는 이 두 가지 분석이 상호 보완적으로 이루어져야 한다.

❶ 정량적 분석(quantitative analysis)

정량적 분석은 '숫자' 기반으로 기업을 해부한다. 주관적 견해를 배제하고 객관적 데이터로써 기업의 안정성, 수익성, 성장 속도를 측정한다. 성장주 투자자는 정량적 분석을 통해 해당 기업의 성장이 실제 숫자로 증명되는지, 그리고 현재 주가가 그 성장에 비해 적정한지 판단해야 한다. 정량적 분석은 대개 재무상태표, 손익계산서, 현금흐름표 등 주요 재무제표를 대상으로 하며, 핵심 분석 지표는 아래와 같다.

- **성장성 지표** : 성장주 분석의 핵심. 매출액·영업이익 증가율과 순이

익 증가율(EPS 증가율) 등이 과거 대비 얼마나 가파른지, 시장 예상치
를 웃도는지, 확인한다.

- **수익성 지표** : 자본을 얼마나 효율적으로 사용해 이익을 내는지 확
  인한다. 자기자본이익률(ROE), 영업이익률(OPM) 등이 대표적이다.
  높은 ROE를 유지하며 성장하는 기업은 복리 효과를 누릴 수 있다.

- **안정성 지표** : 성장을 지속하기 위한 기초 체력을 확인한다. 부채비
  율, 유동비율, 이자보상배율 등을 통해 기업이 재무적 위기 없이 성
  장을 위한 투자를 지속할 수 있는지 파악한다.

- **가치평가 지표** : 현재 주가가 기업의 실적 대비 비싼지 싼지를 평가
  한다. 주가수익비율(PER), 주가순자산비율(PBR), EV/EBITDA 등을
  활용한다. 성장주의 경우 현재의 높은 PER가 미래의 폭발적인 이
  익 성장으로 정당화될 수 있는지를 따져보는 것이 중요하다.

❷ 정성적 분석(qualitative analysis)

재무제표의 숫자 너머에 있는 '스토리'와 '무형의 경쟁력'을 읽어내는
분석이다. 미래의 성장은 아직 숫자로 찍히지 않았기 때문에, 정성적
분석을 활용해야 지속 가능한 경쟁 우위(경제적 해자)를 파악할 수 있다.
수치화된 데이터가 설명하지 못하는 '왜'와 '어떻게'에 대한 답을 찾는
과정이다. 사업보고서, 산업 리포트, 뉴스, 경영진 인터뷰, 경쟁사 동향
등이 주요 분석 대상이다. 핵심 분석 요소는 다음과 같다.

- **비즈니스 모델 및 산업의 매력도** : 기업이 속한 산업이 구조적으로 성장할 '총 가용시장' 혹은 TAM(total addressable market)인가? 기업의 비즈니스 모델이 확장하기 쉽고 수익성 높은 구조인가? (예 : 플랫폼 비즈니스, 구독 경제 모델 등)

- **경제적 해자**(competitive moat) : 경쟁사가 쉽게 넘볼 수 없는 진입장벽이 있는가? 강력한 브랜드 파워, 독보적인 기술력 및 특허, 높은 고객 전환 비용, 네트워크 효과 등이 이에 해당한다.

- **경영진의 역량 및 리스크** : 경영진이 명확한 비전과 실행 능력을 갖추었는지, 과거 주주 친화적인 정책을 폈는지, 도덕적 해이 리스크는 없는지 평가한다. 특히 초기 성장 기업일수록 창업자·경영진의 역량은 핵심적이다.

- **거시적 환경 및 규제** : 금리, 환율 등 거시경제 상황이나 정부의 정책 및 규제 변화가 기업의 성장에 우호적인가?

❸ 비교우위 분석

위와 같은 분석을 거친 후, 아래 그림처럼 국내 경쟁사와 고객사, 그리고 해외의 피어그룹(동업종의 기업)이나 협력사들까지 폭넓게 분석한다. 이렇게 다른 기업들과 비교분석을 통해 내가 투자하려는 기업에 대해 자세히 알아가며 투자의 성공률을 높여가는 작업은 필수다. 그다음 투자 대상 기업의 주가가 비싼지, 투자할 만한 가격인지 확인하는 작업(밸류에이션)을 마지막으로 거쳐야 한다. 기업분석을 처음 시도하는 투자자는 막막하게 느낄지도 모르지만 걱정할 필요는 없다. 요즘은 워낙 AI가 발달해서 과거에 수십 시간 걸리던 작업을 몇 분에 끝낼 수 있기 때문이다. AI 기능을 활용하는 방법은 마지막에 소개할 예정이다.

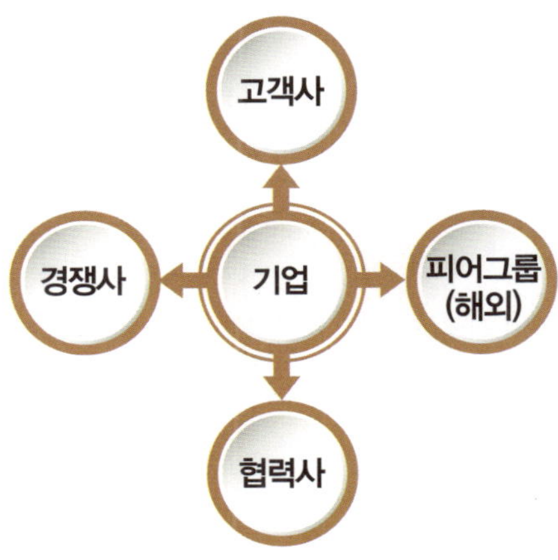

밸류에이션과 멀티플

시장에는 주가를 평가할 수 있는 여러 가지 가치평가 지표들이 널려 있다. 우리가 흔히 듣는 PER(주가수익비율), PBR(주가순자산비율), ROE(자기자본이익률), EV/EBITDA, PSR(주가매출비율), PEG(주가수익성장비율) 등이 대표적이다. 그중 성장주들의 평가에는 일반적으로 PER을 많이 활용한다.

❶ 밸류에이션(valuation : 가치평가)

현재의 주가 가치를 평가하는 것이 밸류에이션이다. 앞서 언급한 PER, PBR 등 지표들이 '도구'라면, 밸류에이션은 그 도구를 사용해 결국 '이 주식의 적정 가격은 얼마인가?'를 산출하는 과정이다. 워런 버핏은 이렇게 말했다. "가격(price)은 당신이 지급하는 것이고, 가치(value)는 당신이 얻는 것이다." 밸류에이션은 바로 이 가치를 숫자로 확인하는 작업이다.

❷ 멀티플(multiple : 배수)

한마디로 '기업 가치를 어떤 기준(이익·매출·현금흐름·장부가치 등)의 몇 배로 볼 것인가'를 뜻한다. 즉, 시장참여자들이 그 회사의 가치를 계산할 때 쓰는 배수(가격표) 같은 개념이다. 멀티플 판단은 어떤 지표(PER, PBR, PSR, PEG, EV/EBITDA 등)를 사용하느냐에 따라 다르다. 그러나 보통은 'PER이 몇 배인가'를 가장 많이 사용한다. PER 개념만 잘 이해해도 충분히 투자할 수 있다는 이야기다.

고성장이 오래 이어지는 기업에는 높은 멀티플을 부여하며, 업황에 주기적인 호황/불황이 있는 기업들은 상대적으로 낮은 멀티플로 평가받는다. 가령 엔비디아는 AI 산업에서 절대적인 최고 경쟁력을 보유한 데다, 장기간 폭발적 실적 성장이 이어지고 있으므로 2025년 12월 기준 '다음 해 예상 PER 30배'라는 높은 멀티플을 부여받는다.

그럼, 메모리 반도체 시장을 석권한 K-반도체의 삼성전자와 SK하이닉스는 어떨까? 2025년 12월 기준 다음 해 예상 PER 10배와 7배 멀티플을 각각 적용받는다. 메모리 산업은 대표적인 시클리컬(경기 민감) 산업이기 때문에 PER 멀티플이 낮은 편이다. 주식시장 참여자들이 이 두 회사에 투자할 때 PER보다는 PBR 기준의 멀티플을 고려해온 것도 그래서다.

또 미국증시는 최고의 선진시장인 데다 유동성도 풍부해서, 여기 상장된 기업들은 다른 나라보다 높은 멀티플로 평가받는다. 예컨대 대만의 TSMC 역시 나스닥에 상장돼 있어 한층 더 높은 평가를 받고 있다. 그리고 증시가 호황 국면으로 경기가 좋고 금리도 낮다면 사업환경이 유리하므로 전반적으로 멀티플이 높아진다. 그러나 금리 인하가 경기 침체 때문이고 증시가 불황 국면이라면 사업환경 자체가 적대적이기 때문에 시장참여자들이 높은 멀티플을 부여하기 어렵다.

이렇듯 멀티플은 여러 요소와 외부 변수에 따라 계속 변화하게 된다. 따라서 투자자는 이런 멀티플의 변화를 꾸준히 관찰하고 내가 투자하는 기업과 시장을 계속 연구해 보유할지 매도할지 판단해야 한다. '한번 사놓고 몇 년 묵혀두면 큰돈이 되어 있을 주식'을 갈망하는 투자자가 얼마나 많은가. 하지만 꾸준한 수익을 평생 누리려면 정성스럽게 화분을 돌보듯 기업과 산업 그리고 글로벌 증시 상황을 끊임없이 확인하고 공부해야 한다.

밸류에이션의 두 가지 핵심 방법

가치를 평가하는 방법은 크게 두 가지로 나뉜다.

❶ 상대 평가(relative valuation)

"옆집이랑 비교해보자." 비슷한 사업을 하는 경쟁사 혹은 산업 평균과 견줘보는 방법이다. 가령 A 반도체 회사는 PER이 10배인데, 경쟁사 B는 15배네? A가 저평가되었어, 하는 식이다. 이 방법은 계산이 빠르고 직관적이며 시장 분위기를 잘 반영한다는 장점이 있어서 주식시장에서 가장 많이 쓰인다. 반면 투자자 나름의 주관적 의견이 개입된 평가라는 단점도 있다. 상대 평가에는 PER, PBR, PSR, EV/EBITDA 등이 주로 쓰인다.

❷ 절대 평가(absolute valuation)

"이 회사가 벌어들이는 현금만 보자." 시장 상황이나 경쟁사와 상관없이, 이 기업이 미래에 벌어들일 현금을 현재 가치로 환산해 평가하는 방법. 예컨대 이 회사가 앞으로 10년간 벌 돈을 현재 가치로 따져보니 100억 원의 가치가 있다, 식으로 평가한다. 시장의 거품이나 폭락에 휩쓸리지 않고 기업의 본질 가치를 본다는 장점이 있지만, 미래 현금 흐름을 예측하는 과정에 가정(assumption)이 많이 들어가고 계산이 복잡하다는 단점이 있다. 이 평가에는 DCF(discounted cash flow; 현금흐름 할인법)가 주요 지표로 쓰인다.

이 밖에도 여러 밸류에이션 방법이 있으나, 실전 투자에서는 PER, PBR을 활용한 가치평가 정도만 알아둬도 충분하다. 그러니까 PER, PBR을 활용하여 상대 평가를 하는 방법 정도는 반드시 습득해야 한다.

성장주 투자에서의 밸류에이션

성장주 투자는 목전의 이익보다 미래의 폭발적인 성장에 배팅하는 것이다. 그래서 과거 데이터에 의존하는 절대 평가가 아니라, 상대 평가에 성장 프리미엄을 더하는 방식을 주로 사용한다. 그저 싸다/비싸다를 넘어, 시장이 이 기업의 미래 성장에 얼마만큼의 프리미엄을 주는가를 해석하는 것이 성장주 평가의 핵심이다.

❶ 성장주는 왜 PER이 높을까?

투자자들이 성장주에 열광하는 이유는 실적이 압도적으로 성장할 때 주가가 이익 상승보다 훨씬 더 큰 폭으로 오르기 때문이다. 주가는 'EPS × PER(멀티플)'로 결정되므로, EPS가 오르면서 동시에 멀티플까지 확장되면 주가는 곱셈 효과로 폭발적으로 상승한다. 이처럼 특정 상황에서 시장이 기업의 가치를 재평가하며 멀티플이 높아지는 현상을 '멀티플 리레이팅(re-rating)'이라 한다.

PER 멀티플이 10이라고 가정할 시, 주당 이익(EPS)이 2배 늘면 이론적으로는 주가도 2배의 상승을 기대한다. 하지만 성장주 리레이팅에서는 이익이 2배 늘어나는 것을 확인한 시장참여자들이 미래 성장에 대한 확신까지 더해 PER 멀티플을 2배, 3배로 높여 프리미엄을 붙이는 경우가 발생한다. 그 결과 주가는 4배, 6배로 뛰어오르기도 한다. 여기서 더 나아가 PER이 50배, 100배까지 치솟으면 주가가 실제 펀더멘털의 상승보다 훨씬 앞서 나가는 거품(bubble)이 된다.

즉, PER이 높다는 것은 시장이 이 기업과 산업의 미래 이익 성장을 확신하고 비싼 값을 쳐주고 있다는 뜻이다. 다만 그 확신이 지나치면 거품이 되고, 기대가 꺾이는 순간 주가는 곱셈의 역방향으로 급락한다. 성장주 투자의 매력과 위험은 바로 이 승수 구조에서 나온다.

주의할 점이 있다. 기대했던 '이익 성장'이 멈춰버리면, 거품이 걷히면서 주가는 이익이 줄어든 것보다 훨씬 더 큰 폭으로 폭락한다는 것이다. 이것이 성장주 투자의 가장 큰 리스크인 '멀티플 수축(valuation de-rating)'이다. 따라서 성장주에 투자할 땐 매 분기, 또는 매년 이익성장률의 기울기가 꾸준히 상승하는지를 잘 따져봐야 한다. 올해는 YoY 30% 성장, 내년은 40% 성장, 내후년은 10% 성장을 보인다고 가정해보자. 이익 성장은 이어지고 있다 하더라도 성장'률'이 둔화하는 것이 확인되는 순간, 주가는 투자자의 보통 시계열보다 훨씬 빠르게 미리 반영되어 고점을 형성하고 떨어지기 시작하는 경우가 빈번하다.

❷ 엔진의 성능(성장)인가, 차의 가격(PER)인가?
이해를 돕기 위해 주식을 자동차에 비유해보자.

- 이익성장률(EPS growth)은 자동차의 속도(엔진 성능)와 같다. 기업이 실제로 돈을 얼마나 더 잘 벌게 되었는가를 나타내는 팩트(fact)다. 50%의 이익성장률을 상징적으로 표현하자면, 작년에는 시속 100km로 달렸는데, 올해는 엔진이 좋아져서 시속 150km로 달리는 것이다.

- 주가수익비율(PER)은 자동차의 가격(프리미엄)에 비유할 수 있다. 성능 좋은 자동차를 사기 위해 사람들이 기꺼이 내는 웃돈(premium) 또는 기대감이라 하겠다. "와, 저 차는 머잖아 시속 200km까지 나오겠는데? 웃돈을 30배 줘서라도 미리 사야지" 하는 심정으로.

❸ 성장주 투자와 PBR

공장이나 기계가 중요한 제조업은 PBR이 그 가치를 잘 설명한다. 하지만 IT, 소프트웨어, 바이오 같은 성장주는 눈에 보이는 자산보다 기술력, 특허, 인력 같은 무형 자산이 핵심이다. 이런 자산은 장부상 자산(book value)엔 잘 잡히지 않기 때문에, 성장주는 통상적으로 PBR이 매우 높게(비싸게) 나타나는 경향이 있다. 그래서 성장주를 평가할 땐 PBR이 높다고 해서 무조건 거품이라고 판단해서는 안 되며, 무형 자산의 가치를 인정해줘야 한다. 성장주들은 대개 굴뚝 산업보다 IT, 바이오, 소프트웨어 영역에 포진되어 있는데, 대체로 위와 같은 이유에서 PBR이 높은 편이다. 따라서 성장주에 투자할 때는 PBR보다 PER 지표를 활용하는 것이 적절하다.

실전 성장주 투자 사례

❶ 지엔씨에너지

분기마다 유의미한 실적을 발표하는 기업은 주의 깊게 살펴봐야 한다. 지엔씨에너지는 2024년 3분기 실적 발표에서 전년 동기 대비 매출 286%, 영업이익 197%의 증가율을 과시했다. 매출과 이익이 동시에 이

지엔씨에너지 2024년 3분기 사업보고서 내용 중

4. 매출 및 수주 상황

가. 품목별 매출실적

매출유형	품목		2024년 3분기 (제 32기)	2023년 (제 31기)	2022년 (제 30기)
발전기	IDC 및 R&D 센터	내수	75,945,887	68,836,691	62,653,695
		수출	1,407,852	4,620,675	269,224
			$ 1,039,648	$ 3,455,768	$ 188,292
	발전소 및 플랜트	내수	5,101,159	11,699,171	5,222,800
		수출	–	65,066	976,032
			–	$ 49000	$ 764466
	대형복합쇼핑몰	내수	1,718,178	6,744,212	6,050,246
		수출	37,055,513	47,928,131	47,829,415
	주택 및 일반건축물	내수	37,055,513	47,928,131	47,829,415
		수출	–	933	–
			–	$ 700	–
기타	재생에너지 설비	내수	50,205	54,350	285,311
	바이오가스발전사업	내수	3,509,756	54,350	285,311
	발전사업	내수	9,877,814	–	–
	기계설비공사업	내수	16,408,656	21,366,992	17,287,280
	임대	내수	129,600	115,200	6,230
합계		내수	149,806,767	161,730,735	147,301,138
		수출	1,407,852	4,686,673	1,245,256
			1,039,648	3,505,468	952,758
		소계	151,214,620	166,417,408	148,546,395

(주1) 제품 매출의 경우 매출 금액에 유지보수와 관련된 다건의 소액 매출이 다수 포함되어 있고, 수량 정보가 건별 매출 금액 왜곡할 우려가 있어 기재하지 않았습니다.

처럼 큰 폭으로 성장했다는 건 체질 변화가 이뤄졌다는 뜻이므로 이 분기의 사업보고서를 꼼꼼히 살펴봐야 한다. 아니나 다를까, IDC(인터넷 데이터센터)와 R&D 센터 매출의 경우 3분기 실적만으로 이미 작년 전체 매출을 넘어섰음을 확인할 수 있었다.

지엔씨에너지의 주력 사업은 국내 데이터센터를 위한 비상 발전기 공급. 압도적인 시장 점유율을 누리고 있었다. 이번 실적이 단발성일까, 앞으로도 계속될 성장일까를 확인하기 위해 회사 IR 담당자에게 묻기도 하고 인터넷 기사도 검색해봤다. 회사는 최근 데이터센터의 주문이 늘어서 실적이 좋아졌음을 확인했고, 뉴스 검색으로는 AI 산업이 발전하면서 전력 수요량이 늘어남에 따라 이 회사의 비상용 발전기 공급이 늘어나고 있다는 걸 확인했다. 데이터센터 발전기의 경우, 아파트나 상가에 설치되는 일반용 발전기와 달리 그 규모와 마진율이 매우 높다. 국내에도 AI 인프라의 꾸준한 장기 성장이 확실해서, 비상 발전기 시장을 과점한 지엔씨에너지의 성장 역시 필연이라 판단되었다.

탁월한 실적이 발표된 날 지엔씨에너지는 상한가를 기록했지만, PER은 여전히 5배에 불과했다. 국내 상장기업 중 같은 사업을 영위하는 경쟁사가 없었기에, 유사한 사업을 영위하는 케이아이엔엑스라는 기업의 PER을 들여다봤더니 직전 5년 평균 PER이 약 18배 수준이었다. 동종사업은 아니어서 절대적인 비교는 불가능했으므로 케이아이엔엑스의 멀티플인 18배를 30% 정도 할인한 PER 13배로 지엔씨에너지의 적정 PER 멀티플과 견주었다. 그리하여 현재 지엔씨에너지의 주가 기준으로 두 배 이상의 상승 여력이 있다고 판단했다.

AI 수혜주로 리레이팅이 이루어지는 타이밍이라 판단하여 지엔씨에너지에 대한 투자를 진행했고 이후 좋은 성과로 마무리할 수 있었다(아래의 차트 참조). 밸류에이션과 멀티플 개념이 없다면 단순히 주가가 급히 올랐다고 매수를 꺼리기 쉽다. 물론 주가가 급등해 단숨에 고평가되는 상황도 비일비재하지만, 미래의 실적 성장을 가늠하며 평가할 수 있다면 오히려 급등 구간에도 주가가 싸다고 판단될 땐 추격 매수하여 빠른 수익을 올릴 수 있다.

과거 실적의 흐름을 파악하는 방법

기업의 실적, 재무 상태, 수주잔고 등을 자세하게 알고자 하면 여러 가지 유료 서비스를 이용하기도 하지만, 증권사 HTS(거래 시스템)의 기능을 통해 무료로 매출, 영업이익, EPS, PER 같은 자료의 흐름을 확인할 수 있다. 예컨대 키움증권 HTS의 경우, '재무차트'(메뉴 번호 0604)로 들어가 보면 과거 매출과 영업이익 등 원하는 항목들을 추가하여 시각화할 수 있다. 아래 지엔씨에너지의 재무차트를 보면, 24년 3분기 호실적을 나타낸 구간이 빨간 테두리로 표시되어 있는데, 과거 실적 대비 현저히 높은 실적이었음을 확인할 수 있다.

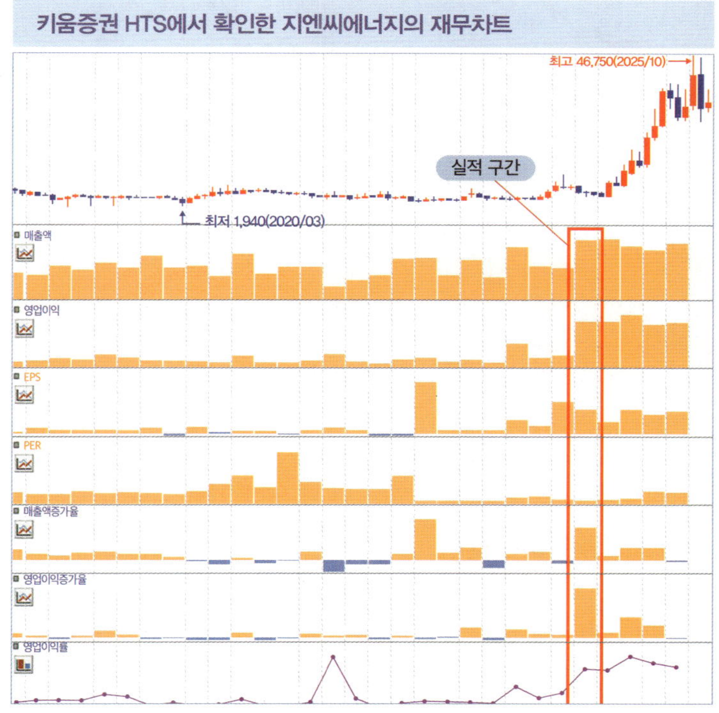

또 국내 대표 인터넷 검색포털에서도 이 같은 증권정보를 무료로 얻을 수 있다. 초기 화면의 '증권'으로 들어가서 검색란에 종목 이름을 입력하고 해당 기업의 화면이 나오면 '종목분석'탭과 '컨센서스' 탭 순으로 클릭한다. 그러면 '주가 & 컨

센서스'라는 제목 아래 과거 몇 년의 실적은 물론 각종 밸류에이션 지표까지 한 눈에 파악할 수 있다.

재무연월	매출액 (억원)	YOY (&)	영엽이익 (억원)	당기순이익 (억원)	EPS (원)	BPS (원)	PER (원)	PBR (배)	ROE (%)	EV/EBITDA (배)	주재무제표
2021.12(A)	1,224.9	−23.93	69.1	44.1	269	5920	17.96	0.82	4.87	3.92	IFRS연결
2022.12(A)	1,485.5	21.27	60.9	273.9	1665	7201	2.15	0.50	26.32	6.18	IFRS연결
2023.12(A)	1,664.2	12.03	110.2	113.9	692	8114	6.15	0.52	9.70	1.73	IFRS연결
2024.12(A)	2,263.2	35.99	317.0	384.8	2340	10652	3.51	0.77	27.54	2.68	IFRS연결
2025.12(E)	2,714.0	19.92	539.0	467.0	2839	12732	10.81	2.41	25.74	6.58	IFRS연결
2026.12(E)	3,542.0	30.51	777.0	621.0	3775	16476	8.13	1.86	26.54	4.30	IFRS연결
2027.12(E)	3,941.0	11.26	858.0	723.0	4395	20845	6.98	1.47	24.18	3.32	IFRS연결

* (A)는 실적, (E)는 컨센서스

AI를 활용한 기업분석

사업보고서를 하나하나 훑어보며 개별 기업을 분석하거나 애널리스트들의 몇 년 치 리포트를 읽어보거나 뉴스를 직접 찾아보는 식으로 기업정보를 입수·분석하던 시대는 지났다. AI 시대의 도래로 주식투자에 대한 기본적 지식이 부족한 투자자들도 매우 쉽게 기업분석을 할 수 있게 되었다. 여기서는 기업분석을 할 때 AI를 활용하는 간단하고 유용한 방법을 소개하고자 한다. 앞서 살펴본 정량적 분석, 정성적 분석, 밸류에이션 등을 참고하여 아래와 같이 간단히 AI에 질문을 던지면 손쉽게 정보들을 취할 수 있다.

제미나이나 챗GPT 등 AI 모델에 '국내주식 종목 지엔씨에너지를 자세히 분석해줘' 같은 식으로 질문해보자. 이때 기업 개요/비즈니스 모델/기술적 해자라든지, 매출 비중, 고객사와 경쟁사(또는 해외 피어 그룹 및 해외 경쟁사), 최근 3년 실적 추이, 향후 실적 전망과 이를 토대로 한 밸류에이션, 주요 경쟁사들과 밸류에이션 비교, 리스크 요소 분석 같은 세세한 항목을 일일이 지목해서 물어봐도 좋다. 실제로 지엔씨에너지에 대해 제미나이에 질문을 던져봤다. 어떤 답변을 얻을 수 있었을까? AI 모델이 제공한 자료를 캡처한 아래 화면을 보라. 무료 서비스인데도 이처럼 자세하고 유용한 데이터를 얻을 수 있으니, 여기 나만의 분석 기준을 덧붙여 투자에 활용하면 좋겠다.

하지만 주의할 점도 있다. AI 모델도 간간이 잘못된 답을 주기도 한다는 것이다. 내 소중한 돈을 투자하는데 AI에 100% 의존하는 것은 위험하다는 뜻이다. 이런저런 AI 모델은 투자를 위한 기업분석에 드는 시간을 대폭 줄이는 목적으로 활용하되, 진짜 중요한 내용은 직접 내 손으로 추가 분석하고 검증해야 한다.

지엔씨에너지 심층분석 및 투자 전망

전업투자자의 관점에서 **지엔씨에너지(119850.KQ)**를 분석해 드립니다. 현재 이 기업은 단순히 기계 업종을 점어, AI데이터센터(IDC) 인프라의 핵심 수혜주로 환골탈태하며 시장의 재평가(Re−rating)를 받고 있는 구간입니다.

❶ 기업개요/주요 비즈니스 모델/기술적 해자

- **기업개요** : 1989년 설립된 비상 산업용 발전기 전문 EPC(설계 · 조달 · 시공)기업입니다.
- **비즈니스 모델** : 디젤 및 가스터빈 비상발전기 공급이 주력이며, 바이오가스 발전 및 지열 발전 등 신재생에너지 사업을 병행합니다.
- **기술적 해자 : *IDC 독점적 지위** : IDC는 전력 안전성이 생명입니다. 지엔씨에너지는 국내 주요 IDC 비상발전기 시장의 **약 70% 이상을 점유**하고 있습니다.
- **가스터빈 기술력** : 소음과 진동이 적교 효율이 높은 가스터빈 발전기 시장에서는 **약 90%에 달하는 점유율**울 가진 사실상의 독점 사업자입니다. 대형화되는 AI 데이터센터 트렌드에 최적화되어 있습니다.

❷ 매출비중(2025년 상반기 기준)

사업부문	매출비중	특징
비상발전기	82%	이중 IDC향 매출이 약 80%를 차지하며 성장을 주도
전력판매 /바이오	13%	파푸아뉴기니발전소 및 국내바이오가스 전력 판매
기타(냉난방 등)	5%	자회사 한빛에너지 등을 통한 지열 및 공조 설비

❸ 고객사

- **국내 대기업** : 네이버(각 세종/춘천), 카카오, 삼성SDS, LG, CNS, SK브로드밴드, KT Cloud 등
- **글로벌빅테크** : 국내에 진출한 아마존(AWS), 마이크로소프트 등의 데이터센터 구축 시 협력사로 참여
- **최근 주요 계약** : 2025년 8월 **SK 울산 AI 데이터센터(422억)**, 8월 **네이버 각 세종 2 · 3차분(627억)** 등 역대급 수주 경신 중

❹ 경쟁사(국내)

- **선진엔지니어링(비상장)** : 일반 건축물 및 산업용 발전기 시장에서 경쟁하나, 하이퍼스케일급 레퍼런스에서는 격차가 큼.
- **기타 중소 EPC사** : 저가 경쟁을 펼치나 고부가 가스터빈 시장 진입장벽을 넘지 못하는 상황

❺ 해외 피어그룹 및 해외 경쟁사

- **Cummins(CMI, 미국)** : 세계 최대의 엔진 및 발전기 제조사로, 지엔씨에너지의 주요 엔진 공급선이자 경쟁 파트너

- **Generac(GNRC, 미국)** : 북미 비상발전기 시장1위 기업 AI 인프라 확대로 최근 높은 밸류에 니션을 부여받음
- **Rolls-Royce(MTU 브랜드)** : 고성능 IDC용 엔진 시장의 글로벌 강자

❻ 핵심 투자포인트

1. **Q(물량)의 폭증** : AI 데이터센터는 일반 IDC보다 전력 소모량이 5~10배 많아, 비상발전기 설치 대수가 급증하고 있습니다.
2. **P(가격)의 상승** : 가스 터빈 등 고마진 제품 믹스가 개선되면서 수익성이 과거 5% 대에서 15% 수준까지 개선되고 있습니다.
3. **수주잔고의 질** : 2025년 3분기 말 기준 수주잔고는 **약 3,800억원 이상**으로, 이는 2023년 매출액의 2배가 넘는 수준입니다.

❼ 실적추이 및 밸류에이션(F/PER)

(단위 : 억원, 연결 기준)

항목	2023년(A)	2024년(E)	2025년(E)	2026년(E)
매출액	1,664	2,263	3,007	3,939
영업이익	110	317	439	893
EPS(원)	884	1,980	2,497	3,500+

- **Valuation** : 2025년 예상 EPS 기준 현재 주가는 **PER 약 11~12배** 수준입니다. 과거 저평가(5배)에서 벗어나 AI 인프라 기업으로서 15~18배 수준의 리레이팅 타겟이 형성되고 있습니다.

❽ 주요 경쟁사들과 밸류에이션 비교 분석

기업명	국가	PER(2025E)	특징
비상발전기	한국	11.5×	IDC 특화, 국내 시장 압도적 1위, 고성장 구간
Generac(GNRC)	미국	24.1×	글로벌 대장주, 프리미엄 부여
CUmmonus(CMI)	미국	17.5×	안정적인 배당 및 글로벌 엔진 공급방 장악
EPC	한국	5.0×	일반 건설/설비 기업들(지엔씨와 차별화 필요)

- **분석** : 지엔씨에너지는 글로벌 피어 대비 여전히 저평가 상태이며 단순 EPC가 아닌 'AI 인프라' 주로 분류될 때 업사이드가 큽니다.

❾ 리스크 요소

- **매출 인식 지연** : 데이터 센터는 민원이나 전력 인프라 문제로 공기가 지연되는 경우가 빈번합니다(실제 2025년 3분기 실적이 일시적으로 기대치를 하회한 원인)
- **환율 및 원재료** : 수입 엔진 가격이 달러 환율에 민감합니다. 최근 대금의 일부를 달러로 받는 계약을 통해 헷지 노력을 하고 있습니다.

제6장

기관과 외국인의 수급 추적

주식시장에서 '세력'이라고 하면 다양한 의미를 내포한다. 흔히들 주가 움직임에 영향을 주는 주체를 세력이라고 표현하는데, 내가 말하고자 하는 세력은 불순한 의도로 주가를 조작하는 작전세력 같은 게 아니라 자금력이 풍부한 기관투자자나 외국인 투자자(해외의 기관투자자)를 지칭한다. 이런 기관과 외국인의 수급(순매수와 순매도) 동향을 세심히 살피면 의외로 수익의 기회를 찾을 수 있다.

기관과 외국인 투자자의 매매 동향

그래서 나는 장이 마감되면 기관과 외국인들의 수급이 많이 유입된 종목들을 검색해보는 루틴을 유지하고 있다. 우리 증시에는 시가총액이 그리 높지 않은 기업들이 많아서, 특히 스몰캡의 경우 시가총액 대비 의미 있는 비중의 기관·외국인 투자자 수급이 들어온 종목을 특별히 면밀하게 추적한다. 가령 당일 기준 시가총액의 1%가량의 크기만큼 기관 매수세가 유입된 종목, 그중에서도 투신이나 사모펀드의 대량 수급이 유입된 종목에 관심이 크다. 이들의 수급은 짧은 기간에 주가 상승을 노리는 스마트 머니 성격이 크기 때문이다.

외국인 수급은 외국계 기관투자자의 수급인데, 수많은 외국계 기관투자자 중 어느 기관이 매수했는지도 알기 힘들고, 한 곳이 집중 매수했는지 아니면 여러 곳이 동시 분산적으로 매수했는지도 파악하기가 어려워서 스몰캡에서의 외국인 수급은 썩 중요하게 보지 않는 편이다. (하지만 라지캡에서는 섹터별 외국인의 자금흐름을 추적할 수 있기에 외국인의 수급을 주의깊게 봐야한다.) 그러나 국내 기관투자자의 수급이라면, 연기금, 금융투자, 사모펀드, 투신 등 각 기관을 구분하여 판별할 수가 있다. 특히 사모펀드 수급은 국내 자산운용사 운용역들의 매수가 모인 것이기 때문에 더 중요하게 보는 편이다. 아무래도 이런 기관투자자들은 개인투자자보다 정보력이 뛰어나고, 투자의 프로들이 긍정적 관점에서 매수한 것이라 해석할 수 있으므로, 갑자기 대량 매수(시가총액의 1%가량)가 유입된다면 그들이 어떤 생각으로 그 종목을 사들였는지 곰곰 생각하며 투자 포인트를 찾아본다. 이런 식으로 기관투자자들의 의미 있는 수급을 따라서 종목을 검색해보면 향후 주가 흐름이 양호한 경우를 간혹 볼 수 있다.

순매도				순매수		
종목몽	수량(백주)	금액(백만)		종목몽	수량(백주)	금액(백만)
두산에너빌리티	13,522	86,857		현대차	3,529	74,070
SK하이닉스	2,275	65,167		삼성전자	9,635	58,876
두산	493	30,417		기아	3,283	32,641
KODEX 200선물인	183,565	25,271		ACE 테슬라밸류체	19,074	26,918
KODEX 200	5,812	24,479		SK	1,067	24,368
TIGER 200	3,066	12,930		LG화학	960	21,727
한미반도체	1,291	12,626		한화솔루션	6,325	21,464
KODEX 200타겟위	10,873	12,131		KB금융	1,619	18,081
TIGER 지주회사	7,907	11,690		카카오	2,826	17,725

차트에서 기관·외국인 수급 알아보기

종목별 차트 화면에서도 기관/외국인의 수급을 곧장 보는 방법이 있다. 키움증권의 HTS를 예로 들자면, '키움종합차트' 화면에서 특정 종목을 입력해 차트를 띄운 다음, 좌측 '메뉴항목검색'에서 '기관'을 입력해 검색하면 아래와 같이 기관과 외국인의 보유 수량, 보유금액, 순매수량, 순매수 금액 등등의 정보가 주가 차트와 거래량 아래에 소상히 나타난다. 기관·외국인 수급 현황을 주가 흐름과 함께 직관적으로 확인할 수 있어 유용하다.

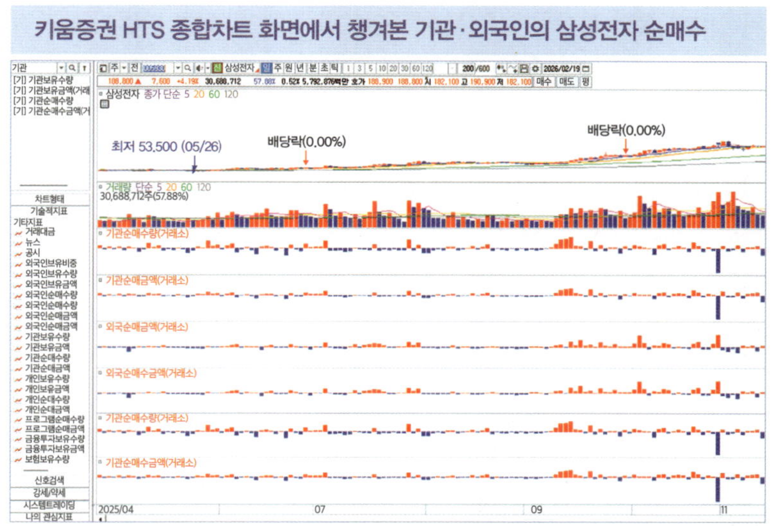

기관·외국인 수급을 기반으로 했던 실제 투자 사례를 들어보자.

❶ 엠앤씨솔루션

엠앤씨솔루션은 2024년 12월 상장한 방산 기업이다. 현대로템, 한화에어로스페이스, LIG넥스원, 한국항공우주 등 K-방산의 주역들을 모두 고객사로 두고 유압실린더, 서보모터, 유압 파워팩 등 핵심 부품을 공급하고 있다. K-방산의 성장과 동행하는 기업인지라, 실적 성장이 이어지는 상황이었고 2025년 3월 초 저항선을 돌파한 후 4월 중순까지 박스권의 횡보 흐름이 이어졌고, 그 구간에서 시가총액이 약 7,000억 원인 코스피 미들캡 종목이었다. 이 박스권 횡보 구간에서 기관투자자의 순매수는 약 269억 수준(아래 표의 빨간 네모)으로 시가총액의 3%~4%에 해당하는 의미있는 물량이었다. 이 특이점을 파악한 직후 나는 방위산업의 실적 성장성 같은 투자 포인트를 공부했다. 이 기업의 독점적 지위와 글로벌 주요 레퍼런스, 실적 전망, 밸류에이션 등을 볼 때 비싸지 않은 가격대라 판단하여 매수에 동참했다. 2025년 5월에 접어들면서 이란-이스라엘 전쟁으로 방산 섹터에 대한 시장의 관심이 급증해, 주가가 오버-슈팅 구간이라 판단되어 전량 매도했다. 이후에도 주가는 더 올랐지만, 애초 목표가격에 충분히 만족할 수익(최대 67% 수준)이 발생해 미련 없이 팔았다.

2025년 3월 엠앤씨솔루션의 기관·외국인 수급 흐름

기간 25/03/05 ~ 25/04/11			누적순매수	-26,685	-117	+26,983	-2,148	+1,558	+16,232	+251	+868	+9,805	+417		-232	+51
일자	종가	등락률	거래대금	개인	외국인	기관계	금융투자	보험	투신	기타금융	은행	연기금등	사모펀드	국가	기타법인	내외국인
25/03/21	85,000	5.59%	16,480	-4,031	+1,659	+2,595	-297	-154	+1,043			+283	+1,720		-225	+2
25/03/20	80,500	-5.52%	13,714	+853	-1,372	+417	+181	+288	+176		+184	+742	-1,155		+91	+11
25/03/19	85,200	0.35%	8,237	+1,005	-2,264	+1,314	+104	-15	+819		+427	-8	-13		-67	+12
25/03/18	84,900	-1.39%	13,137	-1,899	-701	+2,677	+713	+551	+1,169			+34	+210		-81	+4
25/03/17	86,100	8.99%	16,670	-6,166	+3,143	+2,879	-358	-47	+1,085			+393	+1,807		+148	-4
25/03/14	79,000	-3.89%	8,750	+1,396	-1,150	-192	+279	-154	+26			-300	-43		-50	-4
25/03/13	82,200	6.75%	17,921	-5,665	+1,114	+4,476	-344	+143	+4,894			-6	-212		+41	+33
25/03/12	77,000	-10.57%	21,940	+3,630	-356	-3,119	-372	-147	+129		-61	-659	-2,009		-96	-59
25/03/11	86,100	2.50%	14,985	-109	-1,780	+1,821	-17	+11	+1,952		-16	-211	+102		-26	+94
25/03/10	84,000	4.09%	14,286	-1,300	+1,741	-527	-824	-239	-196			+82	+650		+85	+2
25/03/07	80,700	-0.86%	9,046	-374	+330	+144	-156	+8	+7			-53	+338		-102	+2
25/03/06	81,400	5.30%	22,416	-2,097	-2,155	+4,058	+798	+292	+2,374			+835	-241		+202	-7
25/03/05	72,300	11.38%	20,262	-6,240	+4,674	+2,063	-233	-43	+962		+45	+149	+1,172		-19	+21

수급분석은 그 자체만으로는 하나의 투자 포인트가 될 수 없고, 성공률을 높이는 보조 수단 정도로만 보는 것이 좋다. 수급보다 더 중요한 것은 기업 본연의 성장 스토리와 투자 포인트 그리고 펀더멘털이다. 또 수급 측면에서 의미있는 특이점을 관측했더라도 언제든지 하락 변동성은 생길 수 있음을 명심해야 한다. 그래서 항상 투자 비중을 조절하고 리스크를 관리해야 한다.

제7장

차트 분석의 핵심 패턴

일정매매 전략을 다룬 제7장에 들어가기에 앞서, 차트 패턴의 핵심을 먼저 이해하는 것이 필요하다. 차트를 분석하는 것은 투자의 성공률을 1%라도 더 높이며 빠른 수익을 올리고 리스크도 관리하려는 목적이다. 물론 차트 분석을 모르더라도 투자는 가능하겠지만, 분석 방법을 숙지한다면 보다 효율적인 투자를 할 수 있을 것이다.

모든 차트에서 가장 중요한 기본요소는 '지지'와 '저항'이다. 특히 '저항선→ 돌파→ 지지선'으로 전환하는 구간은 기술적 분석 측면에서 가장 좋은 매수 타점이 된다. 반면 '지지선→ 이탈(하향 돌파)→ 저항선'으로 바뀌는 구간은 단기 대응으로 비중을 축소하거나 손절 대응의 리스크 관리가 필요한 매도 타점이 된다.

기술적 분석이라고도 불리는 차트 분석 측면에서 이런 흐름이 나타나는 이유는 무엇일까? 저항선은 과거 일정 가격대에서 매도세(공급)가 강해 더는 올라가기 힘들었던 지점이다. 반대로 지지선은 매수세(수요)가 집중되어 가격이 더는 내려가기 힘들었던 지점이다. 일단 저항선을

'돌파(breakout)'하면, 대기하고 있던 매도 주문(손절매 주문, 공매도 청산 주문 등)이 흡수되어 매도세가 소진되고, 거기서 매수 대기 주문이 쌓이게 된다. 결과적으로 기존의 저항선이 지지선으로 역할을 바꾸게 되는 것이다. 기술적 분석 측면에서는 이러한 과정을 극성(polarity) 원칙이라고 부른다.

돌파 후 '되돌림(retest)'할 때, 가격이 새로운 지지선(과거 저항선)까지 내려왔다가 다시 반등하면, 매수 위험(추가 하락 가능성)을 최소화하면서 훌륭한 진입 기회를 제공한다. 가격이 버텨준다면 상승 추세가 유효함을 확인한 셈이며, 가장 손익비가 좋은 매수 구간이 될 가능성이 매우 큰 구간이라 할 수 있다. 반대로 지지선을 '하향 돌파(breakdown)'한다는 것은 쌓여 있던 매수주문이 흡수·소진된다는 뜻이며, 매도가 일시적으로 확대된 상황이기에 하락 폭 확대 우려가 커진다. 즉, 매도심리가 갑자기 매수심리를 압도하는 구간으로 돌변해 과거 지지선이 새로운 저항선으로 작용하며 추가 반등을 막는다. 따라서 이런 구간을 맞닥뜨린다면 단기 대응으로 해당 종목의 비중을 축소하거나 손절 청산하고 향후 흐름을 다시 살펴보는 게 합리적이다.

이 같은 차트 흐름의 파악·분석·대응은 전 세계 트레이더들의 공통사항이다. 시장의 자산이나 상품들의 가격 움직임, 즉 차트의 흐름은 제각각 다양한 모습이지만, 앞서 살펴본 차트 패턴은 정형화돼 있어, 모니터 너머 글로벌 트레이더들의 해석은 똑같다. 지지선을 이탈하면 매도심리 우위, 저항선을 돌파하면 매수심리 우위 같은 식으로 말이다. 즉, 글로벌 자산시장에서 막대한 자금력을 행사하는 헤지펀드들이

나 알고리즘 펀드들도 위와 같은 정형화된 기술적 분석 패턴에 따라서 매수·매도를 단행한다는 것이다. 결론적으로 기술적 분석에서 지지선, 저항선의 전환 패턴은 높은 확률로 신뢰받고 있으면서도 그리 어렵지도 않은 해석법이므로, 차트 분석을 공부하는 초기에 맨 먼저 이해하도록 노력하자.

개인적으로 차트 분석을 처음 배울 때는 전체 흐름에서 지지선과 저항선을 직접 그어보는 훈련이 가장 유익했다고 생각한다. 지지선 혹은 저항선에 캔들이 닿을 때 그 이후 전개되는 주가 흐름을 관찰하고, 지나간 차트들도 이런 식으로 백-테스트를 해보며 감을 잡는다면 효율적이지 않을까.

❶ 반전형 패턴(reversal patterns)

추세가 전환되는 시점에 주로 나타나는데, 기존 추세가 힘을 잃고 새로운 방향으로 움직일 가능성이 크다는 것을 시사하는 패턴이다.

ⓐ 헤드 & 숄더(head & shoulders)

상승 추세가 하락 추세로 바뀜을 예고하는 가장 대표적인 고점 패턴이다. 이름처럼 사람의 머리와 어깨 모양을 닮았다. 가운데 가장 높은 봉우리(머리)를 중심으로, 양옆에 그보다 낮고 서로 비슷한 높이의 봉우리(어깨)가 형성된다. 세 봉우리의 저점을 연결한 선을 '넥라인(neckline)'이라 하는데, 주가가 이 선을 하향 이탈하면 하락 추세의 시작으로 간주한다.

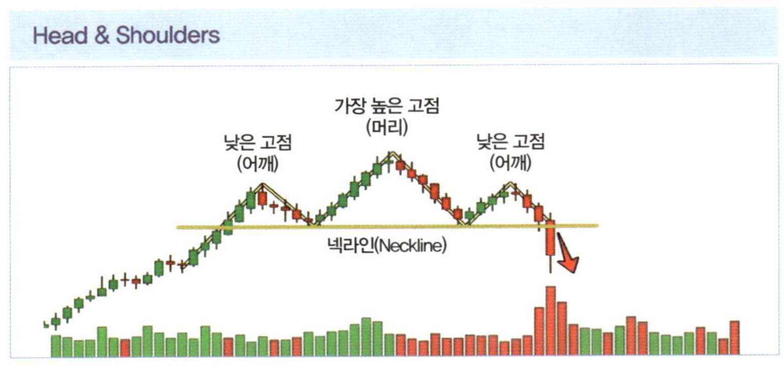

ⓑ 역 헤드 & 숄더(inverse head & shoulders)

헤드 & 숄더 패턴을 뒤집어 놓은 모양으로, 하락 추세의 바닥권에서 나타나는 전형적인 상승 반전 신호다. 가운데 가장 깊은 저점(머리)과 양옆의 얕은 저점(어깨)으로 구성된다. 하락하던 주가가 세 번 바닥을 다진 후 넥라인을 뚫고 올라가는 순간이 강력한 매수 시점이다.

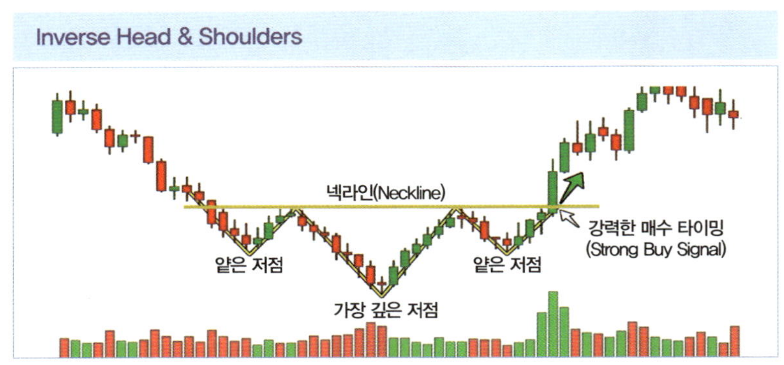

ⓒ 더블 톱(double top; M자형)

주가가 상승 과정에서 두 번에 걸쳐 비슷한 높이의 고점을 형성하고 하락하는 패턴으로, 알파벳 M과 유사하다. 두 번의 상승 시도 후 매수세가 약해졌음을 의미하며 강력한 매도 신호로 해석된다. 주가가 두 고점 사이에 형성된 저점(지지선)을 뚫고 내려갈 때 하락 추세로의 전환이 확정된다.

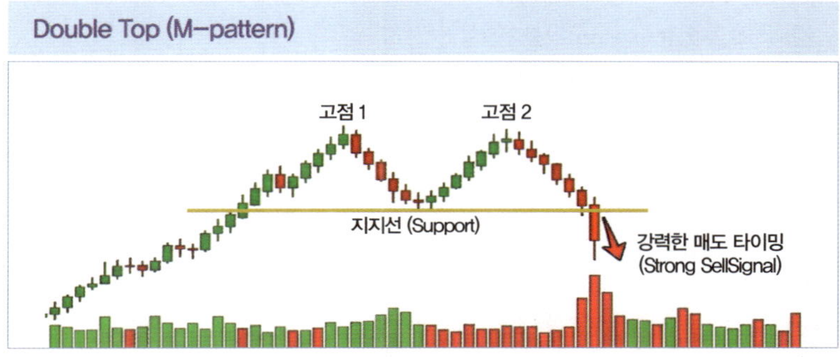

ⓓ 더블 보텀(double bottom : W자형)

하락하던 주가가 두 번에 걸쳐 비슷한 위치에서 저점을 찍고 반등하는 형태로, 알파벳 W와 닮았다. 하락 추세가 마무리되고 상승 추세로 전환될 가능성을 보여주는 신호다. 이때 두 번째 저점을 찍고 올라오는 과정에서 거래량이 증가하면 패턴의 신뢰도가 높아진다.

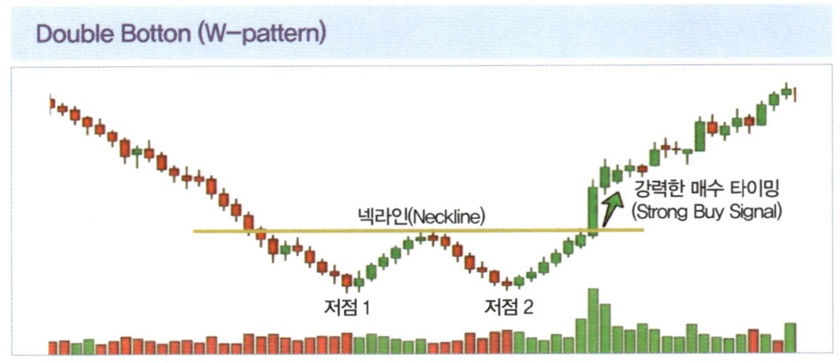

ⓔ 트리플 톱(triple top : 삼중 천장형)

더블 톱보다 더 강력한 하락 반전 신호다. 주가가 비슷한 높이의 저항선에 세 번이나 부딪히며 돌파에 실패하는 형태로, 상승 에너지가 완전히 없어졌다는 뜻이다. 주가가 하단의 지지선을 이탈하면 급락이 나올 수 있으므로 매수 포지션을 청산하거나 매도 전략을 취하는 것이 유리하다.

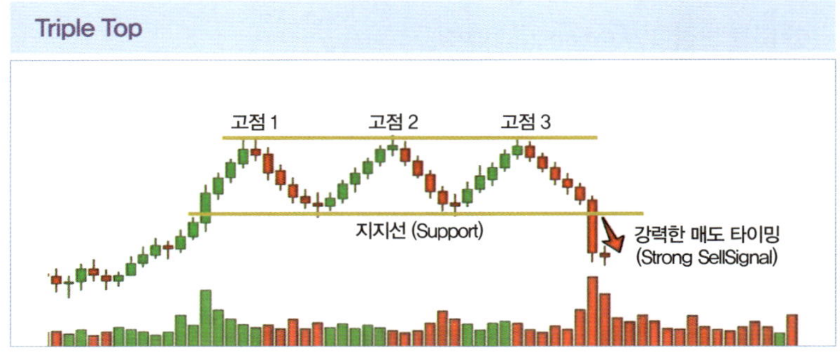

ⓕ 트리플 보텀(triple bottom : 삼중 바닥형)

하락장에서 매도세가 힘을 잃고 매수세가 주도권을 잡기 시작했음을 알리는 패턴. 주가가 거의 동일한 세 개의 저점을 형성하며 탄탄한 바닥을 다진 형태다. 세 번의 지지 후 상단의 저항선을 돌파하게 되면 이는 매우 강력한 강세 전환 신호로, 적극적인 매수 기회로 활용할 수 있다.

ⓖ 하락 쐐기(falling wedge)

주가가 하락하며 고점과 저점이 모두 낮아지지만, 저점 하락 속도가 느려지면서 상단·하단 추세선이 좁아지는(수렴하는) 형태로, 하락 에너지가 점차 약해지고 있음을 뜻한다. 주가가 수렴 구간의 상단 추세선을 돌파하면 하락을 멈추고 상승으로 돌아설 가능성이 크다.

ⓗ 상승 쐐기(rising wedge)

주가가 상승하면서 고점과 저점이 높아지긴 하지만, 상승 폭이 점차 줄어서 두 추세선이 차츰 만나는 모양새다. 얼핏 상승 추세 같지만, 상승 탄력이 둔화하고 있어 조만간 하락 반전의 가능성이 크다는 걸 암시한다. 주가가 하단 추세선을 이탈할 때가 매도 신호가 된다.

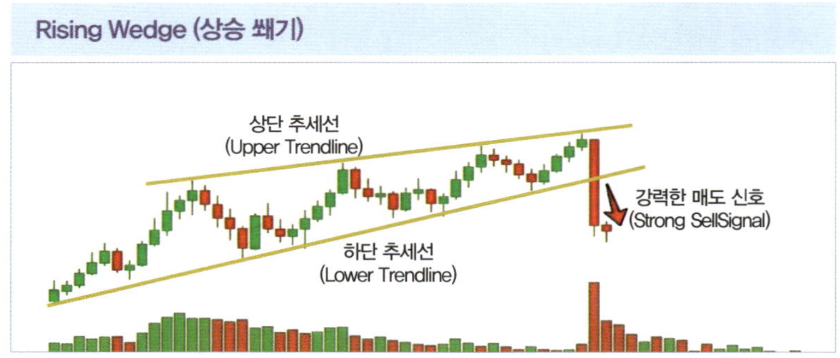

❶ 메가폰(megaphone; 확성기형)

시간이 지날수록 고점은 더 높아지고 저점은 더 낮아지면서 변동 폭이 확성기처럼 커지는 불안정한 패턴이다. 시장참여자들의 심리가 극도로 흥분되어 있거나 혼란스러울 때 나타나며, 추세의 방향을 예측하기 어려운 혼조세를 의미한다.

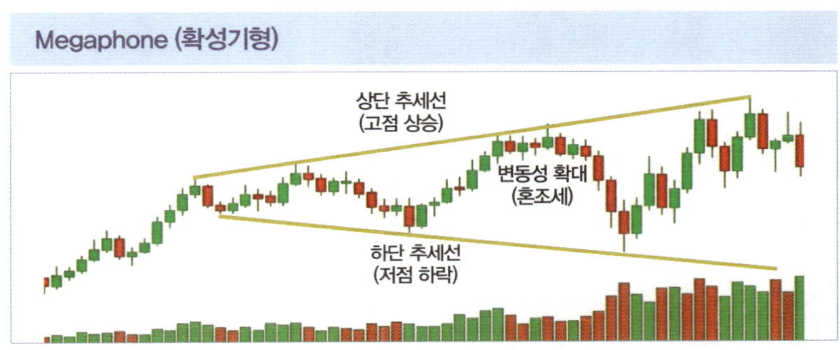

❷ 지속형 패턴(continuation patterns)

급격한 가격 변동 후 잠시 쉬어 가는 구간(숨 고르기)에서 나타나며, 이 기간이 끝나면 기존 추세 방향으로 다시 움직이는 경향이 있는 패턴들이다.

ⓐ 페넌트(pennant)

깃발 패턴과 유사하나 휴식 구간의 모양이 작은 삼각형(페넌트) 형태를 띤다. 급등이나 급락 후 변동 폭이 점차 줄어들며 에너지를 응축하는 과정이다. 수렴하는 동안에는 거래량이 감소하다가, 기존 추세 방향으로 돌파가 일어날 때 거래량이 급증하는 것이 특징이다.

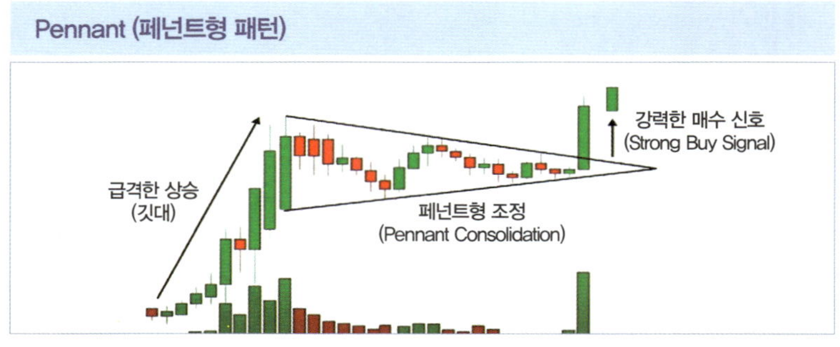

ⓑ 컵 앤 핸들(cup & handle)

완만한 U자 형태의 컵 모양과 그 오른쪽에 달린 약간 하향하는 손잡이 모양으로 구성된 패턴. 장기간에 걸쳐 바닥을 다진 후 상승을 준비하는 전형적인 강세형 패턴이다. 컵을 완성한 후 손잡이 부분에서 잠시 조정을 거치는데, 이때 거래량이 감소하다가 손잡이 상단을 돌파할 때가 주요 매수 타이밍이다.

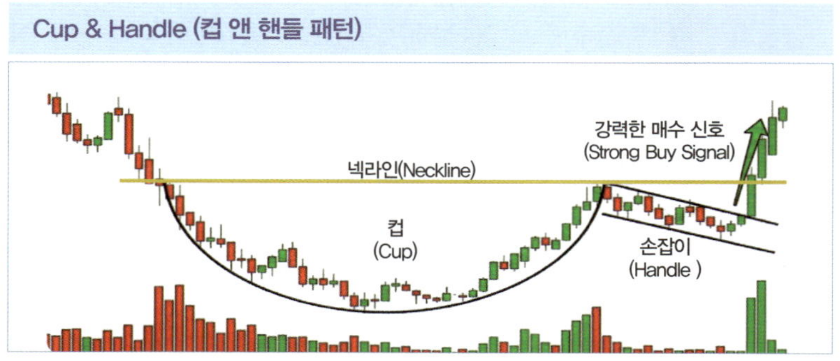

ⓒ 강세 플래그(bullish flag)

상승 추세 중에 나타나는 지속형 패턴. 주가가 강하게 오르며 깃대 모양을 만든 후 잠시 하락하거나 횡보하며 숨을 고르는 형태다. 이는 차익 실현 매물을 소화하며 상승 에너지를 재충전하는 과정으로 본다. 주가가 깃발의 상단 저항선을 돌파하면 다시금 상승 추세가 시작될 것으로 기대한다.

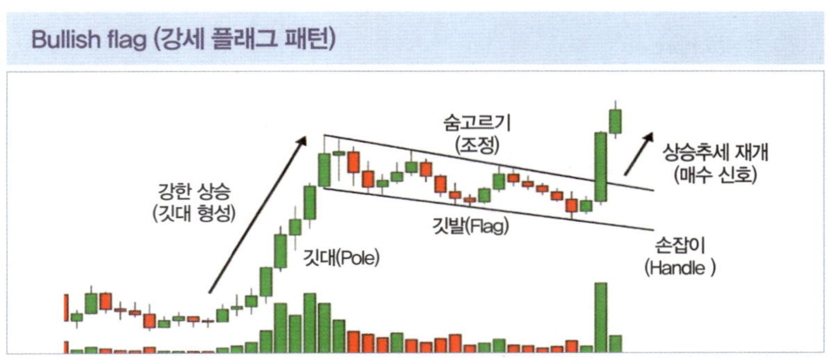

ⓓ 약세 플래그(bearish flag)

하락 추세 중에 나타나는 지속형 패턴으로 강세 플래그의 반대 개념이다. 주가가 급락한 후 잠시 반등하며 횡보하는 모습은 추가 하락을 위한 에너지 비축 과정으로 해석되며, 주가가 깃발 하단의 지지선을 뚫고 내려가면 더욱 하락 추세가 이어질 가능성이 크다.

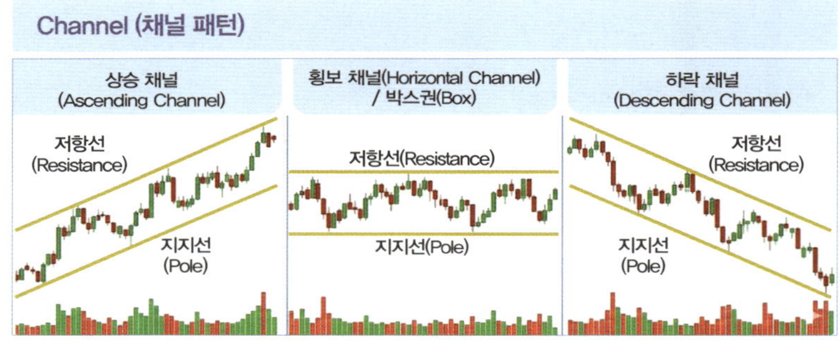

ⓔ 채널(channel)

주가의 고점들을 연결한 저항선과 저점들을 연결한 지지선이 서로 평행을 이루며 나란히 움직이는 형태다. 주가가 두 평행선 사이의 통로(채널) 안에서 규칙적으로 오르내리는 특징을 보인다. 채널의 기울기에 따라 상승 채널, 하락 채널, 횡보 채널(박스권)로 구분된다.

제8장

일정매매 :
이벤트를 둘러싼 탑다운 전략

　일정매매는 어떤 일정을 앞두고 기대심리에 주가가 반응하는 주식 시장의 타성을 활용하는 매매전략이다. 주가는 장기적으로 펀더멘털에 수렴하는 게 기본이지만, 단기적으로는 다양한 '이벤트'에 의해 오르내리게 된다. 그런 점에서 중요한 일정 이벤트를 앞둔 기대감에 주가가 오르는 경우를 많이 접하게 되는데 이러한 이벤트들을 잘 파악해 둔다면 단기·중기 트레이딩에서 좋은 기회를 포착할 수 있다. 이러한 매매전략을 투자자들은 소위 '일정매매'라고 부르는데 일정매매에 대한 나의 관점은 아래와 같다.

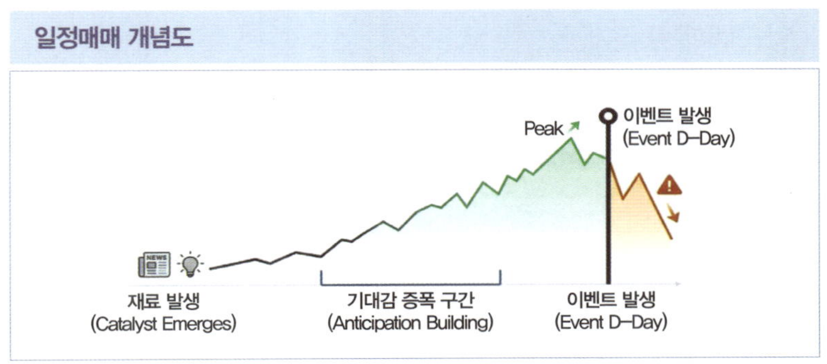

일정매매의 특징

일정매매는 단기 트레이딩에 가장 적합하다. 어떤 일정을 앞두고 접근하기 때문에 자금 관리 측면에서 전략적 운용이 가능하다. 그 일정이 다가오기 전에 아예 매도 시점까지 확정하는 식으로 계획적인 매매 전략을 세울 수 있다는 얘기다. 종목의 펀더멘털보다는 하나의 이벤트에 대한 개연성이 중요하므로, 종목 선정 시 기업의 내재적 가치 분석에는 크게 영향을 받지 않으며 한 이벤트의 개연성(종목과 일정 재료의 관련성 여부)에 따라 주가가 움직이는 경향이 크다.

기업분석에 시간이 많이 들지 않고 비교적 간단히 이슈 분석을 통해 접근 가능하다는 것이 일정매매의 장점이라 할 수 있다. 그 단점을 들자면, 기계적인 대응이 불가할 땐 오히려 손실 위험이 크며, 간혹 일정이 지연·변경되는 경우엔 투자 아이디어 자체가 훼손되기도 한다는 점이다.

일정매매 프로세스

일정매매의 기본적인 프로세스는 아래의 도표에서 일목요연하게 이해할 수 있다. 우선 그 시작은 뉴스나 산업·기업 리포트를 읽으면서 주요 일정을 리스트-업 하는 과정이다. 특히 국가정책과 관련된 뉴스의 노출 일정이나 국내외 주요 기업들의 사업 내용 발표 일정이 확인될 때, 그 일정을 꼼꼼히 기록하여 일정매매를 위한 투자 아이디어로 활용한다. 시간과 에너지가 필요한 작업이지만, 공짜로 쉽게 주어지는 수익이 어디 있겠는가.

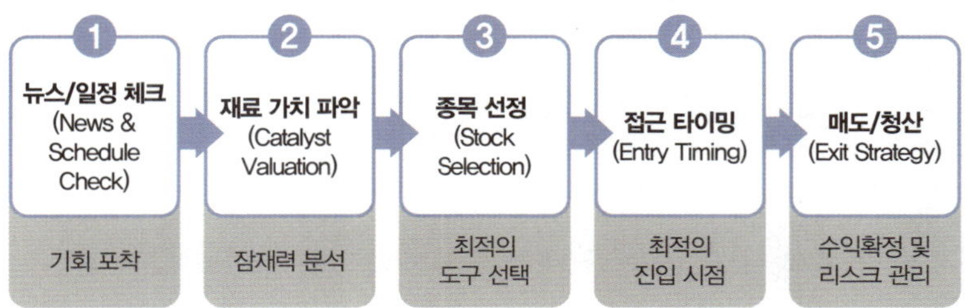

요즘에는 이런 주요 일정을 잘 정리해서 무료로 공유하는 블로그나 텔레그램 채널들도 많으니까 잘 활용하면 시간과 수고를 줄일 수 있다. 포털사이트에서 '주식일정' 이라는 키워드로 검색해봐도 다양한 블로그들이 나오니 쉽게 찾을 수 있을 것이다. 그 외 주요 일정을 확인하는 다른 방법들이 궁금하면 아래 내용을 참고하자.

❶ 증권사 월간 캘린더

월간 캘린더는 대다수 증권사에서 온라인을 통해 제공하는데 해당 증권사의 계정만 있다면 무료로 내려받을 수 있다. 개인적으로는 하나증권, 키움증권의 월간 캘린더 내용이 디테일 측면에서 좋아 그들의 캘린더를 자주 참고하는 편이다.

사실 증권사 캘린더는 내용이 방대하고 나에게 불필요한 내용도 적지 않다. 따라서 그 내용 중 내가 투자하고 있는 기업·산업과 관련된 부분만 따로 정리해서 나만의 일정 자료로 만들어두면 투자에 도움이

굿트레이더가 직접 만든 일정표

일정	내용
6월 ~ 7월 중	제4인터넷은행 예비심사 결과 발표
7/8	삼성전자 잠정실적 발표
7월 중	빗썸, 인적분할 추진 → IPO 수순 돌입
7월 중	솔라나 현물 ETF 출시 승인 예정
7월 중	AI한국 국가대표기업 선정
7월 중	정부, 1조원 ESS설비 도입 관련 최종 낙찰자 선정
7월 중	한국 정부, AI GPU 1만 8000장 확보 예정. 1만장 7월 발주
7월 중	보로노이, 240mg 투약 환자군 데이터 공개 예정
7월 중	중국 무비자 관광객 입국 허용 예정
7월 중	갤럭시 플립, 폴드7 공개
7월 중	2026~2027년 전력 경매(전년비 20% 상승 전망)
7월 ~ 8월	스테이블코인 법안(지니어스 액트) 발효 전망
7월 중	LG AI 연구원, AI 모델 엑사원 4.0, 엑사원패스2.0 공개
7/11	빗썸에이, 인적분할(빗썸 상장 이슈 부각 가능성)
7/14	미국 하원, 크립토 주간

된다. 나는 아래와 같이 '굿트레이더의 일정표'를 만들어 주요 이벤트를 미리 확인하고, 관련 종목을 미리 매수한 다음 이벤트가 다가오면서 기대감에 오를 때 매도하는 식으로 단기·중기 매매전략을 짜기도 한다.

물론 '나만의 일정표'를 꾸준히 작성하는 데는 적잖은 시간과 정성이 필요하다. 그래도 품을 들여 스스로 정리할수록 머릿속에 많이 남는 법이다. 이렇게 애써 일정표를 정리한다고 해서 수익이 보장되는 건 아니지만, 투자 성과를 1%라도 더 높여주는 거라면 충분히 해볼 만한 일이다. 남들이 하지 않는 걸 해보는 용기와 오래 꾸준히 해나가는 끈기는 남다른 경쟁력과 수익으로 돌아오게 된다.

❷ 수작업으로 이벤트 파악

시장에 알려지지 않은 일정을 미리 파악해 남들보다 빨리 대응하는 건 훌륭한 투자전략이다. 두루두루 손수 찾아봐야 하므로 시간과 노력이 필요하지만, 남들이 못 본 중요 이벤트들을 미리 알아내면 투자 성과가 높아진다. 사실 그 요령은 간단하다. 검색포털의 검색창에 '키워드+시점'으로 직접 찾아보면 된다. 가령 반도체 섹터 관련 일정·이벤트를 찾아보고자 하면 '반도체 다음주' 혹은 '반도체 다음달'이라고 입력하자. 그러면 아래와 같은 정보를 얻게 된다. 물론 이렇게 이벤트를 알게 된 다음 정말 중요한 건 그 이벤트가 어떤 의미와 파급력을 갖는지를 판단하는 일이다. 투자 초보자에게는 어려울 수 있다. 과거에 비슷한 이벤트가 있었을 때 주가가 어떻게 반응했는지를 조사해본다면 그 이벤트의 경제적 함의를 파악할 수 있다. 일정매매도 다른 투자나 마찬가지로 신중하게 결정해야 한다.

뉴스에 판다는 뜻의 '셀 온 뉴스(sell on news)'도 주의해서 매도 시점을
잡아야 한다. 특정 이벤트에 대한 기대감으로 상승해온 주가는 막상
디데이가 되면 십중팔구 재료가 소멸하면서 하락으로 반전한다. 넘치
는 기대감으로 주가가 이미 크게 상승해왔다면, 흔히 디데이 며칠 전
부터 차익매물이 나오고 주가는 고점을 형성한다. 따라서 일정매매 전
략에 따라 종목을 보유하고 있다면, 고점을 맞히려는 생각은 버리고
디데이 5일~10일 전부터 서서히 분할매도하며 수익을 확정 짓는 편이
현명할 것 같다.

재료의 가치

재료도 재료 나름이라, 주가를 움직일 정도가 되려면 투자자들의 관심을 확 끌만큼 좋은 재료여야 한다. 일정매매에서 '좋은 재료'가 되려면 아래의 조건들을 충족해야 할 것이다.

❶ 신선해야 한다(novelty)

시장은 언제나 새로운 걸 갈망한다. 예상치 못한 뉴스, '처음' 듣는 재료라야 사람들이 강력하게 반응한다. 이미 여러 번 반복되어 익숙한 '사골 재료'인가, 아니면 시장이 처음 접하는 새로운 패러다임인가? 낡아빠진 재료는 침투율이 낮고 및 희소성도 없다. 어느 정도 예견된 뉴스인가, 아니면 시장의 허를 찌르는 깜짝 발표인가? 예상 밖의 충격(surprise)이 시장을 더 크게 움직인다. 기존 테마와 궤를 달리하는 독자적인 키워드나 명분을 가지고 있는가? 차별화된 논리라야 투자자들이 관심을 보인다.

❷ 단발로 끝나선 안 된다(continuity)

주가를 견인하는 연료는 끊임없는 뉴스의 흐름이다. 단발성으로 끝나는 재료는 위꼬리를 달고 단발적 시세 발산에 그칠 가능성이 크다. 재료 노출 후에도 후속 보도나 관련 이벤트가 일주일, 한 달 단위로 계속 이어질 수 있는가? 그래야만 뉴스 흐름의 밀도가 높다고 할 수 있다. 가령 제약·바이오 산업의 경우 'R&D → 임상 → 승인 → 출시'처럼 시간이 갈수록 기대감이 구체화하고 증폭되는 구조인가? 그런 단계적

빌드업이면 더 좋다. 정부의 공식 발표나 국제 컨퍼런스 등 날짜가 못 박힌 이벤트가 촘촘하게 배치되어 있는가?

❸ 널리 파급력을 지녀야 한다(magnitude)

단순한 일회성 계약이나 작은 소식이 아니라, 해당 산업 전체를 뒤흔들거나 기업의 이익 구조를 근본적으로 바꿀 규모인가를 판단해야 한다. 이 재료가 겨냥하는 시장(TAM)은 조 단위 이상으로 거대한가? 대규모 시장에 관한 재료일수록 좋다. 단순한 기대감을 넘어 향후 실적(매출, 영업이익)으로 연결될 구체적인 근거가 있는가? 숫자로 증명될수록 가치 있는 재료다. 세계 최초, 국내 유일, 역대 최대와 같은 상징적인 키워드가 붙을 수 있는가? 재료에 상징성이 있으면 더욱 좋다.

❹ 종목과 연관성이 또렷해야 한다(clarity)

재료가 좋더라도 그 재료로 명확한 혜택을 보는 수혜주와 대장주가 드러나는 게 중요하다. 이 이슈와 어떤 종목의 사업 내용이 억지스럽지 않고 직접적으로 연결되는가? 재료와 기업의 직접적 연관성이 중요하다. 테마 형성 시 가장 먼저, 가장 강하게 상한가에 도달하는 대장주가 명확히 존재하는가? 재료에 대한 대장주의 탄력성이 가장 강하다. 재료, 이슈가 부각되었을 때 관련주들이 동시다발적으로 급등,혹은 상한가를 기록했는가, 아니면 유독 몇몇 종목만이 반응하는가? 재료가 영향을 주는 대상에 희소성이 있어야 좋다. 삼성, 애플, 구글, 엔비디아 같은 글로벌 거인들이 투자를 집행하거나 관심을 보일 재료인가? 글로벌 빅테크가 움직일 정도면 최상의 재료다.

일정매매에서 매수와 매도의 전략

ⓐ 시계열 관점의 접근(D-30)

이벤트 디데이 기준으로 일정매매 시나리오를 요약해 정리하면 아래와 같은 양상이 된다.

❶ **D-30**(매집기) : 정부 정책 발표나 대형 학회 등 큼직한 이벤트(일정)를 앞두고는 한 달 전부터 매집 세력이 들어온다. 투자자는 이벤트 디데이 기준 1개월~2개월 전부터 관련주들을 선별하여 주가 흐름을 추적해야 할 것이다. 이 기간 주가가 횡보하거나 바닥을 다지는 단계에서 분할매수로 접근한다. 어떤 가격 수준에서 더 하락하지 않고 며칠~몇 주 유지되는 흐름(횡보 구간의 주요 지지 라인이 형성)을 포착하면 조금씩 분할 매수해본다. 1차에는 투자하려는 총금액의 3할 정도만 선제적으로 투입해 매수한다.

❷ **D-15~D-10**(추세 형성기) : 시장에 이벤트 재료가 서서히 노출되며 거래량이 붙기 시작할 가능성이 크다. 상승 추세로의 전환을 확인하고 추격매수 혹은 눌림목 매수를 진행할 수도 있다. 손익비가 유리하지 않더라도 **빠른** 수익을 내고 싶거나 추가적인 모멘텀이 예상될 때(아직 알려지지 않은 추가 호재가 나와 주가에 반영될 때) 접근하기 쉽다. 하지만 언제든 매도심리가 확대될 수 있으니 매도 청산 시점을 염두에 두어야 한다.

❸ **D-10~D-5**(매도 시점) : 이미 시세가 분출 중인 구간이며 변동성이

크게 확대될 수 있다. 이때는 비중을 적극적으로 줄여나가야 하며 사실상 매도 시점이다. 디데이가 다가오면 주가는 대개 하락하기 시작한다. 이러한 흐름을 예측한 투자자들은 디데이 며칠 전부터 서서히 매도해 수익을 확정한다. 항상 명심하자, 일정매매의 핵심은 시장참여자들이 관심 두지 않을 때 미리미리 접근·매수했다가 시장참여자들의 관심이 확대되는 구간에서 이익을 보고 매도하는 것이다. 여기까지를 도표로 정리해보면, 아래와 같다.

❹ 이벤트 디데이 30일 전 즈음에 매집이 진행된다는 과학적인 근거가 있을까? 학계에서는 M&A나 실적 발표 등 어떤 이벤트가 발생하기 약 30일 전부터 주가가 비정상적으로 상승하는 현상을 CAR(cumulative abnormal return, 누적 비정상 수익률)이란 지표로 증명해왔다. 대략 한 달 전 세력의 매집이 시작되는 현상에 대해서는 아래 내용들도 상식적으로 참고해두면 좋을 것 같다.

- **Keown & Pinkerton 연구**(1981) : M&A가 발표되기 약 한 달 전부터 주가가 반응하기 시작한다는 사실을 시계열 분석으로 입증했다. 이는 내부 정보의 확산이나 전문 분석가들의 예측 매수가 시장에 미리 반영되기 때문이다.

- **30일의 법칙** : 대규모 수주, 합병 같은 정보의 가치가 클수록 정보가 시장에 스며드는 시간이 길어지며, 통상 20~30 거래일 전부터 유의미한 수급 변화가 관측된다는 사실이 연구 결과도 있다. 특히 거대 자금을 운용하는 기관이나 외국인 세력은 사고 싶다고 해서 한꺼번에 수백억 원어치 살 수는 없다. 대형 이벤트가 예상될 때, 이들은 주가를 폭등시키지 않으면서 물량을 확보하기 위해 2주~4주에 걸쳐 분할 매수한다. 이를 '조용한 매집(quiet accumulation)'이라 부른다. 거래량이 적은 종목일수록 자연히 매집 기간은 길어진다. 한 달이라는 시간은 시장에 큰 충격을 주지 않고 목표 비중을 채우기에 적합한 물리적 시간이라 볼 수 있다.

ⓑ 차트 관점의 접근

1차 매수 접근 후 거래량을 동반한 양봉 패턴이 출현하거나 단기·중장기 이동평균선이 정배열로 전환되는 구간이 포착된다면, 2차로 비중을 확대한다. 특히 뉴스에서 이 일정에 대한 모멘텀을 부각하며 대량 거래대금을 동반하는 급등이 나타난다면, 시장에서 본격적으로 이 이벤트 및 관련 종목을 둘러싼 기대심리가 커지기 때문이다.

또 차트상 이동평균선이 역배열로 진행되던 종목이 주가 상승세를 동반하며 이동평균선의 저항을 돌파해 정배열로 전환하는 타이밍은 중요한 매수 시점으로 볼 수 있다. 이동평균선 역시 주가 측면에서는 저항으로 작용하는데 그런 저항을 돌파하는 흐름이 만들어진다면, 그만큼 매수심리가 확대하고 있는 것으로 해석할 수 있기 때문이다.

ⓒ 검색 키워드 관점의 접근

투자자는 일정을 기반으로 매수하기 전에 반드시 스스로 물어야 한다. "이 재료가 이미 얼마나 가격에 반영되어 있는가?" 시장참여자들이 특정 이벤트에 관심을 보이기 시작하는 타이밍을 분석해서 매수 시점 찾기에 활용하자는 얘기다.

네이버 데이터랩이나 구글 트렌드 등으로 해당 키워드의 검색량이 폭발하기 직전인지 아닌지를 보면 기대감을 확인할 수 있다. 이미 검색량이 정점이라면 매수하기에 늦었을 가능성이 크지만, 그렇지 않고 서서히 상승하기 시작하는 구간이라면 본격적인 매수 시점으로 볼 수 있다. 또 키워드 검색량이 의미 있게 증가하기 시작하는데 관련 주식들의 주가가 반응하지 않고 있다면 매우 좋은 저점 매수 기회로 판단한다.

실제로 구글에서 'CES 2026'이란 키워드의 검색량이 2025년 하반기 어떻게 변했는지를 검색해봤다. 아래 도표에서 보듯이 10월경부터 검색량이 서서히 증가하기 시작했고 11월 중순에는 매우 의미 있는 상승이 나타났다. 하지만 CES 2026 관련주들의 상승은 시장에서 여전히 관심이 확대되지 않고 있어서 11월 중순은 관련주들에 대한 매우 좋은 매수 시점이라 볼 수 있다. 네이버트렌드에서 똑같은 키워드로 그 기간을 검색해보면 어떨까? 두 번째 차트에서 그 결과를 볼 수 있는데, 역시 11월 초를 기점으로 폭발적인 상승세였다. 그리고 이후에는 저점과 고점을 높여주는 추세적인 상승을 보여준다. 게다가 네이버의 경우, 키워드 검색량과 함께 CES 2026 관련주의 반응(핑크 라인)까지 보여주고 있어, 12월 들어서야 비로소 관련주들이 조금씩 움직이기 시작한 것을 알 수 있다. 11월 중순이 본격적인 매수 시점이었음을 다시 확인할 수 있다.

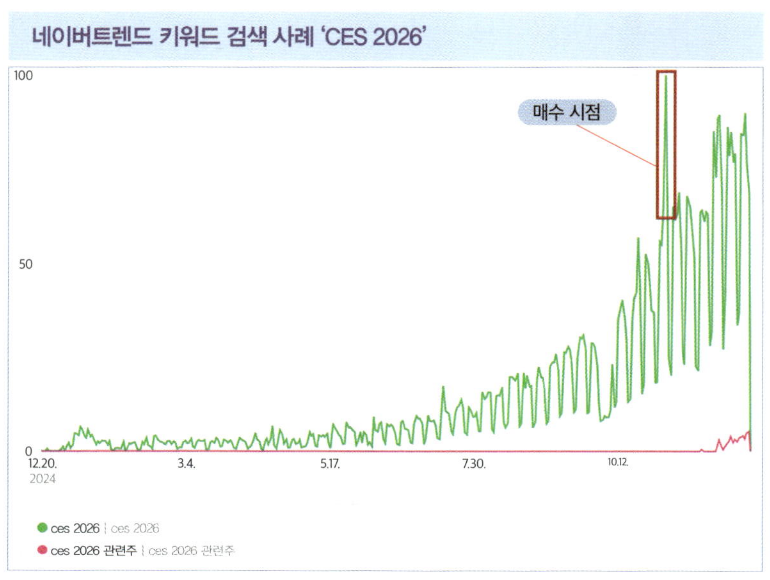

실전 매매 사례

❶ CES 2026 이벤트(2026년 1월)

CES(Consumer Electronics Show : 국제전자제품박람회)는 미국 소비자기술협회 주관으로 매년 1월 초 라스베이거스에서 열리는 세계 최대 규모의 IT·가전 박람회다. 삼성, LG, SK 등 국내 기업뿐만 아니라 엔비디아, AMD, 구글, 아마존, 소니, 벤츠 등 글로벌 기업들이 미래의 먹거리 전략을 발표해, 투자자들의 관심이 단연 집중된다. 2026년에도 어김없이 1월 초에 개최되었는데, 행사 일정 한 달쯤 전부터 미리 관심을 가져보는 것이 좋다. 여기서는 당시 현대오토에버 투자 사례를 들어보겠다. 이 종목을 택한 것은 현대차의 로봇 사업과 관련해서 이미 2025년 7월부터 CES 2026 이벤트를 둘러싼 힌트가 공개되었기 때문이다. 뉴스 검색에서도 확인되었듯이, 현대차는 참가기업 중 가장 큰 부스를 열고 휴머노이드 로봇을 공개할 예정이었다.

- **증권사 리포트**(2025년 11월) : 현대차그룹의 로봇 사업에 중추적 역할을 하는 기업은 현대오토에버임을 증권사 리포트에서 파악할 수 있었다. 이 회사는 보스턴 다이내믹스에서 로봇을 구매하여 스마트 팩토리와 연동되는 시스템을 장착, 현대차/기아의 공장에 투입하는 역할을 담당한다고 했다. CES 2026 이벤트를 통해 현대차 로봇 사업의 성장성이 도드라진다면 이 회사에 대한 투자자들의 관심은 매우 클 터였다. 직접 수혜주인 현대차에 투자해볼 수도 있겠으나, 시가총액이 높은 대형주여서 재료 때문에 매수세가 유입되더라도 상승 탄력은 높지 않다. 즉 중형주에 접근하는 것이 기대수익 측면에서 유리한 것으로 판단되어 현대오토에버 투자를 생각한 것이다.

- **매수 전략** : 아래의 차트가 보여주듯이, 주가 180,000원 부근(굵은 검은색 선)에서 더는 하락하지 않을 지지선이 형성되고 있었고, 이 가격대에 매수세도 있었다. 여기서는 투자할 비중의 3할 정도만 선제적으로 매수하여 흐름을 지켜보든지, 아니면 매수하지 않고 계속 추적·관찰하는 식으로 관심을 가져본다. 올라갈 모멘텀이 뚜렷하다고 생각되면 미리 매수해도 되겠으나, 방향성이 나오는 것을 확인하고 접근한다면 기회비용 손실을 줄일 수 있다. 주가 상승 가

능성이 크다고 판단될 때 낮은 가격에 사서 시간을 좀 더 기다리는 것, 혹은 방향을 확인하고 난 후 조금 비싸게 사더라도 빠른 수익을 기대하는 것, 그 둘의 차이라고 볼 수 있다.

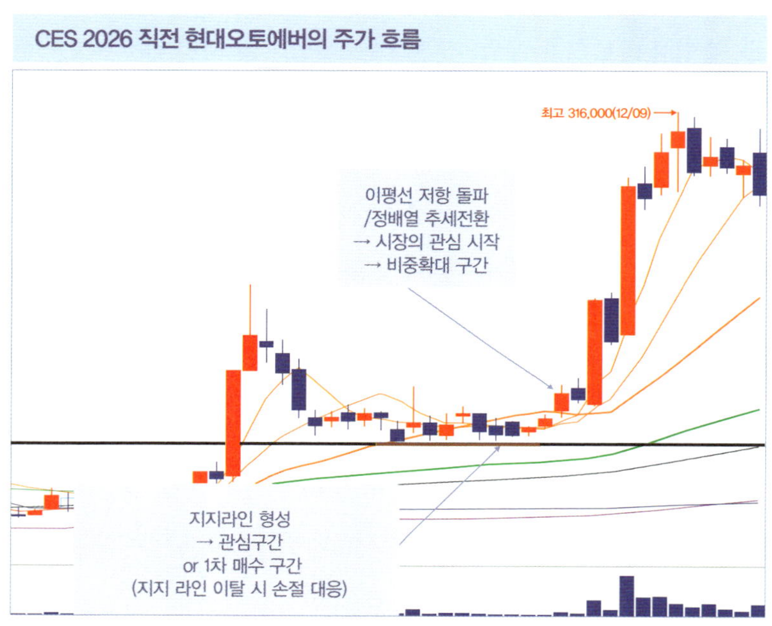

• **매도 전략** : 과연 매수 후 단기간에 급등세가 나오더니 11월 3일의 급등으로 235,000원~245,000원 구간(아래 차트에서 빨간색 굵은 선)까지 솟구쳤다. 이 가격대는 추격매수를 하여 물려있던 투자자들의 '본전 찾기' 매도물량이 크게 나올 수 있는 저항 구간이라 할 수 있다. 훨씬 낮은 가격에 매수했던 투자자들은 이 구간에서 매도물량이 상당할 것임을 미리 인지하고 차익을 실현하기도 한다. 나는 이 종목을 싸게 매수한 후 235,000원~245,000원 저항 구간에서 5할 물

량을 일단 매도했다. 이후 만약 주가가 저항을 받아 내려온다면 잔여 물량은 매수단가에 도달 시 무손실 원금 보전하며 매도한다. 그러면 절반의 수익을 챙겼고 나머지는 손실 없이 매도하는 셈이 된다. 반대로 분할매도 후 추가적인 상승이 나온다면, 의미 있는 저항선 돌파를 확인하고 대응하면 된다. 실제로는 분할매도 후 운 좋게 로봇 모멘텀이 떠오르며 저항을 돌파하고 추가 상승이 나왔다. 이때는 주요 저항선을 돌파하였으니, 일정매매 전략에서 추세추종 전략으로 전환하여 대응하면 된다. 즉, 주요 저항선에서 의미 있는 돌파 구간이 나타났으니 추가매수('불타기')를 진행하는 것이다. 하지만 이때는 이미 5할을 팔았으므로 2.5할 물량만 추가 매수하여 불타기를 진행했다. 리스크 관리 측면에서 무리한 비중확대가 아니라 점진적 비중확대를 택한 것이다.

❷ 대왕고래 이벤트(2024년 6월)

2024년 6월 3일 윤석열 전 대통령의 깜짝 발표가 있었다. 포항 영일만 앞바다에 대규모 가스매장의 존재를 확인했고 정부가 석유·가스전 탐사 시추 계획을 승인했다는 내용이었다. 연말에 시추를 진행할 것이며, 그 결과는 2025년 상반기 발표한다는 내용도 공개되었다. 더불어 정부의 세부적인 추진 일정까지 발표돼 대왕고래 이벤트의 타임라인까지 정리할 수 있었다.

한국가스공사, 흥구석유, 대성에너지, 한국석유, 화성밸브, KBI동양철관 등 여러 종목이 6월 3일 첫 상한가를 기록하며 직전의 주요 저항선을 돌파했고 거래대금도 당일 시장에서 가장 높았다. 대왕고래 관련주라고 해서 모두 투자할 수는 없는 노릇이니, 최적의 대상을 찾아야 했다. 나는 상승 폭이 가장 크면서, 거래대금이 가장 많이 유입된 이 테마의 대장주로 판단되는 한국가스공사를 매수 타깃으로 선정했다.

- **매수 전략** : 주요 저항선을 돌파하면서 주가에 영향력을 크게 미치는 강력한 재료가 노출된 때가 매수 시점이긴 하지만, 이 이슈를 파악하는 시간이 필요해서 빠르게 매수할 수는 없었다. 나는 상한가 다음 날부터 분할매수로 접근했다. 1) 계속해서 일정 이벤트가 이어지는 상황이었다는 점, 2) 통계적으로 봐도 동시다발적인 강력한 거래대금 유입 같은 그룹 액션이 생기면 주가 상승은 단발성이 아니라 계속 이어지기 때문이었다. 대왕고래는 지금껏 존재하지 않았던 강력한 재료였고, 국가적 관심으로 확대되는 이벤트였

다는 점 역시 매수에 대한 확신을 불러일으키는 요소라고 볼 수 있다. 아래의 차트가 당시 상황을 간결하게 보여준다.

- **매도 전략** : 기업의 실적 성장과 펀더멘털을 근거로 접근할 땐 성장이 둔화하거나 기업가치에 비해 과도한 가격대라고 판단될 때 분할매도로 대응하면 되지만, 재료나 이슈로 접근할 땐 차트의 흐름에 따라 기계적인 대응이 필요하다. 일반적으로 5일선을 이탈하지 않고 죽 상승한다면 강력한 매수심리가 계속되는 것이며, 5일선을 이탈하는 경우엔 서서히 매도심리가 커지는 것으로 해석한다. 따라서 종가 기준으로 5일선을 이탈하는 음봉 캔들이 발생하면, 이제 조금씩 차익을 실현하려는 투자자들이 생겨나는 법이다. 따라서 한국가스공사의 아래 일봉 차트상 종가 기준 5일선을 이탈한 음봉 캔들이 나타난 구간(첫 번째 노란색 타원)부터 30%~50% 물량의 분할 매도를 시작한다.

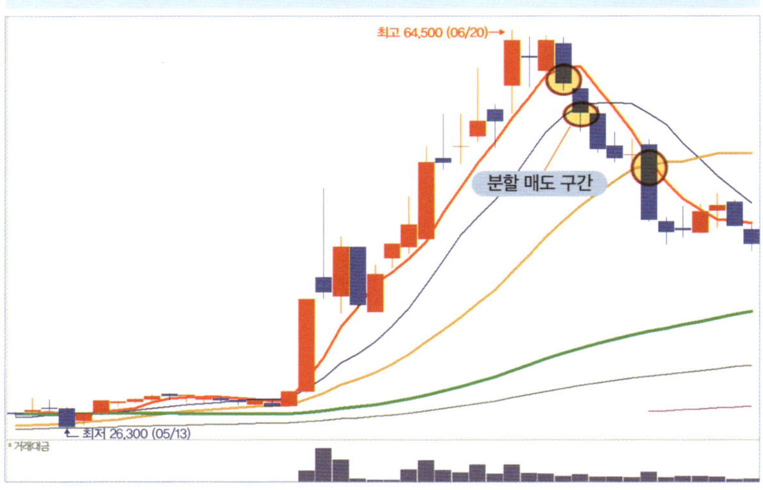

- **리스크 관리** : 새로운 뉴스와 일정(이벤트)에 주가가 크게 반응해 상한가를 기록한 장대 양봉의 시가와 종가의 중간 지점을 훼손하는 하락이 생기면 매수심리가 크게 악화했다고 볼 수 있으므로, 이 구간을 이탈할 땐 비중축소 및 손절 매도로 대응하는 것이 좋다. 계속해서 추가적인 급등세를 이어갈 땐 대개 조정의 기회조차 주지 않고 상승하지만, 상승을 절반이나 되돌리는 하락이 발생했다는 것은 그만큼 시장참여자들이 해당 이슈나 재료에 높은 점수를 주지 않는다는 방증이다. 6월 3일 한국가스공사의 경우 시가 29,800원, 고가(상한가 종가) 38,700원이니 중간 지점인 (29,800+38,700)/2=34,200원 부근을 손절선으로 잡았다.

❸ 인터배터리 이벤트(2025년 3월)

Inter Battery(인터배터리) 행사는 산업통상자원부가 개최하는 국내 최대 규모 2차전지 산업 관련 전시회다. 매년 배터리 신기술 등이 소개되어 투자자들의 많은 관심을 받는다. 인터배터리는 매년 3월 중 열린다. 따라서 1월 말이나 2월 초부터 이번 행사에서는 어떤 기술들이 주목받을지 조사해두고 관련 종목들을 미리 정리하여 관찰한다. 지난 '인터배터리 2025'를 앞두고 나는 1월 20일부터 해당 내용을 조사하기 시작했다.

- **매수 전략** : 전년도 행사에서부터 가장 주목받은 이슈는 2차전지의 효율을 대폭 향상해 차세대 배터리의 게임 체인저로 관심을 끈 '전고체배터리'였다. 2025년 행사 즈음에도 전고체배터리는 여전히 개발 단계였고 투자자들의 높은 기대감은 계속 이어질 거라고 언론이 보도하고 있었다. 나는 이 일정의 여러 관련주 가운데 이수스페셜티케미칼과 한농화성을 압축 선별하여 흐름을 추적 관찰했다. 그러던 중 행사를 한 달 앞둔 2월 10일, 이수스페셜티케미칼 주가가 대량 거래대금(작은 빨간색 네모)을 동반하고 직전 저항선을 돌파하며 급등(큰 빨간색 네모)했다. '대량 거래대금+저항선 돌파의 강력한 상승+이벤트 기대감 유효'에 딱 들어맞아, 이때를 본격적인 매수 혹은 비중확대 시점으로 볼 수 있었다.

- **매도 전략** : 2월 10일 장대 양봉 캔들이 형성된 이후 이수스페셜티케미칼의 주가는 저점을 계속 높여가는 추세였다. 만약 종가 기준 5일선을 이탈하는 흐름이 나타난다면 매수심리가 크지 않은 것이므로 비중축소가 적절하다. 그러나 계속해서 5일선 추세를 유지하는 상승이 이어졌기에 계속 보유 전략을 취했다. 다만 일정 디데이가 3월 5일이었기에, D-5~D-10의 시점인 2월 25일부터는 분할매도를 고려하는 게 좋다. 또 디데이가 다가오면 기대감으로 올랐던 주가가 재료소멸로 십중팔구 하락할 터이므로 무조건 매도 관점으로 전환한다. 물론 더더욱 상승할 확률도 10번에 한 번꼴이긴 하지만, 주식투자는 확률 관점에서 접근하는 것이 유리하다는 걸 잊지 말자. 실제로 인터배터리 2025를 하루 앞둔 3월 4일 주가는 17%가량 급락(아래 차트에서 노란색 타원)했다. 종가 기준 5일선과 10일선을 한 번에 무너뜨린 음봉 캔들이 출현했으므로, 무조건 매도로 대응해

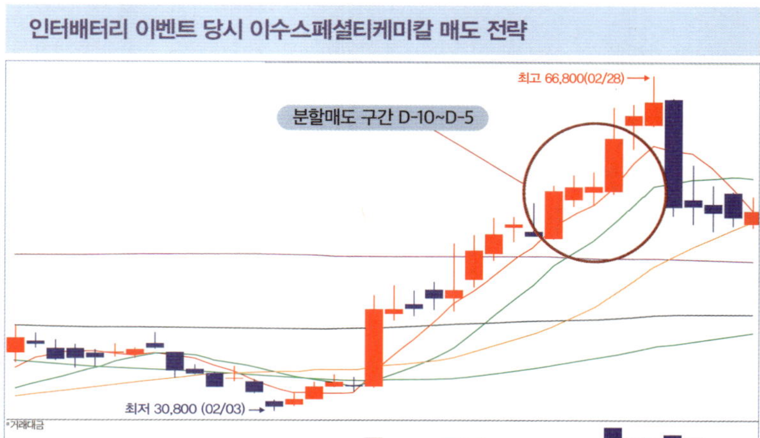

야 했다.

- **리스크 관리** : 매수를 시도할 만한 모든 조건이 갖추어졌더라도 시장은 언제 또 변할지 모른다. 그래서 매수와 동시에 항상 리스크 관리 대응을 생각해둬야 한다. 만약 종가 기준으로 2월 10일 장대 양봉의 중간 지점인(시가 33,500+고가 43,200)/2=38,350원을 이탈하며 하락하는 흐름이 만들어진다면 비중 축소 및 리스크 관리로 대응함이 적절하다. 그 중간 지점이 훼손된 건 아마도 매수심리가 꺾였기 때문이니까 말이다. 매수심리가 강하게 형성되는 경우엔 조정 강도가 높지 않고 단기 급등이 빠르게 나타난다.

손절의 기준을 잡는 전략을 여러 가지가 있지만 대량 거래대금을 동반한 장대양봉이 출현한 구간에서는 해당 장대 양봉의 몸통 중단 지점을 손절선으로 잡고 대응하는 기준을 세우는 것도 한 가지 방법이 될 수 있다. 통계적으로 상승 모멘텀이 이어지는 종목들(재료가 지속되는 경우)의 경우, 대량 거래대금 동반 후 장대양봉의 중단 지점을 훼손하는 흐름이 만들어지지 않으며, 만약 중단 지점을 훼손한다면 흐름이 늦어지거나 모멘텀이 훼손된 경우가 많다.

주식시장의 연간 주요 일정 및 투자 로드맵

매년 같은 시기에 연례행사로 진행되는 주요 이벤트들도 많다. 이런 이벤트들은 항상 같은 패턴이라 일정매매 측면에서 공략하기 쉽다. 특히 국내 이벤트보다 글로벌 주요 이벤트들이 파급력이 큰 경우가 많기에 잘 숙지해두고 매년 매월 일정매매 투자전략을 수립하면 좋다. 특히 매도 전략이 중요한데, 종가 기준 10일선을 이탈하는 경우 매도세가 더 확대될 가능성이 크기 때문에 보유물량을 모두 매도하거나, 50% 분할매도 후 나머지를 추가로 익절한다. 20일선을 이탈하면 단기·중기 추세가 모두 꺾였다는 신호이므로 전량 매도로 대응한다. 매도 시 핵심 포인트는 어떤 종목이든 끝없이 상승할 수는 없음을 인지하는 것, 그리고 적당한 수익에서 만족하는 마음을 가지는 것이다. 수익률이 얼마이든 수익을 실현하고 현금을 확보했다는 건 다시 수익을 낼 기회를 확보한 것이니, 미련을 두지 말고 손익비가 좋은 딴 종목을 찾아 투자하면 된다. 한 종목으로만 100% 수익률을 꿈꿀 것인가. 일정매매 같은 단기매매에선 10%~30%의 수익률을 여러 번 반복하려는 마음으로 임하는 게 좋다.

ⓐ 1월 CES

미국의 CTA(Consumer Technology Association)가 매년 1월 라스베이거스에서 주최하는 세계 최대 규모의 소비자 기술 전시회로, 글로벌 테크 산업의 트렌드를 총망라한다. 가전·모빌리티·로봇·XR·AI디바이스 등 하드웨어 신제품과 함께 신기술 산업 트렌드 세션이 진행되므로 투자자들의 관심이 가장 집중되는 IT 행사다. 매년 11월~12월부터 관심을 가져보자. [관련 섹터 : 반도체, 로봇, AI, XR, 자율주행, 우주항공, 양자기술 등]

ⓑ 1월 JP모건 헬스케어 컨퍼런스

글로벌 최대의 투자은행 JP모건이 주관하는 헬스케어 컨퍼런스로 매년 1월 샌프란시스코에서 진행된다. 글로벌 헬스케어 기업과 투자자가 대거 모이는 제약·바이오, 헬스케어 분야의 가장 대표적인 행사다. 글로벌 빅 파마뿐만 아니라 국내 바이오 기업들도 참석하여 발표하는 이벤트도 많으며, 실제로 행사 중 L/O(기술계약 이전)가 체결되며 큰 관심을 받는 경우도 많아서 매년 11월~12월부터 관심을 가져야 한다.

[관련 섹터 : 제약·바이오]

ⓒ 2월 주요 기업 어닝 시즌

미국 빅테크 기업들과 국내 주요 기업들의 실적 발표가 본격화하는 시기다. 1월부터 마이크로소프트, 구글 등 주요 기업들이 실적을 발표하게 되는데 이들의 실적 발표 후 컨퍼런스 콜에서 IT산업 전망에 대한 힌트를 주기 때문에 투자의 이정표로 활용한다.

[관련 섹터 : IT, 반도체 등]

ⓓ 3월 엔비디아 GTC

엔비디아가 진행하는 글로벌 IT 컨퍼런스로 AI·양자·로봇·반도체 산업 전망에 대한 중요한 힌트가 제공되는 경우가 많다. 특히 CEO 젠슨 황의 키노트 연설은 글로벌 시장 전반에 파급력이 크기 때문에 1월~2월부터 미리 조사해 어떤 내용이 부상할지 체크해둘 필요가 있다.

[관련 섹터 : 반도체, AI, 양자, 로봇 등]

ⓔ 3월 인터배터리

산업부가 주관하는 대한민국 최대의 2차전지 산업 전시회. 차세대 배터리에 대한 투자자들의 관심이 집중되는 경향이 있다. 2차전지는 전기차뿐만 아니라 향후 로봇 산업이나 우주 산업에서도 수요가 확대될 가능성이 매우 크며, AI 전력 수요 관련해서 ESS 성장 모멘텀 역시 매력적이기 때문에 장기적인 안목에서 관심이 필요하다.

[관련 섹터 : 2차전지]

ⓕ 4월 AACR 연례학회

암 연구 전 분야(기초~임상)를 아우르는 대표 기구인 AACR(American Association for Cancer)이 주최해 연구자·의료진·산업계가 최신 결과를 공유하는 자리다. 4월 연례학회를 앞두고 3월 중순에 초록(abstract; 타이틀/텍스트)이 공개되고, 4월 초에 정규 초록이 부록 형태로 온라인 공개되는 등 단계적으로 진행된다. 바이오텍은 이때부터 AACR에 대한 기대감이 주가에 선반영되는 경우가 많다.　　　　　　　[관련 섹터 : 제약·바이오]

ⓖ 4월 ASCO 초록 발표

통상 학회 개최 약 2주 전인 5월 중순 주요 연구결과의 초록이 공개 된다. 이때 발표되는 임상 데이터에 따라 바이오 기업들의 주가 변동 성이 가장 심해진다. 깜짝 데이터를 내놓는 기업은 주가가 급등하지만, 기대에 못 미치면 급락할 수도 있어 4월 기대감 상승 이후 5월은 철저 한 데이터 기반의 옥석 가리기가 진행된다.　[관련 섹터 : 제약·바이오]

ⓗ 5월 ASCO 연례학회

초록 발표 후 실제 ASCO(American Society of Clinical Oncology) 학회 현장에 서의 구두 발표 분위기와 글로벌 빅 파마와의 미팅 결과가 중요하다. 단순한 임상 결과 발표를 넘어, 기술 수출이나 파트너십 체결 등이 구 체화하는 시점이므로 관련 뉴스 플로우에 민감하게 반응해야 한다.

[관련 섹터 : 제약·바이오(항암치료제)]

ⓘ 6월 애플 개발자 행사(WWDC)

애플이 개최하는 개발자 컨퍼런스로, 하드웨어보다 소프트웨어(iOS, macOS)와 AI 전략에 초점이 맞춰진다. 최근에는 '애플 인텔리전스' 같은 온디바이스 AI 기능이나 XR 기기(비전 프로) 관련 생태계 확장이 주요 관전 포인트다. 애플 생태계에 편입되는 신규 앱이나 기능과 관련된 기업들이 혜택을 입을 수 있다. 추가적으로 5월~6월에는 구글의 I/O행사(연례 개발자 행사)가 주로 진행된다. AI(인공지능)과 IT산업에서 매우 주목할만한 내용들이 부각되는 경우가 많으므로 주의깊게 살펴볼 필요가 있다. [관련 섹터 : IT, SW, 메타버스, 온디바이스 AI]

ⓙ 7월 미국 2분기 실적 시즌 시작

상반기를 결산하고 하반기 전망을 다듬는 시기로, 연간 가이던스(전망치) 수정이 가장 빈번하게 일어난다. 실적이 좋아도 전망을 보수적으로 잡으면 주가가 크게 하락할 수 있어 기업들의 코멘트에 주목해야 한다. 특히 제조업 분야는 재고 자산 추이를 통해 경기 둔화 여부를 가늠하는 중요한 지표가 된다.

ⓚ 8월 Jackson Hole Meeting(잭슨 홀 미팅)

캔자스시티 연방준비은행이 주최하는 심포지엄으로, 연준 의장의 연설이 핵심이다. 금리 인상·인하·동결 등 중장기 통화정책 방향성을 시사하는 발언이 나오므로, 거시경제 환경에 민감한 성장주와 바이오 섹터의 투자심리를 결정짓는 분수령이 된다.

ⓛ 9월 애플 신제품 이벤트 시즌

아이폰 신작이 공개되는 시점. 공개 직전까지는 기대감으로 부품주들이 상승하지만, 공개 직후 '뉴스에 파는' 물량이 나오며 단기에 조정받는 패턴이 반복되곤 한다. 다만, 사전 예약 판매 호조나 특정 하드웨어의 혁신적인 변화가 확인될 경우 관련 부품주들의 2차 랠리가 시작되기도 한다. 스마트폰 시장은 성장이 정체된 성숙기로 접어들면서 최근 몇 년 시장의 관심이 높지 않았다. 하지만 앞으로 AI 기능이 계속 고도화하므로 본격적인 AI 디바이스 모멘텀이 떠오를 가능성도 생각하자. [관련 섹터 : 카메라·PCB·OLED 등 스마트폰 부품]

ⓜ 10월 미국 3분기 실적 시즌

블랙프라이데이, 크리스마스 같은 연말 쇼핑 시즌을 앞두고 기업들의 재고 상황과 소비 심리를 미리 파악할 수 있다. 특히 유통, 물류, 반도체 기업들의 실적을 통해 경기침체 여부를 판단하며, 연말 '산타 랠리'의 동력인 3분기 실적도 확인된다.

ⓝ 11월~12월 블랙프라이데이

미국 최대의 쇼핑 시즌으로, 할인율과 총매출 규모 데이터를 통해 글로벌 소비 심리를 판단하는 지표가 된다. 특히 전 세계적으로 인기를 끌고 있는 K-뷰티 산업 동향에 대한 중요한 힌트를 얻을 수 있는 이벤트이기도 하다.　　　　[관련 섹터 : 소비재(화장품·의류·OEM), 유통, 결제]

ⓞ 11월~12월 변동성 확대 구간

기관투자자(펀드 매니저)들이 장부를 마감하는 시기라, 거래량이 줄어들며 개별 종목의 변동성이 커질 수 있다. 11월~12월은 현금 비중 관리, 리스크 관리에 좀 더 신경을 쓰는 것도 나쁘지 않다.

℗ 12월 국내 대주주 양도세 물량 출회 클라이맥스

한국 증시 특유의 수급 이벤트다. 종목당 10억 원 이상 등 몇몇 대주주 요건을 피하려는 개인 큰손들의 매도물량이 12월 중순~하순에 집중된다. 이로 인해 기업의 펀더멘털과는 무관하게 주가가 하락하는 경우가 많다. 역으로 이용하면, 펀더멘털이 튼튼한데 수급 때문에 급락한 종목을 12월 말에 저가 매수하여 다음 해 '1월 효과'를 노리는 전략도 유효하다.

[관련 섹터 : 코스닥 중·소형주 전반, 특히 개인 지분율이 높은 종목]

> **TIP**
>
> **가장 확실한 이벤트(어닝 시즌)**
> 모든 투자자가 주목하는 이벤트가 일 년에 네 번 발생한다. 바로 어닝(실적) 시즌이다. 따라서 해당 시점에 두각을 나타낼 종목을 미리 눈여겨보는 것도 좋은 투자 전략이 될 수 있다.

연말·연초 코스닥 집중 투자

12월은 코스닥 시장에 대한 집중투자를 고려해볼 만한 시점이다. 우리 증시는 주로 8월~10월에 약세를 보이고 11월~12월부터 다음 해 4월까지 강세를 보이는 편이다. 통계 데이터로도 뒷받침되는 계절적 특성이다. 특히 1월~4월은 코스닥이 상대적 강세를 보이는 경우가 많다. 아래는 2000년 이후 코스닥 증시의 월별 평균 등락률을 나타낸 표이다. 보는 바와 같이 11월~12월에는 중립 이상의 양호한 흐름을 보이는 경우가 많았고 1월~4월은 특히 코스닥이 강세다. 2010년 이후의 코스닥 월별 평균 등락률을 나타낸 아래 도표를 보라. 8월~10월은 약세 흐름이고 11월~4월은 강세를 보이는 경우가 많았다. 이런 현상이 나타나는 이유는 단순히 우연의 일치가 아니라 국내 증시 특유의 '대주주 양도세' 제도 때문이라는 분석이 지배적이다.

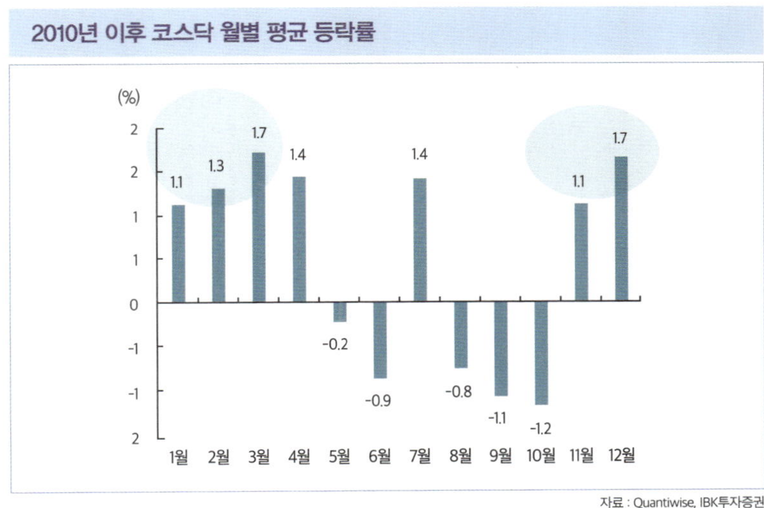

2010년 이후 코스닥 월별 평균 등락률

자료 : Quantiwise, IBK투자증권

국내 세법에서는 상장주식 종목별로 대주주이냐 아니냐를 가리는데, 어떤 종목이든 아래 둘 중 하나에 해당하는 투자자를 대주주로 판정한다.

1) **주식 보유금액** : 코스피, 코스닥, 코넥스 등 어느 시장이든 종목당 평가액 50억 원 이상을 보유하면 대주주

2) **지분율** : 코스피의 경우 한 종목 보유지분 1% 이상, 코스닥은 보

유지분 2% 이상, 코넥스(K-OTC)는 보유지분 4% 이상이면 대주주

주식시장별 대주주 판정 기준

구분	KOSPI	KOSDAQ	KONEX/K-OTC
지분율 요건	1%	2%	4%
시가총액 요건	50억원	50억원	50억원

대주주 기준에 부합하는 투자자는 양도소득세를 내야 한다. 따라서 한 종목당 50억 원 이상의 주식을 보유하고 있는 큰손 투자자들은 이런 양도소득세를 회피하기 위해 전략적으로 보유 주식을 평가금액 50억 원 이하로 유지하도록 대주주 양도세 기준일이 오기 전에 의도적으로 매도한다.

이 큰손 투자자들은 시장 상황에 따라 다르지만, 보통 하반기가 시작할 때쯤 천천히 분할매도를 진행하곤 한다. 3분기에는 추석 연휴가 있어서, 긴 연휴 중 불확실성을 피하려는 심리가 있는데 대충 상반기까지 수익 난 것을 하반기 시작 즈음 어느 정도 확정하려는 투자자들도 많기 때문이다.

11월~12월엔 코스닥이 반등하는 경우를 자주 보게 된다. 기업의 펀더멘털은 크게 달라진 게 없지만, 8월~10월의 매도세로 인한 수급 이슈로 주가 하락이 많은 시점이 바로 이 기간이기 때문이다. 다시 말해, 11월~12월 기간에 저평가된 기업들이 많이 나타나기 때문에 다음 1월~4월 중의 강세장을 노리고 성장 모멘텀이 두드러지는 코스닥 중소형 종목들을 투자하는 전략도 효과적이다.

제약·바이오 섹터 일정매매

위에서 설명한 것처럼 매년 1월 중순 제약·바이오 업계의 연중 최대 행사인 JP모건 헬스케어 컨퍼런스가 개최된다. 최상위 다국적 제약사는 물론 우리나라 기업들도 참석해서 계약을 체결하는 사례도 종종 있다. 매년 11월~12월에는 이 컨퍼런스 기대감에 미리 제약·바이오 섹터로 매수세가 유입되는 경향이 있다. 아래는 2018년~2023년의 월별 코스닥 제약지수의 수익률이다. 보다시피 11월~12월에는 제약지수의 수익률이 대체로 시장을 능가하고 1월에는 반대로 하락하곤 한다. 이 컨퍼런스 일정이 지나면 재료 노출 후 주가 하락이란 수급적 흐름이 생기기 때문이다. 만약 이 섹터에서 일정매매를 원한다면, 11월부터 12월까지 주가 조정 구간에 차분히 관심을 가지며 분할 매수함이 어떨까.

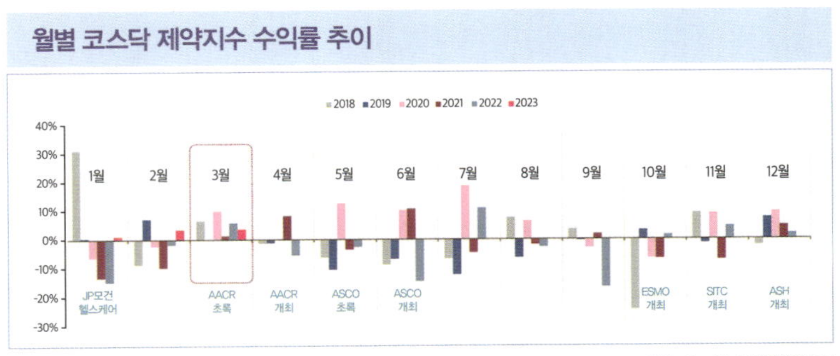

자료 : Fnguide, 키움증권 리서치

어떤 종목을 골라야 할까? 숙련된 투자자라면 스스로 개별 기업을 학습하고 섹터 내 매력적인 종목들을 찾아내 투자하겠지만, 초보자는 진입장벽을 느끼기 쉽다. 이럴 땐 제약·바이오 ETF에 투자하거나, 아니면 국내 액티브 ETF에 높은 비중으로 포함된 종목들(3종목 이내)을 분산해서 투자하는 전략도 좋다. 특히 액티브 ETF는 운용사의 매니저들이 가장 투자하기 좋다고 판단한 종목들로 구성한 ETF이기 때문에 투자 고려 시점에 바이오 액티브 ETF에서 상위 비중에 있는 종목들을 골라 투자하는 것도 좋은 방법이다.

그렇게 하는 것조차 불안하다면 그냥 바이오 액티브 ETF 자체에 투자하라. 'TIMEFOLIO K바이오 액티브' ETF와 'KoAct 바이오헬스케어액티브', 'TIGER 기술이전 바이오 액티브' ETF 등이 상장되어 있다. ETF를 운용하는 매니저들이 시시각각 구성 종목을 교체해나가는 ETF이므로 바이오 기업에 대한 지식이 없더라도 훌륭한 수익률을 기대할 수 있다.

3월~4월 AACR 일정 이벤트

1907년 설립된 세계 최대 규모의 암 연구 학회 중 하나인 미국암연구학회 AACR의 연례학회가 매년 4월 열린다. 바이오 시장에서 가장 큰 규모가 바로 항암제 시장이기 때문에 AACR 연례학회 역시 제약·바이오 섹터에서는 아주 중요한 행사라 하겠다. 국내에도 항암제를 개발하는 바이오텍 기업들이 여럿 있으므로, 이 행사에서 직접 참석해 연구결과를 공개하고 또 좋은 결과를 공개하면 주가가 크게 상승하기도 한다.

따라서 JP모건 헬스케어 컨퍼런스 일정이 마무리되는 1월 중순 이후 재료소멸로 제약·바이오 섹터의 주가가 하락한다면, AACR 일정 이벤트를 노리는 식으로 관심을 가지는 것도 좋다. 이 섹터 종목들의 하락이 멈추며 횡보 흐름이 길게 이어진다고 판단될 때 AACR 학회 관련 기대감이 있는 종목들을 미리 공부하여 종목들을 선별하고 분할매수로 접근한다. 이 경우 배경 지식이 없는 투자자들은 오히려 손실을 볼 수도 있기에 뉴스 검색과 기업·산업리포트를 충분히 학습한 후 투자해야 할 것이다.

한편, 매수 결정은 어떤 지점에서 매수하며, 얼마나 분할매수를 하며, 어떤 상황에서 손절매도 혹은 수익매도 대응할지 등에 대한 계획이 선행되어야 한다. 아무런 계획 없이, 수익이 날 거라는 막연한 희망만으로, 결정하는 무분별한 투자는 도박과 다름없다는 것을 꼭 명심하자.

계좌를 지키는 리스크 관리

제1장

하방을 지켜라,
상방은 시장이 열어준다

주식투자에서 중요한 점은 잃지 않는 거라고들 한다. 나는 주식을 처음 접할 때 이 말이 어불성설이라고 생각하곤 했다. 어떤 투자자든 필연적으로 실패할 때도 있는 법이고 손절을 실행하느라 손실을 볼 때가 있을 터인데 어떻게 '잃지 않는 투자'를 할 수가 있단 말인가? 이미 투자 포인트가 훼손된 종목이라도 손실을 실현하지 않고 그대로 들고서 방치하면 그게 잃지 않는 투자인가? (실제로 처음 주식투자를 하는 초심자들 가운데 이런 생각을 하는 이들이 많은데, 정말 위험한 생각인 것 같다)

그러나 '잃지 않는' 투자라는 표현은 손실의 가능성을 100% 배제하는 게 아니라, 잃더라도 손실을 잘 제한해서 잃어야 한다는 의미다. 즉, 나의 투자금에 치명적인 손실까지 가지 않도록 자금을 운용하라는 것이며, 나의 투자 자산 비중을 현명하게 조정하여 파산에 이르지 않도록 리스크를 관리하라는 뜻이다. 가령 어느 한 종목에 전체 투자금의 10%만을 투자한다면, 그 종목이 반토막 나더라도 손실은 원금의 5%로 제한되지 않겠는가.

주식을 처음 배우는 사람들은 '어떤 종목'에 투자할 것인가와 '어떤 종목이 단번에 급등할 것인지'를 먼저 생각한다. 조급함이 앞서기 때문이다. 그러나 사실 가장 먼저 배워야 할 과제는 '자금관리', '포트폴리오 운영전략' 그리고 '리스크 관리'다. 그리고 짧은 기간에 큰 상승을 노리기보다는 장기적으로 꾸준한 수익을 창출해나가는 방법을 연구하는 것이다.

투자자는 누구나 한 번쯤 들었을 것이다, '계좌를 지켜야 한다'라는 말을. 그런데 이 말을 단순히 손실을 보지 않는다든지, 손실을 빠르게 복구한다는 것으로 잘못 이해하는 사람들이 많다. 계좌를 지킨다는 말의 진정한 의미는, 어떤 시장 환경에서도 내 자산을 안정적으로 유지하면서 지속적인 수익을 만들어낼 수 있는 시스템을 구축한다는 것이다. 그러니까, 계좌를 지키는 핵심은 적절한 포트폴리오 분산과 철저한 리스크 관리에 있다.

이상적인 포트폴리오는 주식시장 상황에 따라 주식과 현금 사이의 균형을 맞추는 것이고, 주식 중에도 방어주, 성장주, 배당주 등에 각각 최적의 비중을 두는 것이다. 예를 들어 강세장에서는 성장주나 베타 (시장 변화에 대한 민감도)가 높은 종목의 비중을 높이고, 하락장에서는 베타가 낮은 배당주나 방어주의 비중을 높이거나 현금 비중을 확대하는 식으로 운용한다면 시장이 주는 충격을 완화할 수 있다. 참고로 '베타가 높다'는 말은 주식시장 전체의 변화에 대해서 민감도가 높다는 뜻이다. 예를 들어 시장 지수가 1% 하락할 때 어떤 종목이 1.5%~2%씩

빠졌다든지 시장 지수는 1% 올랐을 뿐인데 1.5%~2%나 상승한다면, 그 종목은 베타가 높은 것이다.

포트폴리오를 구성할 때 핵심은 '공격'과 '방어'의 균형이다. 무조건 공격적 투자를 한다고 해서 수익이 극대화되는 것도 아니고, 너무 방어적으로만 투자한다고 해서 손실을 피하는 것도 아니다. 결국, 시장 상황에 맞춰 유연하게 대응하는 전략이 필요하며, 이를 위해서는 항상 자신의 투자 원칙과 포트폴리오 구성 전략을 명확하게 정리하고 시장 상황 변화에 따른 대응 계획을 미리 준비해두어야 한다.

제2장

가장 좋은 종목은 현금

현금은 투자자들이 가장 간과하기 쉬운 자산 중 하나다. 하지만 현금이야말로 가장 강력한 종목이다. 아무리 강조해도 지나치지 않은 사실이다. 시장이 하락할 때, 현금을 확보한 투자자만이 기회를 잡을 수 있다. 주식시장에서는 '기회는 준비된 사람에게만 온다'고들 하는데, 현금 보유가 바로 그 준비라고 할 수 있다. 특히 상승장을 만나면 자금을 몽땅 주식에 투입하고 현금은 남기지 않는 선택을 하는 투자자도 상당히 많다. 하지만 시장은 언제든지 급변할 수 있으며, 현금이 없다면 하락장에서 할 수 있는 선택지가 사라진다. 주가가 전반적으로 떨어지더라도 현금이 있다면 오히려 기회로 전환할 수 있다.

어떤 종목을 사야 할지 모르겠다면, 현금을 보유하며 기회를 기다리는 것도 좋은 방법이다. 현금을 충분히 확보한 투자자는 시장 상황에 따라 언제든 전략을 변경할 수 있다. 그래서 현금은 단순히 '쉬고 있는 돈'이 아니라, 기회를 잡기 위한 필수 자산이다. 현금을 전략적으로 관리하며 시장의 변동성에 항상 대비해야 한다. 시장에서는 언제라도 우리가 생각하지 못한 일들이 생겨날 수 있기 때문이다. 때로는 현금이 최고의 종목임을 반드시 기억해두자.

내 포트폴리오에서 현금이 차지하는 비중

적절한 현금의 비중은 각 투자자의 성향에 달려있으므로, 어느 정도의 비중이 정답이라 할 수 없을 테다. 나는 포트폴리오 내에서 현금 비중을 0%~30% 수준에서 유지하는 편이다. 시장이 단기적으로 과열권(과매수 구간)에 위치할 때는 상단이 제한되고 나는 전체 투자 자산 대비 30%의 현금을 주식 계좌 외에 은행 계좌에 예치해 두는 편이다. 굳이 이렇게 하는 이유는 주식 계좌에 예수금으로 현금을 남겨 두면 계속해서 주식을 매수하려는 욕구가 생겨나기 때문이다. 하방이 열려 있을 가능성이 크기에 현금 비중을 20~30%로 유지하는 것이고, 시장이 특정 악재성 이벤트로 인해 단기적으로 크게 빠질 때는 현금 비중을 0%~10%로 유지한다. 즉 시장이 많이 빠질 때는 평소에 좋게 보던 종목들을 싸게 매수할 기회가 되므로 주식 비중을 확대하는 것이다.

시장의 과열은 어떤 지표들을 통해서 감지할 수 있을까? 미국증시의 경우 주로 변동성지수(VIX; volatility index), RSI, 공포·탐욕 지수(fear & greed index) 등을 참고하며, 국내 증시에서는 RSI, ADR, 코스피 PBR 등을 기반으로 시장의 과열 여부를 가늠한다. 이러한 지표·지수들을 쉽게 얻을 수 있는 웹사이트로는 인덱서고(INDEXerGO; https://indexergo.com/)

를 들 수 있다.

현금의 비중을 어떤 수준으로 지키는 목적은 현금을 확보함으로써 예기치 못한 시장의 변동성에도 나의 투자심리를 안정적으로 유지하기 위함이다. 물론 시장 상황이 매우 좋고 종목들이 전반적으로 크게 상승할 때는 현금을 너무 많이 지니고 있으면 아쉽게 느껴질 수도 있다. 하지만 우리가 상상할 수 없는 일들이 무시로 벌어지는 게 시장이다. 삶에서 불의의 사고가 발생할 때를 대비해 보험을 들어놓는 것처럼, 현금 비중 유지도 투자에 있어서 뜻하지 않은 이벤트에 대비하는 보험이라 생각하자. 전혀 아쉬워할 필요가 없다.

물론 현금 비중을 늘 0%로 유지하고 주식에 100% 비중을 주면서도 훌륭한 투자 성과를 거두는 투자자들도 없지 않다. 그런 분들에겐 그런 비중의 분배가 잘 맞는 것이고, 나는 언제나 현금 비중을 어느 정도 유지하고 상황에 따라 조절하며 운용하는 것이 내 성향에 맞을 뿐이다. 이렇듯 주식투자 방법론에 관한 한 100% 정답은 없다. 가장 중요한 점은 내 성향과 기질을 먼저 파악하고 그것에 가장 어울리는 방식을 찾아가는 것이다.

금리 액티브 ETF를 활용하여 현금을 따로 보유하면 좋다.

잘 확인하지 않는 주식 계좌를 별도로 개설하여 금리 액티브 ETF 같은 상품을 매수해 두는 것도 좋은 방법이다. 은행의 파킹 통장 같은 곳에 예치해 두는 것보다 높은 이자를 받을 수 있고, 필요할 때 바로 현금처럼 사용할 수 있어 환금성도 좋으며, 데일리로 이자 수익을 누릴 수 있다. 혹시 모르고 있었다면 잘 활용하도록 하자.

제3장

비중 베팅의 리스크

　하나의 종목에 모든 투자금을 투입하는 행태를 속된 말로 '몰빵'이라 한다. 누구나 처음 투자를 시작할 땐 종종 몰빵의 유혹에 빠진다. 그 이유는 간단하다. 빠르게 큰돈을 벌고 싶은 욕심 때문이다. 그러나 이러한 욕심이 시장에서 엄청난 실패를 불러온다는 게 문제다. 반복되는 몰빵(집중) 투자로 큰 자산을 쌓은 투자자가 전혀 없진 않겠지만, 그보다는 하루아침에 자산을 대부분 잃고 마는 사례가 훨씬 더 많다. 나 역시 단 한 번의 몰빵 실패로 자산을 모두 다 잃고 극단적인 선택을 하는 안타까운 경우를 본 적이 있다. 수익은 내 맘처럼 반복되지 않는다. 그게 몰빵 투자의 치명적인 리스크다.

　주식시장에서 100%의 확률이란 존재하지 않는 꿈이다. 아홉 번 성공했으나 딱 한 번 크게 실패해 모든 자산을 잃기도 한다. 철저히 분석하고 조사하고 학습했다고 치자. 투자하려는 회사를 탐방하고 CEO나 고위 임원들과 개인적인 친분까지 쌓아서 내부 상황을 적나라하게 알고 있다고 치자. 그래도 주식시장엔 항상 외생변수와 불가항력의 상황들이 존재한다. 때로는 이러한 뜻밖의 상황들이 투자자를 엄청난 곤경에 빠뜨리게 된다. 일어나지 않을 것만 같은 일이 일어나는 데가 주식시장 아닌가. 그러므로 한 종목에 가진 돈을 모두 투자하는 어리석은 짓은 절대 지양해야 한다. (몇십억, 몇백억의 자산을 움직이는 탁월한 투자자인데도 단한 번의 잘못된 레버리지 몰빵 투자 때문에 파산하는 모습을 간혹 보게 된다. 실패한 사례는 보통 알려지지 않는 법이라, 내 주위에 그런 경우가 보이지 않을 뿐이다.)

한두 번의 '대박'으로 자산을 크게 불릴 꿈을 꾸지 말라. 긴 시간에 걸쳐 꾸준히 작은 수익을 누적시키는 전략이 결국 큰 자산을 만든다. 그래서 시장에서 오랫동안 살아남은 투자자들은 '몰빵' 투자와 과도한 레버리지를 멀리하라고 경고하는 것이다. 지금까지 몰빵 투자로 인해 실패를 거듭하고 있다면, 포트폴리오 전략을 재검토하고 분산 전략을 다시 세워라. 한순간의 유혹에 넘어가지 않는 절제력이 부를 구축한다.

단기간의 큰 수익에 집착하는 투자자들이 너무나 많다. 하지만 가장 중요한 건 작은 수익이라도 꾸준히 오래오래 반복할 수 있느냐다. 주식투자는 삶이 다하는 순간까지 끝없이 이어진다. 한탕주의 사고방식보다는 꾸준히 반복하며 과정과 경험을 쌓아가는 태도가 성공을 부른다. 이는 투자뿐만 아니라 우리 삶에서도 가장 중요하게 생각해야 할 태도가 아닐까.

제4장

최적의 종목 수와
포트폴리오 운용 원리

포트폴리오를 운영할 때 몇 종목을 보유하는 것이 가장 효율적일까? 전설적인 투자 구루(guru)들의 경우를 살펴보면 워런 버핏이나 찰리 멍거는 종목을 적게 보유하는 편이다. 그들의 전략은 충분히 분석된 종목에 대한 집중투자다. 반면 피터 린치나 월터 슐로스 같은 투자자들은 상대적으로 많은 종목을 보유하는 전략을 선호한다. 이처럼 투자자 각각의 성향과 스타일, 그리고 투자자금의 규모에 따라 종목을 보유하는 수는 다를 수밖에 없어서, 자기 능력과 투자 성향에 따라 적절한 종목 수를 찾는 것이 중요하다.

종목 수가 너무 적으면 리스크가 커지고, 너무 많으면 시장 변화에 빠르게 대응하기 어려워진다. 종목 수가 늘수록 투자자의 집중력은 분산되고 에너지 소모는 커진다. 따라서 본인이 직접 관리하고 대응할 수 있는 범위 내에서 적절한 종목 수를 유지하는 것이 중요하다. 스스로 관리 가능한 종목 수를 정하고, 집중과 분산 사이에서 균형점을 찾는 것이 투자 성공의 중차대한 요소다.

몇 개의 종목이 적정 수준인가에 대해서는 오래 전부터 다양한 연구가 이루어졌다. 우선 1968년 앨러배마 대학의 존 에번즈(John Evans)와 마이애미 대학의 스티븐 아처(Stephen Archer)가 저술한 논문 'Diversification and the Reduction of Dispersion : An Empirical Analysis(분산의 다양화와 감소: 실증분석)'에서 포트폴리오에 종목을 늘릴 때 위험(수익률 표준편차)이 얼마나 빨리 줄어드는가를 실제 시장 데이터로 계량 검증한 연구가 있었다. 두 사람은 보유종목이 20개면 시장 변동성 수준에 근접한다는 데이터를 제시했다. 즉 내 계좌에 종목을 20개 보유(종목당 비중 5% x 20개)하고 있다면 이는 곧 시장 지수의 등락률과 내 계좌의 등락률이 크게 차이가 없을 거라는 의미다. 다시 말하면 종목을 20개 정도로 많이 보유하는 경우 그만큼 리스크도 분산되지만 결국 원금대비 계좌수익률도 시장 지수만큼만 오르고 내릴 것이므로 효율이 떨어진다는 것이다. (시장 지수를 추종하는 인덱스 ETF에 투자하는 것과 비슷한 성과일 가능성이 크다) 종목 수가 늘어나면 투자자는 그만큼 보유하고 있는 종목에 하나하나 신경을 써야 하는데, 20개나 관리하려면 에너지 소모가 큰 대신 직접적인 성과 혹은 보상비율은 높지가 않다는 뜻이다.

하지만 그렇다고 해서 한 종목에 '몰빵'한다면, 앞서 얘기했듯이 엄청난 리스크를 짊어지게 된다. 따라서 결국은 집중투자를 하더라도 투자자금을 1종목에 모두 투입하는 식의 투자는 절대 지양해야 하며, 종목 분산이 시장 리스크를 피할 최상의 방법이다. 다시 말하거니와, 투자의 핵심은 롱런이다. 잃지 않는 것을 1순위, 아니 0순위로 생각해야 한다. '잃지 않는 것'이란 투자자금을 모두 잃지 않는 경우, 투자금을 치명적인 손실로 빠지게 하지 않는 경우를 의미한다.

아래 차트를 보자. 보유종목 개수에 따라서 위험도는 어떻게 변하는 지를 보여주는 표다. 단 한 종목만 보유할 때는 100%의 리스크에 노출 되며, 종목 수가 늘어날수록 리스크에 노출되는 '위험도'는 점차 줄어 드는 것을 금세 알 수 있다.

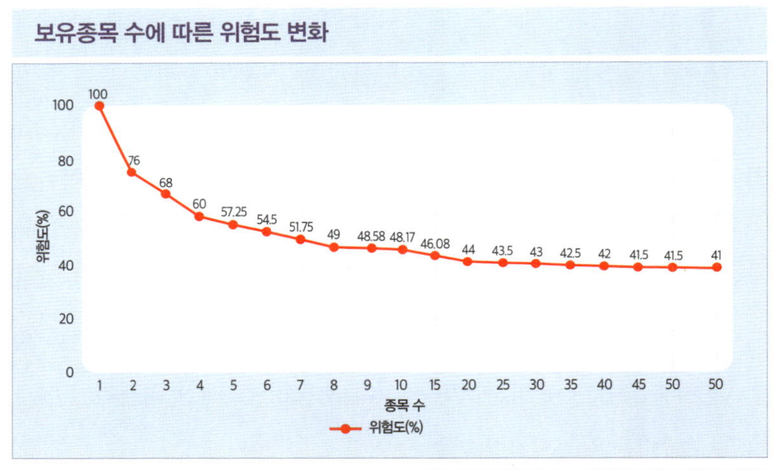

출처 : '분산의 다양화와 감소 : 실증분석', 존 에번즈와 스티븐 아처

또 보다시피 7개~8개 정도의 종목을 안고 가는 구간에서는 위험도 를 절반 가까이 낮출 수가 있으며, 그보다 더 많이 보유할 땐 위험도가 아주 조금씩만 줄어든다. 무슨 뜻이냐 하면, 9개~10개 이상으로 종목 을 보유하는 구간부터는 종목 관리에 소모되는 에너지에 비해 위험도 는 그다지 줄어들지 않는다. 투자 효율이 떨어진다는 뜻으로 해석할 수 도 있다. 결론적으로 집중력이 최대한 분산되지 않는 선에서 리스크를

효율적으로 관리할 수 있는 종목 수는 7개~10개인 구간이라 볼 수 있다. 따라서 포트폴리오를 구성할 때 신중한 학습을 통해 내가 가장 선호하는 종목들, 그리고 시장 상황에 가장 유리한 종목들 위주로 포트폴리오를 구성하는 전략이 필요하며, 종목을 더 많이 보유한다면 그때그때 상황에 맞게 분석을 통해 가장 바람직한 종목에 비중을 높게 부여하는 식의 리밸런싱을 해나가는 전략이 필요하다. 물론 20개의 종목을 보유하는 경우라도 한 종목에다 80%의 비중, 나머지 종목들에 20%의 비중을 주는 식으로 운용한다면, 이 역시 매우 큰 리스크에 노출되는 것이다. 따라서 종목당 비중을 적절히 배분하며 리스크를 관리하는 것이 좋다.

나는 한 종목에 15% 이상의 비중을 주지 않는다. 내가 아무리 깊게 분석해도 시장은 불가항력일 때가 있고, 성과가 운에 좌우되는 경우도 흔하기 때문이다. 비중을 15%로 제한하면 한 종목에 돌발적인 악재가 발생하여 설사 -50%의 손실이 발생하더라도 전체 투자금에서의 손실은 7.5%로 제한된다. 비중을 제한하면 물론 원금 대비 수익의 폭도 그만큼 제한되지만, 한 번의 투자에 비중을 크게 실어 투자하지 않더라도 가늘고 길게 꾸준히 수익을 낸다면 복리 효과로 결국 자산은 우상향하게 될 것이다.

제5장
잡초는 뽑고 꽃에 물을 줘라

이 격언은 월가 역사상 가장 성공적인 펀드 매니저 중 한 명인 피터 린치(Peter Lynch)의 저서 《전설로 떠나는 월가의 영웅(One Up On Wall Street)》에서 유래했다. 사실 피터 린치는 잡초를 뽑고 꽃에 물을 주라는 '명령형'으로 그렇게 말한 게 아니라, '꽃은 뽑아내고 잡초에다 물을 주는' 투자자들의 터무니없는 행동을 비판하는 비유로 사용했다. 이후에 이 표현은 '오마하의 현인' 워런 버핏에 의해 더욱 유명해졌다. 버핏이 1989년경 린치에게 전화를 걸어, 그 문장을 극찬하며 자신의 주주 서한(Annual Letter)에 이 문장을 인용해도 좋다는 허락을 구했다. 그만큼 투자의 대가들이 강조했던 것은 나의 포트폴리오에 좋지 않은 종목은 빨리 청산하고, 좋은 종목은 길게 가져가야 한다는 점이었다.

주식계좌에 30%의 수익이 나고 있는 종목과 30%의 손실을 겪고 있는 종목이 있다고 가정하자. 이런 상황에서 한 종목만 매도해야 하는 상황이 되면, 투자자들은 대개 30% 수익 종목을 파는 쪽을 선택한다. 본능적으로 수익이 나고 있는 종목은 빨리 수익을 확정하고 싶은 마음이 들고 손실은 가능한 한 미루고 싶기 때문이다. 하지만 이런 상황에서 주가가 많이 올랐다고 재빨리 수익을 실현해버리는 것은 추가적인 수익을 포기하는 리스크를 짊어지는 결정일지 모른다. 주가가 많이 내렸다면, 항상 그 원인을 분석해야 한다. 가령 주가가 나의 매수 가격에서 20%~30% 하락했다면, 그 이유는 둘 중 하나다. 시장이 전반적으로 매우 적대적인 상황이거나, 내가 생각한 투자 아이디어가 훼손되었거나. 전자의 경우에는 내 종목만 하락하는 게 아니라 시장 전반이 하락하는 것이며 심리적·수급적 요인 때문일 가능성이 매우 크기 때문에, 오히려 매수의 기회가 될 수 있다. 하지만 후자의 경우라면 보유하고 있는 종목을 과감히 매도해야 한다. 내가 투자한 기업의 이익 전망이 불투명해졌거나 산업의 패러다임이 변했는데 주가 회복만을 바라고 있는 종목이라면, 그것은 이미 잡초다. 반면 내가 투자한 기업이 돈을 잘 벌고 있고, 시장점유율이 확대되고 있으며, 내가 생각한 성장 스토리가 현실로 증명되고 있다면 이는 주가에 계속 반영되어 나가지 않겠는가. 주가가 올랐음에도 여전히 이익 성장의 여력이 높다면 이는 꽃일 가능성이 매우 크다. 즉, 30%의 수익 정도가 아니라 50%, 100%의 수익까지 기대해볼 수도 있는 것이다.

그러나 안타깝게도 대부분의 개인 투자자들은 정반대의 선택을 하곤 한다. 목전의 손실을 확정 짓는 고통을 피하려고 '꽃(수익 난 종목)'을 꺾어 그 돈으로 '잡초(손실 난 종목)'에 물을 주는 것이다. 이는 마치 정원사가 가장 아름답게 피어나는 꽃은 꺾어버리고, 이미 병들고 시들어버린 잡초에 애지중지 물을 주는 것과 다를 바 없다. 이렇게 관리된 정원

(계좌)에는 결국 시들시들한 잡초들만 무성하게 남게된다. 이것이 바로 개인 투자자들이 상승장에서도 소외되고, 장기적으로 계좌가 우상향하지 못하는 가장 큰 이유다. 주식시장에서 큰 부를 쌓고 싶은가? 그렇다면 발굴한 '꽃'이 완전히 만개할 때까지(기업의 가치가 정점에 달할 때까지) 인내심을 갖고 동행하라. 물론, 잡초를 뽑는 일(손절매)은 쓰라리고 아프다. 내 판단이 틀렸음을 인정해야 하기 때문이다. 하지만 썩은 뿌리를 도려내지 않으면 건강한 흙마저 오염된다. 더 늦기 전에 잡초를 뽑아내고 그 자원을 지금 무럭무럭 자라고 있는 꽃에 거름으로 주거나 혹은 또 다른 건강한 씨앗을 심는 데 사용해야 한다. 꼭 명심하자, 투자의 성공은 '얼마나 잘 맞히느냐?'가 아니라, '틀렸을 때 얼마나 적게 잃고, 맞았을 때 얼마나 크게 버느냐?'에 달려있다.

실전 체크리스트 – 내 종목은 '잡초'인가 '꽃'인가?

지금 보유하고 있는 종목이 고민된다면, 다음 3가지 질문을 스스로 던져보자. 하나라도 명확하게 대답할 수 없다면, 그 종목은 계좌를 갉아먹는 '잡초'일 터.

Q. "처음 이 주식을 샀을 때 단순히 많이 빠져서가 아니라, 특정 기술 개발, 실적 턴어라운드, 신사업 진출 등 명확한 매수 근거가 있었을 터인데, 그런 매수 이유(투자 아이디어)가 지금도 유효한가?"

- 예상보다 실적이 양호하고 향후 이익 성장 폭이 확대되는 등, 그 근거가 여전히 유효하거나 오히려 강화되었다. ⇨ 꽃
- 예상보다 실적이 부진하고 이익 성장이 둔화했거나 역성장이 길게 전망되는 등, 근거가 사라졌거나 약해지고 있다. ⇨ 잡초

Q. "주가 하락이 시장 때문인가, 혹은 기업 때문인가? 냉정하게 분석해서 하락의 이유가 무엇인가?"

- 회사는 돈을 잘 벌고 성장 중인데, 시장 전체가 폭락하거나 일시적인 수급 꼬임으로 동반 하락했다. ⇨ 꽃
- 시장은 좋은데 내 종목만 실적 쇼크, 경쟁력 약화, 경쟁 심화 같은 악재를 만나 하락했다. 기업의 펀더멘털이 훼손됐다. ⇨ 잡초

Q. (가장 중요한 질문) "만약 지금 이 종목을 전혀 보유하고 있지 않다면, 이 가격에 신규 매수하겠는가? 이미 손실이 났다는 사실(본전 심리)을 잊고 제로 베이스에서 생각해보라."

- 당연하다. 지금처럼 싼 가격은 기회다. 사야 한다. ⇨ 꽃
- 아니, 지금 살 생각 없다. 물린 게 아까워서 원금만 건지기를 기다리는 중이다. ⇨ 잡초

제6장

손절의 기술

투자자들이 가장 힘들어하는 게 바로 '손절'이다. 인간은 '손실 거부 본능(loss aversion)'을 갖고 있어서, 투자에서 손해를 실현하는 행위에 대한 거부감이 상당하다. 따라서 손절을 못하는 것은 지극히 자연스러운 현상이다. 하지만 주식투자에 성공하려면 '손실 관리', 즉 리스크 관리가 가장 중요하다. 잘못된 투자를 포트폴리오에서 제거해야 새롭게 더 좋은 투자종목을 담을 수가 있기 때문이다.

손절을 능숙하게 한다는 것은 그야말로 숙련자의 영역이다. 손실을 회피하고자 하는 일반적인 본능에 역행하는 것이므로, 이 역시 훈련이 필요하다. 주식투자자들이 장기적으로 손해를 보는 커다란 이유는 차일피일 손절을 미루다가 손실은 길게 가져가고 수익은 짧게 가져가는 투자를 반복하기 때문이다. 오래오래 수익을 도모하는 게 힘들더라도 일단 손실을 가능한 한 빨리 차단해버리는 손절을 위해 기계적 훈련을 반복해야 한다.

그럼, 어느 시점에 손절을 감행해야 할까? 그것은 내가 어떤 방식으로 투자에 접근했느냐에 따라 달라진다. 트레이딩 관점에서 중요한 지지 구간의 맥점에 매수했다면 그 다음의 주요 지지 구간을 주가가 이탈할 때 기계적으로 손절한다. 반면 펀더멘털 기반의 인베스팅 측면에서 접근했다면 내가 생각한 투자 포인트가 훼손되었을 때 손절하는 것이 원칙이다(저평가 종목에 인베스팅으로 접근할 때 자칫 매수 후 더 심한 하락이 나올 수도 있다. 고로 인베스팅 접근 때는 꼭 정해진 비중을 지키며 리스크를 관리한다. 예컨대 한 종목에 10%~20%의 비중으로 분할 매수하며 최대한 평균단가를 유리하게 가져가되, 혹시나 하락이 크게 나오더라도 정해진 비중 안에서 손실을 제한하는 식이다).

나는 인베스팅으로 접근하더라도 최종 분할매수 진행 후 평균단가 대비 손실이 15%에 도달할 정도로 하락하면 기계적으로 비중을 일부 축소한다. 내가 좋은 가격이라 판단해 매수했는데도 가격이 15%나 하락했다는 건 보통 내 판단이 틀렸거나 시장이 매우 적대적인 상황이라 투자에 불리한 시점이란 의미다(항상 시장의 생각을 존중해야 한다). 물론 그런 식의 가격 하락 이후에도 계속해서 오래 보유하다 보면 다시 수익권에 들어서는 경우도 생긴다. 하지만 너무 오랜 시간이 걸리면서 기회비용이 상실되거나 주가 하락 폭이 엄청나게 커져 계좌를 망가뜨리는 경우가 빈번하게 발생하기 때문에, 일단은 비중을 일부 축소하거나 전량 손절한 후에 다시 시장 상황과 대상 종목에 대한 투자 포인트를 재점검하여 재매수 여부를 결정하는 편이다. 손절을 판단의 실패로 받아들이며 고통스러워하는 투자자들이 의외로 많다. 그러나 손절은 전투에서의 일단 후퇴지, 전쟁에서의 패배가 아니다. 오히려 손절하지 않고 고집과 집착으로 손실을 방치하는 행위야말로 진짜 패배로 이어진다.

손절은 자존심을 꺾는 게 아니라, 객관성 회복의 과정이며, 시장이라는 살아있는 생명체 앞에서 자기 관점을 조정하는 유연성의 증거다. 따라서 자유자재로 능숙하게 손절 대응을 할 수가 없다면 절대로 투자실력과 성과는 개선되지 않는다는 점을 항시 명심하자.

ⓐ 손절은 투자 실패가 아니다.

주식투자를 비즈니스라고 생각해보자. 자영업에서도 임대료, 인건비, 재료비 등의 '고정 비용'이 발생한다. 이런 비용을 지출할 때마다 "나는 실패했어."라고 자책하는가? 아니다. 그저 수익 창출을 위해 당연히 지급하는 비용으로 인식한다. 주식투자에서 손절도 마찬가지다. 손절은 내가 못나서 시장에 납부하는 '벌금'이 아니라, 더 큰 수익을 위해 필연적으로 발생하는 '보험료'일 뿐이다. 이 관점의 전환이 이루어지지 않으면 손절 버튼을 누르는 손은 언제나 떨릴 수밖에 없다. 작은 비용(손절)을 아끼려다 끝내 사업(계좌) 전체가 무너지는 결과를 초래해서야 되겠는가.

ⓑ 손절 후의 마음가짐

손절을 통해 회수한 현금은 그저 '쪼그라든 원금'이 아니다. 그것은 언제든 새로운 기회를 잡을 수 있는 강력한 무기다. 30% 손실이 난 종목을 들고 끙끙 앓고 손절을 못하고 있을 때, 시장 주도주가 탄생하거나 낙폭 과대 우량주가 '헐값'에 거래되는 기회가 찾아온다면? 자금은 묶여 있고 그 좋은 기회를 구경만 하다 놓치고 만다. 즉, 손절은 단순히 손실 확정이 아니라, 죽어있는 자금을 살려 더 좋은 기회로 이동시키는 '유동성 확보 전략'으로 생각해야 한다. 비움이 있어야 다시 채움이 있다.

ⓒ 트레이딩의 손절 기술 2% 룰

"한 번의 매매(트레이딩) 실패로 입는 손실이 내 투자 원금의 2%를 넘지 않아야 한다." 이것이 바로 세계적인 트레이더들이 철칙으로 지키는 자금관리 원칙 중 하나인 '2% 룰'이다. 가령 1,000만 원을 투자했다면 한 차례 거래에서 20만 원(1,000만 원의 2%) 이상 손실을 보면 안 된다는 룰이다. 만약 내가 사려는 종목의 손절 폭을 10%로 잡는다면, 이 종목에는 얼마를 투자해야 할까? '2% 룰'을 따르자면 200만 원만 매수해야 한다. (200만 원의 10%의 손실이 20만 원) 이 원칙을 지킨다면 계속 10번 손절해도 원금의 80% 이상이 남는다. 이와 같이 시장에서 퇴출당하지 않고 다시 일어설 기회(복구 능력)를 보존해 주는 것이 리스크 관리의 핵심이다.

2% 룰은 현대 트레이딩 자금관리의 표준처럼 굳어진 원칙으로, 심리투자의 대가 앨릭잰더 엘더(Alexander Elder) 박사가 이 개념을 널리 대중화하고 명문화했다. 그는 《나의 트레이딩 룸으로 오라(Come Into My Trading Room)》(2002)에서 2% 룰과 6% 룰을 체계적으로 정립했고, 이후 전 세계 트레이더들의 자금관리 표준이 되었다.

더 중요한 것은 손절 후의 복기다. 손절을 단행한 후에는 반드시 꼼꼼하게 분석해야 할 포인트가 있다. 왜 손절할 수밖에 없었는가? 그 판단은 감정이었나, 전략이었나? 시장의 변수 중 예상하지 못한 사건이 있었는가? 이런 걸 되새기는 복기는 가장 좋은 성장의 열매다. 손절을 되풀이해도 계좌가 회복되지 않는 투자자들은 손절 이후 복기가 없어 똑같은 실수를 반복한다는 공통점이 있다. 손절은 투자에서 핵심적인 학습 재료가 되어야 하며, 다음 투자를 진행하기 전 부족한 부분을 개선하기 위한 기준점이 되어야 한다. 어쩌다 뼈아픈 손절을 경험했다면, 괴로워도 꼭 그 전후 사정을 분석하고 복기하자. 그러한 과정이 반복될수록 본인의 투자 근육은 더욱 튼튼해진다.

투자에서 가장 좋은 스승은 자신의 실수로부터 배워나가는 복기다. '승리한 대국의 복기는 이기는 습관을 만들어주고, 패배한 대국의 복기는 이기는 준비를 하게 만든다'는 조훈현 9단의 명언을 항상 기억할 필요가 있다.

감정을 배제하는 '자동매매'의 힘

머리로는 이해했는데 막상 손가락이 움직이지 않는다면, 기술적인 도구의 도움을 받는 것도 현명한 방법이다. 대부분의 증권사 MTS/HTS에는 '자동 감시 주문 (stop-loss)' 기능이 있다. 매수와 동시에 '현재가 대비 15% 하락 시 자동 매도' 혹은 '특정 가격 이탈 시 시장가 매도' 같은 조건을 걸어두는 것이다.

투자자의 의지력? 생각보다 약하다. 특히 급락장에서는 공포심 때문에 판단력이 마비되거나, 조금만 더 버티면 오를 거라는 희망 회로가 가동되기 쉽다. 이때 기계적인 자동 주문은 감정이 개입할 틈을 주지 않고 원칙을 지키게 해준다. 처음에는 이 기능이 차갑고 냉정하게 느껴질 수 있지만, 몇 번의 하락 파동에서 내 계좌를 지켜주는 경험을 하고 나면 이보다 더 든든한 안전벨트는 없음을 깨닫게 될 것이다.

시장 읽는 관점을 가져라

제1장

돈의 흐름을 이해하면
승률이 바뀐다

지난 10년간 국내 증시가 마감되면 하루도 빠짐없이 해왔던 나의 루틴이 있다. 바로 당일의 급등 종목과 유동성(거래대금)이 집중된 섹터 및 테마를 분석하는 작업이다. 왜 나는 매일 이런 작업을 해왔을까. 시장 참여자들의 관심과 유동성(거래대금, 즉, 돈)의 흐름이 어디로 향하는지, 현재 시장의 중심이 되는 트렌드가 무엇인지, 시장의 심리는 어떠한지 추적하기 위함이다. 이 작업에는 오늘 당장 수익을 내지 못했더라도 내일 혹은 일주일 뒤의 어떤 섹터, 어떤 테마에 시장의 관심이 쏠릴지 유추하며 길목을 기다리는 투자전략을 수립하는 목적도 있다.

주식시장에서 강력한 그룹 액션 혹은 인더스트리 액션이 발생할 때는 시세가 하루 만에 끝나기보다 며칠간 이어지는 경우가 확률적으로 더 많다. 물론 그런 시세를 만든 재료에 지속성·연속성이 있다든지, 단기·중장기적으로 산업이나 관련 기업의 펀더멘털을 개선하는 내용이라면 그럴 가능성은 더욱 커진다. 아주 강력한 모멘텀이 발생하면 당일 그룹 액션이 발생한 후 다음 날에도 추가로 상승을 이어가는 경우가 있지만, 보통은 강력한 상승이 생긴 다음 날엔 시초~오전장에서 단기 차익 매물이 몰려나오고, 그다음 날 다시 상승세를 이어가는 경우가 많다.

어쨌거나 주식시장에서 돈의 흐름을 추적한다는 것은, 망망대해에서 나침반을 들고 항해하는 것과 같다. 시장의 관심이 어디에 집중되고 있는지, 트렌드가 어떻게 형성되는지 꿰뚫고 있으면, 좀 더 빠르고 높은 확률로 수익을 누릴 수 있다. 차트는 속일 수 있어도, 돈(거래대금)은 거짓말을 하지 않는다.

신고가 트렌드는 미국 시장으로부터

매일 국내 증시 개장 전, 미국 시장 마감 직후에는 당일 미국 시장의 52주 신고가 종목들을 확인하자. 이걸 체크하는 방법에는 여러 가지가 있는데 내가 가장 선호하는 방법은 무료 사이트인 Finviz(finviz.com)를 이용하는 것이다.

Finviz 사이트에 접속하여 상단 'Screener' 탭을 클릭한 후 바로 밑에 보이는 'Signal' 탭에서 'New High'를 클릭하면 당일 종가 기준 52주 신고가 종목들을 확인할 수 있다.

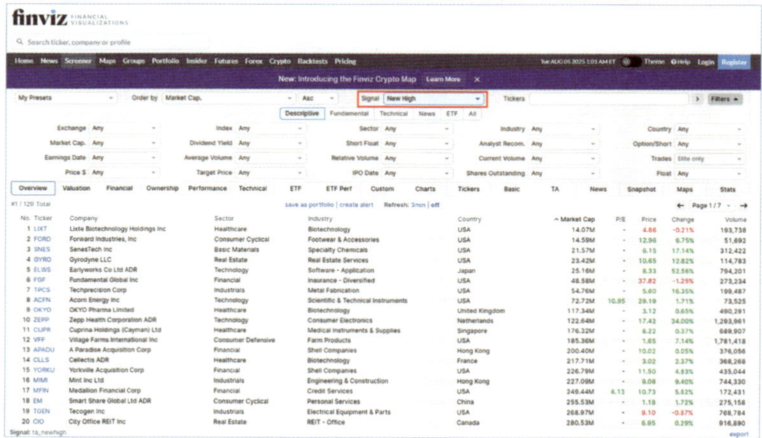

그러나 이때도 가장 유동성이 많이 들어와 의미 있는 종목들 위주로 체크해야 한다. 미국 시장에서 상징적인 시총 상위 종목들의 유의미한 주가 움직임이 바로 우리 증시에 영향을 미치기 때문이다. 미국증시에도 초소형 스몰캡들이 존재하는데, 시총이 낮은 데다 미국은 상·하한가의 제도도 없어서 하루 +100% 가까운 상승·하락을 보일 때도 있다. 그러나 이런 종목의 움직임이 국내 증시의 특정 테마·산업·기업에 직접적 영향이 있다면 몰라도, 그렇지 않다면 굳이 챙겨볼 필요가 없지 않을까. 따라서 미국증시 내 시총 상위 종목들 위주로 52주 신고가 종목들을 체크하는 것이 좋다.

이렇게 찾은 신고가 종목 각각의 교집합에 해당하는 섹터와 테마를 찾아서 해당 기업들이 왜 상승하고 있는지를 조금만 공부하면, 국내 주식에 대한 투자 아이디어로 연결되는 경우가 많다. 미국의 주요 기업들을 고객사로 둔 국내 기업도 상당히 많은 편이며, 글로벌 트렌드는 결국 우리 증시의 트렌드로도 자연스레 이어지기 때문이다. 물론 굳이 미국 상황을 이렇게까지 체크를 해야 하는지 고개를 갸우뚱하는 이들도 있을 것이다. 느긋하고 여유있게 투자하고 싶다면 반드시 해야 할 작업은 아닐지 모른다. 하지만 주식투자로 남들보다 더 좋은 성과를 내고자 하는 욕심이 있다면, 이왕이면 현시점의 트렌드를 파악하며 투자종목을 선정하는 편이 탁월한 성과를 가져다줄 수밖에 없을 것이다.

돈 되는 뉴스 찾기

정보는 크게 두 종류로 나뉜다. 이미 시장에 퍼져서 가격에 반영된 정보, 그리고 아직 덜 반영됐거나 해석이 필요한 정보다. 우리가 접하는 뉴스는 대개 전자에 해당한다. 뉴스 제목을 보는 순간 "이미 다들 알겠는데?" 싶은 느낌이 들면, 그건 이미 가격에 꽤 반영됐다는 얘기다. 반대로, 같은 뉴스라도 "이게 실적에 어떤 식으로 연결되지?"라는 질문이 바로 떠오른다면, 그 지점에 기회가 남아있는 경우가 많다.

뉴스 기사를 접할 때 꼭 확인해야 할 사항들이 있다. 첫째는 시간이다. '언제 나온 정보인지'에 따라 뉴스의 가치는 완전히 달라진다. 이미 며칠 전 몇 주 전에 나왔던 뉴스가 재생산되는 경우가 있는데, 이런 뉴스는 '돈 되는 정보'로서의 가치가 크지 않다. 둘째는 정보의 출처다. 출처의 공신력을 따지자면 '기업공시→ 컨퍼런스 콜→ 뉴스 기사' 순서다. 왜 기업공시를 가장 신뢰할까? 전혀 가공되지 않은 객관적인 정보이기 때문이다. 기업들은 때로 컨퍼런스 콜에서도 신뢰를 얻으려고 일부러 상황을 지나치게 낙관적으로 부풀리는 경우가 많다. 따라서 임원이나 IR 담당자 등 회사 관계자들이 알려주는 내용도 항상 비판적인 시선으로 받아들이되, 투자에 직접 참고하기 위해서는 컨퍼런스 콜에서 공개한 내용들이 설득력이 있는지 다른 채널들을 통해 2차, 3차 재확인하는 습관이 매우 중요하다.

가장 중요한 건, 정보를 얻는 순서다. '남들이 떠드는 곳'에서부터 시작하는 사람들이 많은데, 투자의 성공률을 높이기 위해서는 반대로 가는 편이 좋다. '공시→ 실적자료(사업보고서)→ 컨퍼런스 콜이나 IR→ 업황 데이터→ 뉴스'의 순서로 보면, 뉴스는 새로운 정보로서 내가 가진 뼈대 위에 붙는 살이 된다. 뼈대가 없으면 뉴스에 휘둘리고, 뼈대가 있으면 뉴스는 좋은 참고자료가 되며 내 생각에 확신을 더할 수 있는 소스가 된다.

돈 되는 정보라고 해서 '특별한 비밀 정보'처럼 생긴 건 아니다. 오히려 너무 평범해서 지나치기 쉽다. 예컨대 어떤 기업이 계속 같은 말을 반복하는데, 그 반복의 톤이 미세하게 바뀐다든지 재고가 줄었다는 한마디가 다음 분기 마진을 바꿀 수도 있다. 고객사 한 곳의 CAPEX 방향이 공급망 전체를 바꿀 수도 있다. 그래서 마냥 정보를 많이 모으기보다, 같은 정보를 여러 번 보면서 미세한 차이를 찾는 방식이 때로는 더 중요하다. 변화는 늘 조용하게 시작되기 때문이다.

정보를 찾는 루틴

장중에 끊임없이 뉴스를 보는 데 시간을 할애하면, 오히려 판단이 흐려지고 과도한 정보와 노이즈에 피로만 쌓이게 된다. 시장에는 불필요한 정보도 그만큼 많기 때문이다. 그래서 나는 정보수집 및 기업·산업 리서치 시간과 매매하는 시간을 따로 분리한다. 웬만하면 시장이 열릴 때부터 오후 3시 30분 사이에는 뉴스 찾기에 에너지를 쏟지 않는다. 간혹 텔레그램 뉴스 채널에서 올려주는 것만 간간이 확인할 뿐이지만, 이 역시 한두 시간에 한 번씩 쌓인 뉴스를 확인하는 편이다. 주가가 움직이는 시간에 뉴스에 집중하면서 단기매매를 하는 '뉴스매매'라는 방식도 있긴 하지만, 소모되는 시간과 에너지보다 수익성과 효율은 매우 떨어진다고 생각한다. 차라리 그 시간에 양질의 산업 리포트나 좋은 글을 접하는 것이 훨씬 생산적이다. 정보수집 시간, 즉 뉴스나 공시를 확인하는 시간은 장 마감 후 한 시간, 그리고 개장 전 매일 아침 한 시간 정도면 충분하다. 많은 정보를 접하는 게 중요하겠는가. 아니, 투자에 대해 진중하게 고민하고 깊이 생각하는 것이 중요하다.

제2장

꼭 확인해야 할 경제지표들

거시경제 분석에 지나치게 공을 들이는 건 효율이 떨어지는 공부 방법이지만, 그런데도 매일 시장이 열리기 전 확인해야 할 주요 지표들이 있다. 국제유가, 구리나 금 같은 원자재, 환율, 금리(특히 미 국채금리) 등이다.

❶ 국제유가

국제유가는 세계 경제의 바로미터가 되는 원자재이므로 꼭 체크해야 한다. 그럼으로써 인플레이션의 방향성을 가늠할 수 있다. 기름값은 제조, 운송, 전력 생산 등 모든 산업의 기초이기 때문에 유가가 오르면 시차를 두고 소비자물가지수(CPI)도 오르게 된다. 이는 곧 중앙은행의 금리 인상 명분이 되어 주식시장에는 악재로 작용할 것이다. 또한, 유가의 등락은 섹터별 투자전략을 세우는 데 직접적인 힌트가 된다. 유가 급등 시기에는 에쓰오일 같은 정유주(재고평가이익 및 정제마진 확대가 발생하는 경우에만)나 종합상사 종목이 수혜자가 되고, 연료비 부담이 커지는 항공주, 해운주, 그리고 한국전력과 같은 유틸리티 기업은 실적 악화 우려로 주가가 약세를 보일 수 있다. 따라서 유가의 흐름 확인은 그 날 매수·매도 섹터를 1차로 필터링하는 과정이라 할 수 있다.

❷ 원자재

- **구리** : '닥터 코퍼'라는 별명을 가지고 있을 정도로 실물 경기를 가장 먼저 그리고 정직하게 반영하는 원자재다. 건설, 전자, 기계 등 산업 전반에 쓰이는 필수 소재이기 때문에 구리 가격의 상승은 곧 글로벌 경기 회복과 수요 증가를 의미한다.

- **금** : 대표적인 안전자산이다. 금 가격이 오른다는 것은 시장참여자들이 주식 같은 위험자산보다는 안전한 곳으로 돈을 옮기고 싶어 한다는 뜻이다. 즉, 전쟁이나 경기 침체 우려 등 시장의 공포심리가 커지고 있음을 보여준다. 또 금은 달러 가치와 반대로 움직이는 경향이 있어 달러 약세 구간에서 훌륭한 헤지(hedge) 수단이 된다.

❸ 환율(원/달러 환율)

국내 증시 투자자에게 환율은 '외국인 수급의 신호등'이다. 내가 외국인 투자자라고 가정해보자. 한국 주식을 샀는데 원화 가치가 떨어지면(환율 상승), 주가가 그대로여도 환차손(환율 변동에 따른 손해)을 입게 된다. 따라서 환율이 급등하는 구간에서는 외국인의 매도세가 거세지며 지수가 하락할 확률이 매우 높다. 반대로 환율이 하락 안정화되면 외국인 자금이 유입되면서 삼성전자, 현대차 등 대형주 위주의 장세가 펼쳐질 가능성이 크다. 아침에 눈을 뜨자마자 역외 환율을 알아봤더니 환율이 크게 뛰었다면, 환율이 급등한 원인을 파악해야 한다. 만약 환율에 대한 부정적인 매크로 이슈가 부각되고 있다면 가급적 시장을 보수적으로 대응하는 편이다.

❹ 금리(미국 10년물 국채금리)

"금리는 자산 시장의 중력이다." 워런 버핏이 그렇게 말했다. 과연 금리는 주식의 적정 가치를 결정하는 핵심 키(key)다. 특히 미국 10년물 국채금리는 전 세계 자산 가격의 벤치마크 역할을 한다. 이 국채금리가 급등하면 주식의 매력도는 떨어진다. 위험하게 주식투자를 하지 않아도 안전하게 높은 이자를 받을 수 있으니까. 특히 기술주나 바이오주 등 성장주는 미래의 이익을 현재로 끌어와서 주가를 평가받는데, 금리가 오르면 할인율이 높아져 기업 가치가 뚝 떨어진다.

주식투자의 성과를 높이는 2차 사고

의미 있어 보이는 내용의 뉴스를 접했다면, 그냥 그렇구나 하고 지나칠 것이 아니라 이를 투자 아이디어로 엮어주는 '2차 사고'를 이어가야 한다. 2차 사고란 '남들은 어떻게 생각하는가?'와 '내가 보지 못한 이면의 시나리오는 무엇인가?'를 스스로 묻는 데서 시작한다. 투자의 대가 하워드 막스(Howard Marks)는 이렇게 강조했다. "시장보다 높은 수익을 내려면 시장의 평균적인 시각과는 다르면서도 더 정확해야 한다." 따라서 어떤 뉴스를 보든, 그것을 액면 그대로 믿기보다 그 정보가 시장참여자들의 심리에 어떻게 작용할 것인지를 먼저 고민하자.

3단계 So What 사고; 2차 사고를 훈련하는 가장 효과적인 방법은 꼬리에 꼬리를 물듯 "그래서 어떻게 되는데?(So what?)"라는 질문을 던지는 것이다. 어떤 뉴스를 접하면 항상 1단계(뉴스 파악)→ 2단계(2차 사고)→ 3단계(심화 사고)로 나아가며 고민하는 습관을 키우자.

예시 1

1단계(뉴스 파악) : "A 기업의 공장 가동률이 풀(full)이라고 한다."

2단계(2차 사고) : "A의 실적이 좋아지겠구나. 공장이 풀로 돌아가니 다음 단계는 증설이나 외주화겠네."

3단계(심화 사고) : "증설을 하려면 자금이 필요할 텐데, 보유현금이 있는지 확인해야겠구나. 보유현금이 없다면 유상증자를 할 가능성도 있고, 업황이 피크 아웃일 가능성도 고민을 해봐야겠구나."

예시 2

1단계(뉴스 파악) : "글로벌 빅테크 기업들이 AI 데이터센터 투자를 크게 늘리고 있다."

2단계(2차 사고) : "AI 데이터센터에 필수인 HBM 수요가 계속 커지겠구나."

3단계(심화 사고) : "그런데 이러한 수요가 언제까지 계속될까? 글로벌 빅테크의 CAPEX(자본지출) 전망을 이번 실적을 통해 파악해 본 후, HBM 공급 기업들에 대한 투자를 고민해봐야겠는걸."

10배 오를
종목을 찾아라

제1장
새로운 기회의 시대를 맞이하라

피터 린치는 1989년 저서 《전설로 떠나는 월가의 영웅》에서 텐-배거(ten-bagger)라는 표현을 처음으로 썼다. 매수한 주식의 가격이 10배로 오른 종목을 가리키는 말로, 이젠 주식투자자들에게 익숙한 용어가 되었다. 물론 10배 정도가 아니라 100배, 수백 배로 가격이 오른 주식도 없지 않다. 린치는 이 책에서 일본 스바루를 멀티배거의 대표 사례로 소개했으며, 이후 개정판에서는 마이크로소프트를 100-배거로, 델(Dell)을 889-배거로 회고하기도 했다. 그러나 10배든 100배든 주가 폭등을 상징하는 용어일 텐데, 여기서 중요한 요소는 어떤 기간에 그만큼 폭등했느냐, 하는 점이다. 가령 3년 만에 10배로 오른 종목과 50년 만에 10배 오른 종목은 상승의 차원이 다르지 않겠는가. 엔비디아 주가는 2020년 봄부터 5년 만에 텐-배거가 되었고 애플은 2013년 가을 이후 텐-배거가 되었으니, 그 느낌은 살짝 다를 것이다. 어쨌거나 엄청난 자산 가치 상승이라는 데는 누구도 이의를 달지 않을 터이다. 오늘날의 텐-배거, 지금 주식투자자들이 노려볼 수 있는 꿈의 종목·업종은 어디에 있을까.

제2장

AI : 구글·메타

나는 믿는다, AI의 성장 여력은 여전히 무궁무진하다고. 아직 AI가 우리 실생활에 충분히 깊숙이 다가오지는 않았기 때문이다. 현시점 기준으로 2년~3년 이상의 시간을 두고 AI 산업에 실질적 수혜주가 될 기업들을 찾아보자. 다음번 큼직한 AI 성장 분야는 AI 디바이스 부문이 될 것으로 본다. 특히 빅테크 기업들이 모두 참전을 예고하고 있는 스마트 글라스, AI 글라스 사업을 주도하고 있는 기업들을 관심 있게 보는 것은 좋은 투자전략이라고 생각한다.

구글 - AI 시대의 승자?

현재 AI 분야를 주도하고 있는 회사는 단연 오픈AI이다. 그러나 최근 들어 구글의 제미나이 역시 뛰어난 성능을 바탕으로 점유율을 확대하고 있다. 오픈AI는 일단 비상장기업이라 우리가 직접 투자할 수 없지만, 구글(알파벳)은 직접 투자가 가능하다는 장점이 있다. 또 오픈AI는 계속해서 거창한 AI 인프라 투자를 이어가기 위해 다른 투자처들로부터 막대한 자금을 조달해야 하지만, 구글은 압도적인 현금 창출 능력과 자사 플랫폼들(유튜브, 구글 검색, 구글 지도, G메일 등)과 연계하여 AI 비즈니스를 확대할 수 있다는 강점이 있다. 그러한 점에서 구글을 장기적으로는 AI 산업에서 안정적인 투자의 선택지라 생각한다.

메타 - SNS와 AI가 만난다면?

메타는 구글과 조금 다른 길을 가고 있다. 구글이 검색·인프라 중심으로 움직인다면, 메타는 사람과 사람을 연결하는 소셜 네트워크와 광고를 중심으로 AI를 입히는 전략이다. 이미 페이스북, 인스타그램, 왓츠앱이라는 초대형 플랫폼을 확보하고 있고, 릴스(Reels), 숏폼 영상, 라이브 방송 등 사람들의 '시선을 오래 붙들어 두는 콘텐츠'에 특화된 생태계를 가지고 있다. 여기에 AI 추천 알고리즘, 생성형 AI, 개인 비서형 AI를 얹으면, 메타가 만들어낼 수 있는 변화는 다음과 같이 요약할 수 있다.

- 사용자의 취향과 행동을 실시간으로 학습하는 초개인화형 피드와 광고
- 크리에이터·인플루언서를 위한 AI 기반 콘텐츠 제작 도구
- 메시지·DM·커뮤니티 안에 녹아 있는 AI 비서 기능

그리고 이 AI 경험을 가장 직접적인 형태로 구현해줄 수 있는 하드웨어가 바로 스마트 글라스, AI 글라스다. 메타는 이미 레이밴과 협업한 스마트 글라스를 시장에 내놓았고, 퀘스트 시리즈 같은 AR·VR 디바이스와 함께 '눈 위의 화면'을 향해 장기적인 투자를 이어가고 있다. 메타가 장기적으로 노리는 지점은 단순한 하드웨어 판매가 아니다. 안경을 쓰고 세상을 보는 순간마다 '무엇을 보고 있는지' '어떤 걸 찍고, 공유하고, 소비하는지'에 관한 데이터가 그들의 플랫폼 안으로 들어와 쌓인다. 이 데이터와 AI가 결합하면, 메타는 "시선 기반 광고·커머스·콘텐트 소비"라는 전혀 새로운 수익모델을 설계할 수 있다. 물론 그 과정에서 프라이버시, 규제 이슈, 대규모 R&D와 디바이스 투자에 따른 비용 부담 등의 리스크도 존재한다. 그렇지만 만약 AI 글라스 시대가 본격화된다면 '사람들이 실제로 무엇을 보고, 어떻게 반응하는지'에 대한 데이터를 가장 풍부하게 축적한 회사가 될 수 있다는 점은 투자자로서 무시하기 어려운 포인트다.

제3장

로봇의 가능성

로봇 역시 AI와 같은 맥락에서 텐배거 후보가 적잖은 영역이다. 휴머노이드 로봇이 우리 집에서 함께 생활하는 멋진 미래를 상상해보자. 이는 분명 찾아올 수밖에 없는 미래이며, 글로벌 로봇 기업들이 이미 휴머노이드 로봇 사업을 앞다투어 준비하고 있다. 대표적으로 미국의 테슬라, 보스턴 다이내믹스, 중국의 유니트리 같은 기업들이 있다. 국내에서는 현대차그룹이 주목할만하다. 휴머노이드 로봇 분야에서는 테슬라의 로봇 기술력도 관심을 끌지만, 중국 기업들 역시 높은 생산효율과 기술력을 바탕으로 압도적인 가성비를 자랑하고 있어 높은 평가를 받고 있다. 다만 중국 로봇 기업들의 경우 향후 보안 문제가 불거질 수 있기에 세계적인 판매 확대 가능성에는 조금 더 고민이 필요할 것 같다. 그런 점에서 테슬라의 휴머노이드 로봇 상용화의 성장 포인트를 긍정적으로 생각한다.

로봇 영역에서 단연 앞서나가는 테슬라를 예로 들어보자. 사업 구조 관점에서 보면 테슬라의 휴머노이드 전략은 대략 세 단계로 그려볼 수 있다.

첫째, 자사 공장 내부에서의 투입이다. 실제로 테슬라는 옵티머스를 우선 공장의 조립·물류 공정에 투입해 생산성을 높이고, 사람과 로봇이 함께 일하는 공정을 설계하겠다는 구상을 여러 차례 언급해왔다. 이는 외부 고객을 상대하기 전에, 자신들이 직접 써보며 공정 안정성과 ROI를 검증하겠다는 의미다.

둘째, 외부 B2B 시장으로의 확장이다. 제조업, 물류센터, 건설, 헬스케어 보조 등 사람 손을 많이 쓰는 업종들이 자연스러운 타깃이다. 특정 산업군에 특화된 '휴머노이드 라인-업'이 나올 가능성도 크다.

셋째, 훨씬 더 장기적으로는 가정용·개인용 휴머노이드 로봇이다. 집안일, 심부름, 간단한 케어 서비스까지 아우르는 방향인데, 이 단계에 들어가면 로봇은 더 이상 산업재가 아니라 소비자 기기의 영역으로 넘어가게 된다.

결국 몇 년 내 휴머노이드 시대가 열릴 때, 그저 로봇을 잘 만드는 회사가 아니라, 로봇을 활용해 실제로 돈을 버는 비즈니스 모델이 진짜 혜택을 가져온다는 생각이다. 그런 관점에서 테슬라는 전기차, 배터리, 자율주행, 공장 자동화를 모두 엮어낼 수 있는 보기 드문 플레이어이고, 이 점이 휴머노이드 사업을 긍정적으로 보는 이유다. 다만 그 미래가 언제, 어느 속도로 현실이 될지는 누구도 장담할 수 없으니, 단기적

인 시계열보다는 긴 호흡으로 장기적 안목으로 접근하는 투자전략이
유리할 것이다.

제4장

자율주행 : 테슬라

자율주행은 미래 교통수단의 혁명을 가져올 산업이다. 이 영역에서도 테슬라는 자율주행 기술과 경쟁력이 가장 뛰어난 선두주자로 평가받고 있으며, 알파벳(구글)의 자회사 웨이모와 엔비디아 등도 핵심 기업으로 꼽힌다. 이들은 이미 기술력을 입증했으며, 장기적인 성장 가능성도 크다.

테슬라의 자율주행 성장 포인트는 크게 세 가지로 정리할 수 있다.

첫째, 방대한 실도로 주행 데이터 : 테슬라는 이미 전 세계 도로 위에 수백만 대 이상의 차량을 깔아놓고 있다. 이 차들이 주행하면서 수집하는 영상·센서 데이터는 자율주행 알고리즘을 고도화하는 핵심 자산이다. 데이터가 쌓이면 쌓일수록, 자율주행 소프트웨어의 성능 개선에는 가속도가 붙는다.

둘째, 차량 판매 + 소프트웨어 구독의 결합 구조 : 테슬라는 FSD(full self-driving)를 차량 옵션·소프트웨어 형태로 판매하고, 구독형 모델도 도입했다. 이는 단순히 전기차를 팔고 끝나는 구조가 아니라, 추가로 차량 1대당 반복 매출(recurring revenue)을 올릴 수 있는 모델이란 얘기다. 장기적으로 자율주행 기능이 고도화될수록, FSD 가격 인상·구독자 확대·차량 내 서비스 확장으로 이어질 여지가 크다.

셋째, 로봇 택시·차량 공유 플랫폼으로의 확장 가능성 : 테슬라가 그리고 있는 장기적인 그림은 자율주행을 기반으로 한 로봇 택시·차량 공유 네트워크다. 이 단계에 도달하면, 개별 차량은 단순한 소비재가 아니라 수익을 창출하는 '이동 자산'으로 성격이 바뀌게 된다. 비즈니스 모델이 '차를 만들어 파는 회사'에서 '모빌리티 플랫폼·소프트웨어 서비스 회사'로 진화할 여지가 있다. 바로 이 점이 핵심 성장 포인트다.

제5장

우주항공 및 핵융합

우주, AI 시대의 새로운 격전지

우주·항공 산업은 민간기업이 참여하면서 급격히 성장하고 있다. 대표적으로 스페이스X, 블루 오리진(Blue Origin) 등이 있으며, 전통적인 항공우주 기업인 보잉(Boeing)과 록히드 마틴(Lockheed Martin)도 우주탐사와 관련된 사업 영역을 확대하고 있다. 한국에서는 한화에어로스페이스, 한화시스템, 쎄트렉아이 등이 우주·항공 산업의 선두주자로 꼽힌다.

오늘날 강대국들이 우주를 향해 천문학적인 자금을 쏟아붓는 이유는 단순한 영토 확장에 있지 않다. 그것은 인류의 다음 진화 단계인 초인공지능(ASI) 시대를 지탱할 무한 에너지의 열쇠를 쥐기 위함이다. 2026년 현재, 전 세계 산업의 심장은 단연 AI다. 하지만 AI가 고도화될수록 인류는 예상치 못한 거대한 벽에 부딪히고 있으니, 바로 '에너지의 한계'다. AI 데이터센터는 '전기 먹는 하마'를 넘어 국가 단위의 전력망을 위협하고 있으며, 샘 올트먼이 언급했듯이 미래 'AI의 비용은 곧 에너지의 비용'이 되고 있다. 지구상의 화석 연료나 기존 신재생 에너지만으로는 기하급수적으로 팽창하는 AI 인프라를 감당하기에 역부족인 시점이 다가오고 있다.

핵융합, 그리고 달의 선물 '헬륨3'

꿈의 에너지라 불리는 핵융합은 방사능 폐기물이 거의 없는 무한 에너지원이다. 특히 달 표면에 수백만 톤씩 매장된 것으로 추정되는 '헬륨-3'은 핵융합의 가장 완벽한 연료다. 헬륨-3을 확보하는 국가가 AI 연산(compute) 능력을 독점하게 되고, 이는 곧 전 세계의 경제, 군사, 기술 표준을 장악하는 '에너지 주권'의 이동을 의미한다.

2025년 12월, 트럼프 일가의 소셜미디어 기업인 트럼프 미디어는 핵융합 전문 기업인 TAE 테크놀로지스(TAE Technologies)와 약 60억 달러(8조 원) 규모의 합병을 발표하며 시장을 놀라게 했다. AI 연산 능력을 유지하기 위한 전력 수요가 기하급수적으로 늘고 있는 상황에서 트럼프 측은 '미국이 AI 혁명에서 승리하기 위해서는 압도적인 에너지 주권이 필수'라고 판단했다는 해석이 나온다.

대한민국의 핵융합 에너지 비전

이재명 대통령은 2025년 11월, 대전 한국핵융합에너지연구원을 방문해 '인공태양' KSTAR를 직접 시찰했다. 이 자리에서 AI 시대의 막대한 전력 수요를 해결할 유일한 대안으로 핵융합을 꼽으며, "연구 장치를 24시간 영구적으로 가동할 수 있는 기술을 확보하라,"고 특별히 지시했다. 정부는 2026년부터 2035년까지 약 1.2조 원을 투입하는 '핵융합 혁신 로드맵'을 발표했다. 대한민국의 핵융합 산업은 정부의 강력한 의지와 함께 과거 '2050년 상용화' 목표를 '2030년대 전력 생산 실증'으로 대폭 앞당기며 새로운 국면을 맞이했다고 판단된다.

· 한화시스템

한화시스템은 방산 전자 기술력을 바탕으로 지상과 우주를 잇는 '초연결 플랫폼'을 구축하며 단순한 부품사를 넘어 소프트웨어 기반의 우주 방산 리더로 진화 중이다. 영국 원웹(OneWeb) 투자를 통해 확보한 저궤도 위성 통신망 역량은 향후 AI 기반의 자율주행 무기 체계와 UAM(도심 항공 모빌리티) 운영에 있어 필수적인 인프라로 작용할 전망이다. 특히 자체 제작 SAR 위성이 전 세계를 실시간 감시하는 '우주의 눈' 역할을 하면서 생성되는 막대한 데이터를 AI로 분석해 부가가치를 창출하는 비즈니스 모델 확장이 기대되는 상황이다. 이는 단순히 하드웨어를 파는 것이 아니라, 전장 상황을 실시간으로 제어하는 '우주 데이터 플랫폼'으로 거듭난다는 의미이며, AI 시대의 군사적·상업적 통신 주권을 선점했다는 점에서 장기적으로 주목할만한 기업이다.

글로벌 시장에서 입증된 K9 자주포와 레드백 장갑차의 압도적인 수출 성과를 바탕으로, 우주 산업이라는 거대 프로젝트를 지탱할 독보적인 현금 창출 능력을 보유하고 있다. 누리호 고도화 사업의 체계종합기업으로서 엔진 제작부터 발사체 조립까지 수직계열화를 완성했으며, 이로써 국가 우주 전략의 실행을 전담하는 '한국의 스페이스X' 같은 독점적 지위를 차지했다. 현재의 방산 수출 호조는 단순한 이익 증가를 넘어 우주·항공 R&D를 위한 막대한 연료가 되고 있으며, 이는 기술적 진입 장벽을 더욱 높여 경쟁사와의 격차를 벌리는 선순환 구조를 만들고 있다. K-방산의 강력한 경쟁력, 그리고 우주·항공산업에서의 독보적 입지를 확보한 주목할 만한 기업이다.

제6장

스마트 글라스 : 에실로 룩소티카

역사적으로 소프트웨어 패러다임이 바뀔 때마다 새로운 기기가 등장하며 세상을 혁신했다. 애플리케이션 시대에는 메인프레임 PC가 개인용 PC로 바뀌면서 GUI(Graphic user interface)마우스가 새로운 인터페이스를 열었다. 인터넷 시대에는 개인용 PC가 스마트폰으로 바뀌면서 실시간 연결성과 터치 인터페이스 혁명을 가져왔다.

그리고 이제 AI 에이전트 시대가 도래했다. 스마트폰을 넘어 AR 글라스가 멀티모덜 입력과 증강현실 UI를 통해 새로운 패러다임을 열 것으로 보인다. 메타, 구글, 아마존, 애플, 삼성전자 등 굴지의 IT 기업들이 모두 스마트 글라스를 개발하며 시장에 참전하는 이유를 생각해보라. 지난 2010년 초 스마트폰 혁명기에 애플의 주가도 크게 상승했으나 그보다는 애플에 부품을 공급하는 밸류 체인 기업들의 상승 탄력 또한 상당했다. 큰 시장이 막 열리는 국면, 아직 본격적으로 개화되지 않은 시점에서는 한 가지 종목에 대한 집중투자보다 분산 투자하는 전략도 좋을 것이다.

● 에실로 룩소티카(Essilor Luxottica)

그런 점에서 주목할 만한 기업은 파리와 밀라노에 본부를 둔 에실로 룩소티카다. 소비자는 스마트 글라스를 전자기기라기보다 안경 혹은 패션 아이템으로 인식하는 경향이 강한데, 그런 점에서 레이밴(Ray-Ban), 오클리(Oakley) 같은 유명 브랜드들을 소유한 데다, 스마트 글라스 시장에서도 선두를 달리는 메타와도 협력하는 이 기업이 눈에 띈다. 메타가 2025년 7월 에실로 룩소티카에 4조8천억 원의 지분투자를 실행했으며, 구글은 우리나라의 젠틀몬스터에 1,450억 원을 투자한 바 있다. 스마트 글라스 시장이 본격화한다면 이런 브랜드로 무장한 안경 업체들의 가치가 높아지지 않겠는가.

PART 6

꾸준한 수익은 평범한 루틴에서 나온다

제1장

돈의 흐름을 쫓는 루틴

투자자에게 성실함과 꾸준함은 기본값이다. 성공한 투자자들은 대부분 주식투자의 성과를 극대화하기 위한 자신만의 루틴을 가지고 있다. 가령 많은 투자자의 입에 오르내리는 세계적인 투자 구루 워런 버핏의 루틴은 무엇일까. 그는 매일 아침 6시 45분에 일어나자마자 가장 먼저 신문을 집어 든다. 월스트리트저널, 뉴욕 타임즈, 파이낸셜 타임즈 등 주요 경제지를 읽으며 밤사이 세상의 변화를 체크한다. 출근길에는 맥도날드에 들러 조식을 산다. 그날 시장 상황에 따라 메뉴를 정한다는 점이 참 재미있다. 시장이 좋으면 본인이 먹고 싶은 걸 사고, 시장이 좋지 않으면 저렴한 음식을 산다. 세계 최고의 부호인 그의 검소한 생활 습관에서도 본받을 점이 많지만, 지극히 평범한 그의 루틴에서도 많은 것을 느낄 수가 있다.

버핏의 아침 루틴인 '일어나자마자 신문 읽기'는 누구나 충분히 따라 할 수 있다. 이처럼 루틴을 유지하더라도 최소한의 에너지·시간을 투입해 최대한의 효과를 얻어내는 것이 좋다. 루틴의 핵심은 '지속성'인데,

너무 많은 에너지를 소모하는 루틴을 만들면 지속하기 어려울 수밖에 없기 때문이다. 예를 들어 매일 뉴스를 검색하는 데 한두 시간이 소요된다면 지나친 에너지 소모와 시간 낭비가 되지 않겠는가. 더구나 요즘은 주식시장에 파급력을 미칠 뉴스들은 굳이 찾지 않아도 텔레그램이나 카카오톡 등으로 빠르게 유통되고 알아서 전파된다.

오히려 더 중요한 것은 그런 뉴스를 접한 후 2차 사고, 3차 사고를 깊게 하는 것이다. 많이 읽는 것도 좋겠지만, 투자의 성과를 위해서는 그런 뉴스의 함의를 깊게 생각하는 것이 더 중요하기 때문이다. 간혹 온종일 뉴스만 검색하며 소위 '뉴스 매매' 방식으로 단기매매를 하는 이들도 있는데, 내 경험으로는 시간과 에너지가 크게 소모되며 효율은 지극히 낮아서 권하지 않는 편이다. 차라리 그 시간에 좋은 글이나 깊이 있는 리포트를 하나 더 읽는 편이 훨씬 생산적이다.

나는 루틴을 정할 때 일간, 주간, 월간, 분기, 반기 등의 기간 단위로 루틴을 정하는 편이다. 주식 전업투자자로서의 나의 루틴을 간단히 소개해볼까 한다.

- **일간 루틴** : 개장 전 뉴스 열람 30분 / 보유종목 관련 특이사항, 뉴스, 공시 체크 30분 / 장 마감 후 공시 체크 30분 / (시간이 남는 경우) 기업·산업 리포트 2개~3개 열람 1시간~2시간
- **주간 루틴** : 기업·산업 리포트 2개~3개 열람 2시간~3시간 / 주요 증시 일정 체크 30분

- **월간 루틴** : 투자 기록 및 복기 1시간
- **분기 루틴** : 실적 스크리닝(2일~3일)
- **반기 혹은 연간 루틴** : 손익결산

루틴이라고 해서 그리 대단한 것은 없다. 하지만 강조하고자 하는 바는 '꾸준함'과 '지속성'이다. 투자라는 행위에서도 무언가를 아주 오랫동안 꾸준히 한다는 자체가 바로 경쟁력이다. 무엇이든 꾸준히 하는 걸 잘 지키지 못하는 사람들이 뜻밖에 많기 때문이다. 남들이 못하는 것을 내가 할 수 있을 때 경쟁력은 두드러지며 탁월한 수익도 거기서 비롯된다.

제2장

읽고 쓰고 생각하는 투자

현대 투자자들에게 부족한 것은 정보가 아니라 '생각'이다. 스마트폰만 열면 쏟아지는 뉴스레터와 유튜브 영상들은 우리에게 공부하고 있다는 착각을 심어준다. 하지만 남이 떠먹여 주는 정보가 큰 수익으로 연결되는 데는 한계가 있다. 진정한 투자의 실력은 '읽고, 쓰고, 생각하는' 끈덕진 활자 점유 시간에서 나온다. 숫자를 보는 것도 중요하지만 활자를 끊임없이 접하는 데서부터 통찰력은 넓어진다고 믿는다. 워런 버핏은 사무실에 도착하고서 6시간 동안 기업의 보고서나 재무제표 등의 서류를 읽는 것으로 유명하다. 이런저런 주식의 시세를 좇는 게 아니라 활자를 끊임없이 접하며 지식과 지혜를 쌓는 것이다. 좋은 생각과 통찰력을 갖추기 위해서는 무엇보다 많이 읽는 것이 중요하다. 물론 활자를 읽는 행위 자체가 지루하고 노력이 필요한 일이긴 하다. 하지만 투자자로서 좋은 수익을 달성하겠다는 욕심이 있다면, 그러한 노력은 너무나도 당연한 노릇이다.

글을 읽은 다음엔 좋은 내용을 따로 추려서 기록으로 남기거나, 내 생각들을 정리해서 글을 써보자. 이렇게 함으로써 생각하는 능력을 넓혀나가는 것이다. 굳이 내 생각을 정리해 글로 쓰는 것이 어렵다면, 다른 글이나 책에서 본 좋은 내용을 그대로 베껴 적는 것도 매우 훌륭한 공부 방법이다. 몇몇 문장을 필사하는 데 짧게는 5분, 길게는 10분 이내의 시간밖에 걸리지 않는다. 이런 간단한 작업을 매일 반복하면 달마다 30개의 좋은 생각들이 차곡차곡 남게 된다. 그런 좋은 생각의 조각들이 모이면 나만의 인사이트와 투자철학으로 새롭게 태어난다.

기록을 남길 때는 '노션(notion)'같은 프로그램(무료)을 활용하거나, 블로그에 공개적으로 글을 올림으로써 강제성을 더하는 것도 훌륭한 방법이다. 특히 블로그를 추천하는 이유는 누군가가 내 글을 봐준다고 생각하면, 좀 더 고민이 깊어지게 되고 신중하게 글을 쓰는 환경이 조성되기 때문이다. 그뿐인가, 블로그는 내 정체성을 나타내는 공간이기 때문에, 누군가로부터 열심히 투자 공부를 하는 사람이란 인식을 받게 되면 다른 훌륭한 투자자들과 소통하는 길도 쉽게 열린다. 그로 인해 더 많은 것을 배우는 계기까지 생기니, 이는 블로그 운영의 장점이라 할 수 있다.

제3장

복기는 최고의 스승

주식투자에 있어서 수익은 시장이 주는 선물이다. 반대로 손실은 내가 그릇 판단하거나 실수를 저질러 받게 되는 벌이다. 인간은 기계가 아닌지라 투자에는 항상 감정이 개입된다. 따라서 나도 모르게 뜻하지 않은 실수가 발생하는 경우가 많이 발생한다. 이러한 실수들은 고스란히 손실로 이어지기 일쑤다. 복기는 이런 실수를 줄여나가기 위함이다. 수익을 잘 내기 위해서는 무엇보다 손실을 잘 방어해야 하기 때문이다.

복기가 왜 그렇게 중요할까. 크게 세 가지 이유를 들 수 있다.

첫째, 자기객관화와 편향 제거 : 인간의 뇌는 본능적으로 자신의 실수를 잊으려 하는 경향, 즉, '확증편향'이 있다. 복기는 기록을 통해 당시의 판단 착오를 직시하고, 같은 실수를 반복하지 않도록 뇌에 각인시키는 과정이다.

둘째, 운과 실력의 분리 : 결과가 좋았더라도 (뇌동매매로 우연히 급등주를 잡는 경우처럼) 과정이 틀렸다면, 그것은 다음번에는 독이 되기 쉽다. 반대로 투자의 결과가 나빴어도 원칙을 지켰다면 그것은 훌륭한 투자가 된다. 복기는 이러한 차이를 명확히 구분해준다.

셋째, 심리적 회복 탄력성 : 손실의 원인을 정확히 파악하면 막연한 공포가 사라진다. '내가 왜 잃었는지' 알게 될 때, 투자자는 비로소 다음 기회를 잡을 준비를 마칠 수 있다.

트레이딩에서의 투자 복기 : 타점과 심리 기록

단기매매나 기술적 분석을 중시하는 트레이딩에서 핵심은 '속도'와 '대응'이다. 따라서 복기도 차트와 당시의 찰나적인 판단에 집중해야 한다.

첫째, 매수·매도 근거의 시각화 : 매수 버튼을 누른 순간의 차트를 캡처하고, 왜 그 지점이었는지 기록하자. (차트의 주요 지지선 안착, 거래량 급증, 특정 뉴스 반응 등)

둘째, 손절선 준수 여부 체크 : 계획했던 손절 라인에서 기계적으로 대응했는지 확인한다. 만약 망설였다면, 어떤 감정 때문에 그랬는지 적어야 한다.

셋째, 시장 주도주와의 비교 : 내가 매매한 종목이 당일 시장의 주도 섹터였는지, 아니면 소외주에서 무리하게 종목을 선정한 것은 아닌지 분석한다.

넷째, 로그(Log) 작성 : 매매 일지에 진입가, 목표가, 손절가, 실제 청산가, 그리고 '매매 만족도(1점~5점)'를 기록하여 자신의 매매 패턴 중 승률이 높은 '필승 패턴'을 찾아낸다.

인베스팅 형식일 때의 복기

인베스팅 스타일로 투자하고 있을 땐 '가설과 검증'의 기록 형태로 복기한다. 가치 투자나 장기 투자를 지향하는 인베스팅에서는 차트보다 기업의 펀더멘털과 '아이디어의 유효성'을 복기하는 것이 중요하다.

첫째, 투자 아이디어(thesis) 복기 : 매수 당시 내가 기대했던 시나리오가 무엇인지 다시 읽어본다. (가령 "HBM 수요 증가로 인한 실적 퀀텀 점프 기대")

둘째, 실적 발표와의 대조 : 분기 실적 발표 후, 나의 예상치와 실제 수치의 괴리를 분석한다. 내가 틀렸다면 '업황 분석'이 틀린 것인지, '기업의 경쟁력'을 과대평가한 것은 아닌지 파악한다.

셋째, 매크로 환경의 영향력 평가 : 금리, 환율, 지정학적 리스크 등 외부 요인이 내 종목에 미친 영향을 복기하며, 다음 투자 시 고려해야 할 리스크의 리스트를 업데이트한다.

　마지막으로 기다림의 가치 측정 : 매도 후 해당 종목의 흐름을 일정 기간 추적한다. 너무 빨리 팔았다면 '인내심'의 문제이고, 너무 늦게 팔았다면 '매도 원칙'의 부재를 반성하도록 한다.

　한국 바둑의 전설 조훈현 국수는 그의 저서 《고수의 생각법》에서 복기에 대해 이렇게 말했다. "승리한 대국의 복기는 '이기는 습관'을 만들고, 패배한 대국의 복기는 '이기는 준비'를 만든다." 그는 또 이렇게 강조했다. "복기하지 않는 사람은 발전이 없으며, 같은 실수를 반복하는 사람은 고수의 반열에 오를 수 없다." 투자의 세계도 이와 같다고 생각한다. 오늘 작성한 한 줄의 매매 일지는 단순한 기록이 아니라, 내일의 시장에서 나를 지켜줄 가장 강력한 무기다. 복기는 고통스럽다. 자신의 실수를 대면하는 일은 자존심에 상처를 내기 때문이다. 하지만 그 통증을 견디며 돌을 다시 놓아보는 사람만이, 결국 시장이라는 거대한 바둑판에서 마지막에 웃는 승자가 될 수 있다.

PART 7

ETF :
비교적 마음 편한
투자상품

제1장

패시브 ETF vs 액티브 ETF

직장인이라면 대체로 현업과 일상에 바빠서 투자 공부에 할애할 시간이 부족하다. 상황이 이렇다면 개별 기업의 주식에 투자하는 것보다 ETF에 투자하는 전략이 유리하다.

ETF(Exchange Traded Fund - 상장지수펀드)

쉽게 말해서 ETF는 펀드의 장점인 분산투자와 주식의 장점인 실시간 거래 가능성을 결합한 상품이다. 한마디로 '주식처럼 거래할 수 있는 펀드'다. 일반적인 주식이 사과나 배 같은 과일 하나하나라면, ETF는 여러 가지 과일을 골고루 담아놓은 '과일바구니'로 비유할 수 있다.

ETF는 특정 지수(index)의 성과를 추적하도록 설계된 펀드로, 증권거래소에 상장되어 주식처럼 실시간으로 사고팔 수 있는 금융상품이다. 주로 코스피200, S&P500 같은 시장 지수뿐만 아니라 반도체, 2차전지,

금, 채권 등 특정 테마나 자산들로 구성된다.

패시브 ETF vs 액티브 ETF

ETF는 크게 '패시브(passive) ETF'와 '액티브(active) ETF'로 나뉜다. 이 두 종류는 각각의 운용철학과 수익 목표에서 크게 다르다. 둘의 차이를 한마디로 쉽게 설명하자면, 패시브 ETF는 겸손한 투자 방법이라 할 수 있겠고, 액티브 ETF는 도전적인 투자 방법이라 할 수 있겠다. 예전엔 패시브 형태의 ETF가 주를 이루었지만, 최근 액티브 ETF 시장도 급격히 성장하며 투자자들에게 다양한 선택지를 제공하고 있다. 좀 더 자세히 알아보자.

ⓐ 패시브 ETF

KODEX 코스피 ETF나 S&P500 ETF 등 기초지수의 성과를 추종하는 ETF를 의미하며 시장 지수의 흐름과 동행하는 ETF다. 즉 전체 시장이나 섹터에 투자하는 효과가 있으며, 시장이 오르는 만큼의 수익 확보가 목표다. 예를 들자면 코스피 지수가 10% 오를 때 내가 가진 코스피 ETF도 10% 오르는 식으로 순수하게 시장 수익(beta 수익)을 얻는 것이다. 따라서 시장 지수를 초과하는 수익을 낼 수는 없지만, 장기간 투자한다면 잃지 않는 투자가 가능하다. 특히 미국증시 ETF에 투자하는 전략으로 재테크를 하는 방법이 매우 인기가 높다. 투자를 깊이 공부하지 않더라도 초일류 기업들이 모여있으며, 초강대국이자, 세계 최고의 선진 금융시스템을 보유하고 있는 미국증시 전체에 투자하는 것이 그만큼 안정적이고 확실한 투자처라는 인식이 팽배해서다.

패시브는 라틴어 passivus(감내하는)에서 유래하여 '반항하지 않고 그대로 받아들인다는' 의미를 내포한다. 즉 패시브 ETF는 한번 정해진 ETF 내의 구성 종목이 특별한 경우를 제외하고 달라지는 일이 없다. 또 패시브 ETF 투자는 ETF 매니저의 주관이나 감정을 철저히 배제하고 지수만 따라간다. 말하자면 시장을 이기려 하기보다 '시장 그 자체가 되겠다는' 투자전략이다. 덕분에 운용 비용이 매우 저렴하며, 장기 투자 시 복리 효과를 극대화하는 강력한 무기가 된다. KODEX 200 ETF / KODEX 코스피 ETF / KODEX 코스닥 ETF / S&P500 ETF / 필라델피아 반도체 ETF 등이 패시브 ETF에 해당한다.

ⓑ 액티브 ETF

매니저의 판단과 종목 선정(stock picking)이나 시장 타이밍을 통해 수시로 구성 종목이나 비중을 변경해나가는 ETF다. 액티브는 라틴어 agree(행하다, 움직이다)에서 유래하여 '에너지를 가지고 주도적으로 일을 추진한다는' 뜻을 내포한다. 액티브 ETF의 특징은 해당 펀드를 운용하는 펀드 매니저가 능동적으로 포트폴리오를 분석하고 시황에 따라 사고파는 시점을 결정하며 비중을 조절(리밸런싱)한다. 만약 구성 종목에 삼성전자를 품고 있는 '반도체 액티브 ETF'라는 ETF가 있다면, 해당 상품을 운용하는 매니저가 삼성전자의 주가가 좋을 것으로 판단할 때, 삼성전자의 비중을 크게 확대하는 식이다. 이처럼 액티브 ETF의

궁극적 목표는 '시장을 능가하는 수익(alpha 수익)'을 내는 것이다. 이는 시장 평균 수익률에 만족하지 않는 투자자들의 좋은 선택지다. 단, ETF 매니저의 역량에 따라 시장을 압도하는 수익을 볼 수도 있지만, 그 반대의 리스크도 있는 점은 항상 유념하라. TIMEFOLIO 코리아플러스액티브 / KoAct 글로벌AI반도체액티브 / ACE글로벌반도체 TOP4 Plus 액티브 / TIMEFOLIO 등이 액티브 ETF에 해당한다.

패시브 vs 액티브 ETF

구분	패시브(Passive) ETF	액티브(ACtive) ETF	비교 핵심
운용 목표	기초지수 성과 추종	기초지수 대비 초과 수익 추구	시총 추종 vs 시장초과
운용방식	지수 구성 종목을 그대로 복제	매니저의재량에 따른 종목 선정 및 매매	수동적 복제 vs 능동적 운용
포트폴리오 조정	지수 정기 변경 (보통 분기/반기)	시장 상황에 따라 수시로 조정	정기적 vs 수시적
운용 보수	상대적으로 매우 저렴 (연 0.01%~0.20% 수준)	패시브보다 높음 (연 0.3%~0.8% 수준, 뮤추얼보다 낮음)	저비용 vs 상대적 고비용
투명성	구성 종목(PDF) 매일 공개	매일공개(일부 지역 지연/ 국내 실시간)	높은 투명성(공통)
장점	낮은 비용, 예측 가능한 수익률, 투명성	하락장 방어 가능성, 시장 대비 높은 수익 기회	안정성/효율성 vs 초과 수익 잠재력
대표 상품 (글로벌)	VOO, QQQ VTI, SPY, IVV	JPST, JEPI, DYNE, CGDV, JAAA, ARKK	시장 대표 지수 vs 테마/전략형
대표상품 (국내)	KODEX 200, TIGER 200, KODEX 미국 S&P 500 TIGER 미국나스닥 100	KODEX CD금리액티브, TIMEFOLIO 모리아플러스 액티브, KoAct 글로벌 AI 반도체액티브	국내외 지수 추종 vs 국내외 테마/전략액티브

ETF의 작동원리

ⓐ 지수 추종(index tracking)

ETF 매니저는 S&P500 같은 기초지수에 포함된 종목들을 지수 비중과 유사하게 ETF에 담는다. 지수가 1% 오르면 ETF 가격도 약 1% 오르도록 설계된다. 하지만 현실적으로는 운용 보수, 매매수수료, 배당금 처리 방식 등에 의해 지수와 ETF 수익률 사이에 미세한 차이가 발생하는데, 이를 '추적오차(tracking error)'라고 부른다. 또 지수를 구성하는 종목이 바뀌거나 비중이 변경될 때, 매니저는 이에 맞춰 바구니 속 종목을 교체하는 '리밸런싱(rebalancing)' 작업을 수행하여 지수와의 동행을 유지한다.

ⓑ NAV와 시장 가격

순자산가치를 뜻하는 NAV(net asset value)는 ETF 바구니에 담긴 주식들의 실제 가치를 의미한다. 투자자들이 사고파는 시장 가격, 즉, 우리가 말하는 '주가'와 대비된다. 이 둘은 늘 같은 게 아니라 때로는 차이가 벌어지게 되는데 이를 '괴리율'이라고 한다. 괴리율이 낮을수록 지수를 잘 따라가는 좋은 ETF라고 할 수 있다. 투자 심리가 너무 뜨거워질 때 이 괴리율이 올라가는데, 거래 전 항상 이 괴리율을 확인한 후 접근하는 것이 바람직하다.

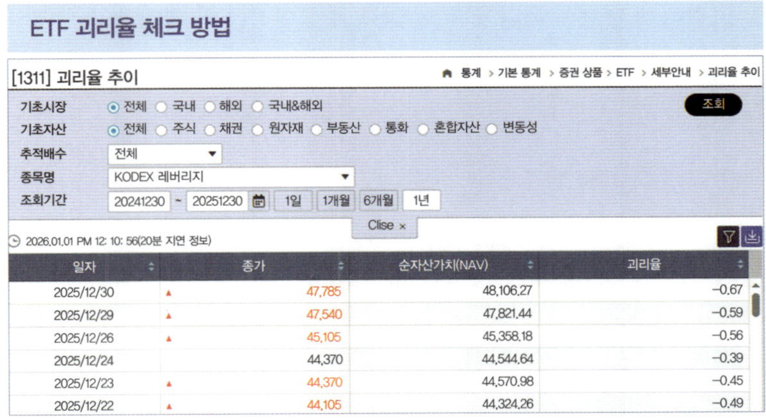

출처 : KRX정보데이터시스템(data.krx.co.kr)

ETF 거래는 개별 주식 매매와 똑같다. 스마트폰 비대면 계좌개설 앱이나 증권사 방문을 통해 증권 계좌를 만들기만 하면 누구든지 쉽게 매매할 수 있다. ETF 종목 검색도 일반 주식 종목의 검색과 다를 바 없어서 KODEX 200 혹은 TIGER 미국 S&P500 등 사고 싶은 ETF의 이름이나 종목 코드(티커)를 검색하면 된다. 매수주문도 원하는 가격과 수량을 입력하고 매수 버튼을 누르기만 하면 실시간 체결이 된다. ETF 보유기간에도 배당금 성격의 분배금을 받을 수 있으며 원하는 시점에 실시간으로 매도하여 현금화할 수 있다.

ETF 투자와 세금

ⓐ TIGER 미국 S&P500처럼 국내 상장된 해외 ETF는 매매차익에 대해 15.4%의 세금이 붙는다. 그리고 그 차익은 '배당소득'으로 취급돼 연간 이자/배당소득이 2,000만 원을 넘으면 금융소득 종

합과세 대상이 된다. 그러나 국내 주식형 ETF의 매매차익(실현 수익금)에 대해서는 세금을 내지 않는다.

ⓑ 국내 주식형 ETF

한국 기업 주식으로만 구성된 ETF. 국내 개별 주식을 거래할 때 매매차익이 비과세인 것과 똑같은 원리가 적용된다. (※ 2024년 말 금융투자소득세 폐지 확정으로 인해 2026년 현재도 비과세 기조가 유지되고 있다.)

ⓒ 기타 ETF

이름은 국내 상장이지만, 구성종목이 해외주식이거나 채권, 금 같은 자산인 경우다. 이때 번 돈은 배당소득으로 간주해 15.4%의 세금이 공제된다. 포트폴리오에 해외주식이 조금이라도 섞이면 '해외주식형'으로 분류되므로, 꼼꼼히 알아보고 투자해야 한다(가령 ETF에 삼성전자와 엔비디아가 포함돼있으면 해외주식형으로 분류되어 매매차익에 대해 15.4%의 세금이 부과된다).

ETF 과세 체계 및 대표 상품

구분	국내 주식형 ETF	기타 ETF (해외지수, 채권, 원자재 등)
핵심 정의	국내 상장 주식에만 투자하는 상품	해외 주식, 국내외 채권, 원자재 등에 투자
대표 상품 (예시)	1. KODEX 200 / TIGER 200(코스피 지수) 2. KODEX 코스닥 150(코스닥 지수) 3. TIGER 반도체 TOP10(반도체 테마) 4. SOL 조선 TOP3 플러스(업종 대표) 5. KODEX 삼성그룹주(그룹사 투자)	1. TIGER 미국 S&P500(해외 대표 지수) 2. TIGER 미국 나스닥 100(해외 성장주) 3. TIGER 미국배당 다우존스(배당/인컴) 4. KODEX 미국채 10년 선물(해외 채권) 5. KODEX 골드 선물(H)(원자재/금)
매매차익	비과세(국내 주식과 동일)	15.4% 배당 소득세
분배금	15.4% 배당 소득세	15.4% 배당 소득세
특이사항	–	금융소득종합과세 합산 대상

레버리지 ETF와 음의 복리 효과

일반적인 ETF가 지수의 수익률을 그대로(1배) 추종하는 것과 달리, 레버리지(leverage) ETF는 기초지수 하루 수익률의 2배, 3배 등 정해진 배수만큼 추종하도록 설계된 상품이다. 레버리지 ETF는 투자 세계에서 '양날의 검'으로 불리는 강력하면서도 위험한 도구다. 레버리지 ETF의 핵심은 일별(daily) 수익률의 배수를 추종한다는 점이다. 예컨대 코스피200 지수를 추종하는 2배 레버리지 ETF가 있다고 하자. 오늘 코스피200 지수가 1% 오르면 이 ETF는 2% 오르는 것이다. 반대로 지수가 1% 내리면 이 ETF는 2% 떨어진다. 그리고 이 '2배' 적용은 딱 하루 동안만 유효하다. 하루가 지나면 기준가가 리셋되고 다시 그날 지수 등락폭의 2배를 추종한다. 이런 특징 때문에 장기 성과는 지수 누적 수익률의 2배와 같지 않게 된다. 즉, 오늘 1% 하락했다가 내일 1% 상승하는 식의 횡보가 길게 이어진다면, 소위 '음의 복리 효과'로 레버리지 ETF는 결국 손실이 발생하게 된다. 따라서 레버리지 ETF는 장기간 보유하기에는 리스크가 크다. 가격이 급락한 구간마다 분할 매수함으로써 매수단가를 최대한 유리하게 가져가는 식으로 접근하거나, 특정 이벤트에 대한 기대감이 있을 때 단기간 접근하는 전략이 유리하다. 혹은 상승 추세가 확실하다고 판단되는 경우에만 접근하는 게 좋다.

변동성이 큰 등락이 되풀이될수록 장기적으로 자산의 가치가 감소하는 현상을 '변동성 끌림(volatility drag)'이라 한다. 더구나 레버리지 ETF는 지수의 몇 배씩 오르내림을 추종하므로 '음의(마이너스) 복리 효과'로

인해 손실이 누적되며, 지수가 결국 원점으로 돌아와도 레버리지 ETF
는 손실이 난다. 이런 음의 복리 효과는 레버리지 ETF 이해에 가장 중
요하고 오해가 많은 부분이므로 투자에 앞서 꼭 숙지해야 한다.

실례를 들어 보통 ETF 상품이 100이라는 가격에서 10% 올랐다가
다음날 10% 떨어지는 경우와, 2배 레버리지 ETF가 100이라는 가격에
서 10% 올랐다가 다음날 10% 내리는 경우를 비교해보자. 같은 등락인
데도 레버리지 ETF가 더 손실률이 높은 이유를 알겠는가.

<table>
<tr><td align="center">일반 ETF</td><td align="center">2배 ETF</td></tr>
<tr><td align="center">1일 100→ 110 (10% 상승)</td><td align="center">1일 100→ 120 (20% 상승)</td></tr>
<tr><td align="center">2일 110 → 99 (10% 하락)</td><td align="center">2일 120 → 96 (20% 하락)</td></tr>
<tr><td align="center">▶ 이틀간 1% 손실</td><td align="center">▶ 이틀간 4% 손실</td></tr>
</table>

레버리지 ETF에 투자하면 지수가 상승할 때는 복리 효과로 신나게
오르지만, 하락할 때는 높아진 금액에서 몇 배의 비율로 깎여나가기
때문에 원금 회복이 더 어렵다. 횡보장에서 매일 재조정 과정을 거치면
서 ETF의 가치가 조금씩 갉아 먹히는 구조임을 인지해야 한다.

아래의 표는 지수의 1% 상승과 1% 하락이 365일 동안 계속 반복된
다는 가정 아래, 일반 ETF와 레버리지(2배수) ETF 가치가 어떻게 변하
는지를 보여준다. 마이너스 복리 효과로 인해 레버리지 ETF가 일반
ETF보다 훨씬 가파른 가치 하락을 겪는다는 것을 알 수 있다.

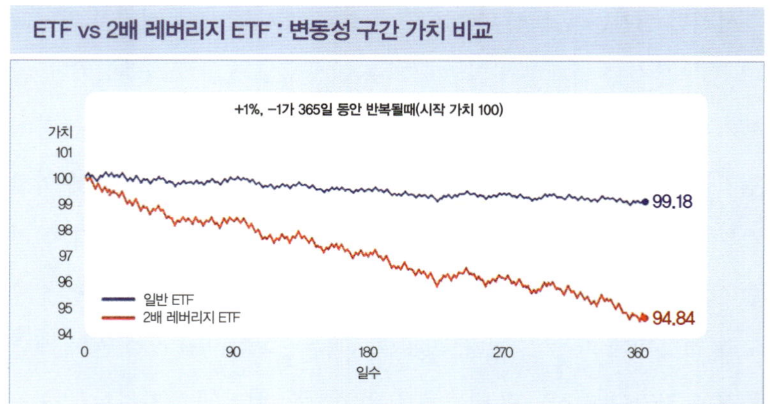

눈여겨볼 만한 액티브 ETF

반도체 액티브 ETF

반도체 산업은 우리나라를 대표하는 국가 전략 산업이다. 특히 메모리 반도체는 세계 시장에서 한국이 압도적인 경쟁력을 누리고 있다. 글로벌 메모리 시장을 석권하는 '빅 3' 가운데 1위 삼성전자와 2위 SK 하이닉스가 바로 우리 기업이다.

반도체 산업은 전통적인 시클리컬(cyclical), 즉 주기적 산업이어서 대표적인 경기민감주로 분류되는데, 가전, PC, 스마트폰, 자동차 등 우리가 소비하는 거의 모든 전자제품에 반도체가 반드시 탑재되기 때문이다. 최근에는 휴머노이드 로봇, 스마트 글라스 등 새로운 IT 기기뿐만 아니라 AI 서버 및 온디바이스(on-device) AI의 폭발적인 성장으로 인해 반도체 수요의 패러다임이 변하고 있다.

세계적 경기는 무한히 나쁘지도, 무한히 좋지도 않다. 경기가 과열되면 물가 상승을 억제하기 위해 금리를 인상하고 소비가 위축되지만, 침체기에 접어들면 소비 회복을 위해 금리를 낮추고 유동성을 공급하며 경기를 부양한다. 이러한 거시경제의 흐름에 따라 메모리 반도체 역시 보통 3년~4년을 주기로 호황(up-cycle)과 불황(down-cycle)을 반복한다. 이처럼 사이클을 타는 산업에서 가장 효과적인 투자전략은 '공포(불황)에 사고 환희(호황)에 파는' 것이다. (저PER 시점 매수 → 고 PER 시점' 매도) 만약 개별 종목 투자가 막막하다면 반도체 산업 전체의 성장에 투자하는 ETF가 훌륭한 대안이다. 더 나아가 시장 지수 이상의 초과(alpha) 수익을 기대한다면, 아래와 같은 액티브 ETF를 눈여겨보길 권한다.

❶ WON 반도체 밸류체인 액티브(474590)

- **운용사** : 신한자산운용
- **기초지수** : FnGuide 반도체 밸류체인 지수
- **특징** : 단순히 반도체 기업을 모으는 것이 아니라, 메모리에 강점을 가진 한국 시장에서 HBM 및 첨단 패키징 등 차세대 기술 주도 기업들에 집중 투자, 기술 밸류체인의 급속한 변화에 능동적으로 대응
- **운용철학** : 반도체는 미세화 한계로 인해 패키징과 HBM 같은 구조적 변화가 중요해졌다. 따라서 지수를 단순히 추종하지 않고, '기술 중심' 액티브 ETF로서 이러한 병목 현상을 해결할 핵심 장비/소재주를 선별하여 알파 수익을 추구한다.

❷ RISE 비메모리반도체액티브(388420)

- **운용사** : KB자산운용(기존 KBSTAR에서 RISE로 브랜드 변경)
- **기초지수** : FnGuide 비메모리반도체 지수
- **특징** : KB자산운용의 대표 액티브 상품. 한국 반도체 산업의 약점 인 시스템(비메모리) 반도체 분야의 성장에 베팅. 변동성이 큰 메모 리 사이클을 넘어, 자율주행, AI, IoT 등으로 인해 수요가 폭증하 는 시스템 반도체 설계(팹리스) 및 후공정(OSAT) 기업들에 특화되어 있다.
- **운용철학** : '구조적 성장 포착'으로 요약된다. 메모리가 경기에 민 감하다면, 비메모리는 성장에 민감하다. 한국 기업들이 글로벌 팹 리스 및 파운드리 생태계에서 점유율을 높여가는 과정에서 실질적 인 이익 성장이 나타나는 종목을 액티브하게 편입한다.

바이오 액티브 ETF

바이오산업은 반도체와 더불어 우리나라의 차세대 먹거리를 책임질 핵심 성장 산업이다. 특히 한국 바이오 기업들은 세계적인 고령화 추 세와 맞물려 바이오시밀러(복제약) 및 CDMO(위탁개발생산) 분야에서 글 로벌 수준의 제조 경쟁력을 증명했다. 반도체가 산업의 쌀이라면, 바 이오는 인류의 생존과 직결된 '영원한 성장 산업'이라 할 수 있다.

바이오산업은 전형적인 하이테크 성장주의 성격을 띤다. 신약 개발 을 위한 임상 시험 단계에 따라 주가가 폭발적으로 상승하기도 하지만, 실패 시에는 급락을 면치 못하는 높은 변동성을 가진다. 따라서 바이

오 투자는 단순히 PER, PBR 같은 실적 지표만으로 판단하기보다 파이프라인(신약 후보 물질)의 가치와 임상 성공 가능성을 분석하는 것이 핵심이다.

바이오 섹터 또한 일정한 사이클을 가진다. 금리가 인하되어 유동성이 풍부해지는 시기에는 꿈과 미래 가치를 먹고 사는 바이오주들이 강세를 보이며, 대규모 임상 결과가 발표되는 학회 시즌(ASCO, JP모건 헬스케어 컨퍼런스 등)을 전후해 업황이 뜨거워진다. 개별 종목의 임상 성패를 일반인이 예측하기는 매우 어려우므로, 바이오 ETF는 리스크를 분산하면서 산업의 성장을 누릴 수 있는 똑똑한 방법이다. 특히 전문적인 지식을 가진 펀드 매니저가 유망 파이프라인을 골라 담는 액티브 ETF는 바이오 투자에서 든든한 투자가 된다.

❶ KoAct 한국바이오액티브(466450)
- **운용사** : 삼성자산운용
- **기초지수** : iSelect 한국바이오 핵심 지수
- **특징** : 운용사의 액티브 ETF 브랜드인 'KoAct'의 첫 번째 상품. 단순 시가총액 비중이 아니라, 글로벌 경쟁력을 지닌 바이오시밀러 및 CDMO 대형주 중심으로 하되, 차세대 신약 개발 역량을 가진 중소형주를 액티브하게 편입, 지수 대비 초과 수익을 목표로 한다.
- **운용철학 '바이오 주권과 글로벌 경쟁력'** : 한국 바이오가 단순히 꿈만 꾸는 단계를 넘어, 실제 매출과 이익이 발생하는 단계에 진입했다는 점에 주목. 매니저는 기초지수 내에서 기술 수출 가능성이

크거나 글로벌 승인이 임박한 기업을 능동적으로 선별하여 안정성
과 수익성을 동시에 추구한다.

❷ TIMEFOLIO K-바이오액티브(464850)

• **운용사** : 타임폴리오자산운용

• **기초지수** : KRX 바이오 K-뉴딜지수

• **특징** : 시장의 트렌드와 임상 모멘텀을 가장 기민하게 포착해, 지
수 추종보다 종목 선정(stock picking)의 힘을 극대화함으로써 공격적
인 초과 수익을 추구한다. 고정된 비중에 얽매이지 않고, 비만치료
제, 항암제 등 시장에서 가장 뜨거운 바이오 테마로 포트폴리오를
빠르게 리밸런싱한다.

• **운용철학 '모멘텀과 임상 가치 포착'** : 바이오 투자는 시간과의 싸
움이므로 각 기업의 임상 일정과 데이터 발표 시점을 분석, 주가 상
승의 트리거(trigger)가 있는 종목에 집중 투자한다. 시장 상황에 따
라 현금 비중을 조절하거나 주도주를 과감하게 교체하는 '유연한
(flexible)' 운용이 핵심이다.

❸ TIGER 기술이전바이오액티브(01687K)

• **운용사** : 미래에셋자산운용

• **비교지수** : KRX 기술이전 바이오 지수

• **특징** : 글로벌 빅파마의 블록버스터 의약품 특허 만료(2028년 키트
루다 등)에 따른 외부 기술 도입 수요 확대에 주목하여, 기술이전
(License-out) 잠재력이 높은 코스닥 바이오텍 기업을 선별 투자한다.

리가켐바이오, 올릭스, 에이비엘바이오 등 바이오텍 비중이 약 87%에 달하며, 삼천당제약·한미약품·셀트리온 등 전통 제약사도 편입해 안정성과 성장성의 균형을 추구한다.

- **운용철학 '기술이전 모멘텀 선점'** : 글로벌 학회 일정, 기술이전 딜 현황, 빅파마 실적 등을 기반으로 주도 테마(ADC, 비만치료제, RNA 편집 등)를 결정하고, 임상 데이터 경쟁력과 밸류에이션을 종합 분석해 성장 잠재력이 높은 종목으로 비중을 신속히 이동시키는 '알파 전략'을 구사한다. 임상 실패 등 악재가 예상되면 과감히 비중을 줄이고, 과도한 주가 하락 종목은 적극 매수하는 유연한(flexible) 리스크 관리가 핵심이다.

2차전지 액티브 ETF

2차전지 산업은 에너지의 패러다임을 바꾸는 국가 핵심 전략 산업이다. 반도체가 정보를 처리하는 '뇌'였다면, 2차전지는 모빌리티와 로봇을 움직이는 '심장'과 같다. 특히 한국은 LG에너지솔루션, 삼성 SDI, SK온이라는 글로벌 톱티어 셀 메이커와 세계 최고의 소재 기술력을 보유하고 있어, 세계 전기차 공급망에서 빼놓을 수 없는 핵심 거점이다.

이 산업도 리튬, 니켈 등 원자재 가격에 따라 이익 변동성이 크며(사클리컬), 전기차 보급이라는 장기 추세(성장)에 따라 우상향하는 흐름을 보여, 반도체처럼 주기성과 성장성을 동시에 갖는다. 인다. 2025년~2026년은 일시적 수요 정체 구간인 캐즘을 지나 전고체, 4680 원통형 등 차세대 배터리 기술이 상용화되는 중요한 변곡점이다.

이 섹터는 변동성이 매우 커 단순히 지수를 추종하는 패시브 투자보다 업황의 바닥을 포착하고 기술력 있는 소재·부품·장비 기업을 선별해 비중을 조절하는 액티브 ETF의 전략이 매우 유효하다.

❶ RISE 2차전지액티브(422420)

- **운용사** : KB자산운용
- **기초지수** : iSelect 2차전지 지수
- **특징** : 양극재, 음극재, 셀, 장비 등 2차전지 밸류체인 중 성장성이 가장 높은 기업들을 선별해 투자한다. 국내 2차전지 테마 ETF 중 거의 유일하게 액티브 전략을 채택, 시장 상황에 따라 종목·비중을 유연하게 조절하며 초과 수익을 노린다.
- **운용철학 '전문가 분석 기반의 유연한 대응'** : 2차전지는 기술 변화와 원자재 가격 변동이 매우 심한 섹터다. 단순히 지수 비중을 복제하는 대신, 업황의 사이클을 분석하여 저평가된 유망주를 과감히 편입하거나 거품이 낀 종목의 비중을 축소하는 능동적 리밸런싱을 통해 시장을 이기는 알파 수익을 추구한다.

K-컬처 액티브 ETF

K-컬처 산업은 대한민국 소프트파워의 정수다. 과거 K-팝과 드라마에 국한되었던 열풍은 이제 K-푸드(냉동김밥, 불닭볶음면 등), K-뷰티(인디 브랜드), K-웹툰으로 전방위 확산하고 있다. 특히 전 세계 MZ세대를 중심

으로 형성된 '롱테일 소비 트렌드'는 한국의 문화 콘텐트가 글로벌 주류 시장에 안착하는 강력한 동력이 되고 있다.

이 섹터는 엔터테인먼트 흥행 여부에 따른 변동성이 크지만, 최근에는 넷플릭스, 유튜브 등 글로벌 플랫폼을 통한 유통 구조 혁신으로 이익의 예측 가능성이 커지고 있다. 다만, 종목별 성과 차이가 극명해지는 '옥석 가리기' 국면에 진입했기 때문에, 시장 변화를 빠르게 포착하고 주도주를 선별하는 액티브 ETF의 역할이 어느 섹터보다 중요하다.

❶ TIMEFOLIO K컬처액티브(410870)
- **운용사** : 타임폴리오자산운용
- **기초지수** : FnGuide K-컬처 지수
- **특징** : 지수 추종에 얽매이지 않고 실질적인 이익 성장과 글로벌 트렌드를 주도하는 기업을 발굴해 집중 투자한다. 운용사의 강점인 종목선정 능력을 극대화하여, K-컬처 전방위 산업을 아우르는 초과 수익을 추구한다.
- **운용철학 '글로벌 트렌드 주도주 포착'** : 헤지펀드 운용 경험을 바탕으로 시장의 흐름보다 한발 앞서 유망 종목을 발굴한다. 엔터테인먼트를 넘어선 K-컬처의 확산으로 실제 수혜 기업들을 유연하게 편입, 모멘텀이 강한 종목에 집중하는 전략을 취한다.

❷ KoAct 글로벌K컬처밸류체인액티브(0132D0)
- **운용사** : 삼성액티브자산운용

- **기초지수** : KEDI 글로벌K컬처밸류체인 지수

- **특징** : 한국의 콘텐트 제작사와 이를 세계로 전파하는 글로벌 플랫폼 기업을 하나의 밸류체인으로 통합해 투자하는 국내 최초의 상품. 한국 기업과 글로벌 플랫폼 기업을 약 5:5로 구성하여, K-컬처 확산의 결실을 보는 글로벌 생태계 전체에 투자한다.

- **운용철학 '밸류체인 통합 및 옥석 가리기'** : 단순히 K가 붙은 종목을 다 담는 것이 아니라, 세계 시장에서 독과점적 지위를 가진 플랫폼과 확실한 브랜드 파워를 갖춘 대표 기업에 집중. 한국과 미국 시장의 매력도를 비교하여 국가별·섹터별 비중을 액티브하게 조절함으로써 안정성과 초과 수익을 동시에 노린다.

제2장
ETF 투자의 장단점

ETF의 장점

❶ 즉각적인 분산투자(리스크 관리)

단 한 주만 사더라도 수십, 수백 개의 기업에 분산투자하는 효과를 누릴 수 있다. 특정 개별 기업의 횡령, 배임, 부도 등의 예기치 못한 '개별 종목 리스크'로부터 내 자산을 안전하게 보호할 수 있다.

❷ 저렴한 운용 보수(비용 절감)

일반 펀드는 펀드 매니저에게 지급하는 보수가 연 1%~2%인 경우가 많지만, 지수를 추종하는 ETF는 연 0.01%~0.5% 수준으로 매우 저렴하다. 이 비용의 차이는 장기 투자 시 복리 효과와 만나 거대한 수익률 차이를 만든다.

❸ 투명한 운용(신뢰성)

내가 투자한 돈이 어디에 쓰이는지 알기 어려운 일반 펀드와 달리, ETF는 'PDF(portfolio deposit file)'라는 내역을 통해 매일 어떤 종목을 어느

만큼 담고 있는지 실시간으로 공개하므로 투명한 확인이 가능하다.

❹ 소액으로 우량주 투자 가능

예를 들어 주당 가격이 매우 비싼 해외 우량주나 국내 대형주들은 직접 사고 싶어도 자금이 부족할 수 있다. 하지만 이런 종목들을 담은 ETF를 활용하면 단돈 몇만 원으로도 그 기업의 주주가 되는 효과를 볼 수 있다. 가령 중국의 IT 기업 샤오미에 투자하고 싶다면 홍콩증시 거래가 가능한 주식계좌를 보유하고 있어야 하고 환전해서 투자하는 번거로움도 있지만, 중국 IT 섹터 ETF에 투자하면 간접 투자가 가능하다.

ETF의 단점

❶ 시장 수익을 넘어서기 어렵다(기대수익률의 한계)

ETF는 지수를 추종하기 때문에 '시장 평균' 수익을 목표로 한다. 따라서 어떤 한 종목이 단기간에 5배, 10배씩 오르는 '대박'을 기대하긴 어렵다. 시장이 하락할 때는 바구니 안의 모든 종목이 함께 밀리기 때문에 하락장에서의 방어력이 개별 종목 전략보다 낮을 수도 있다.

❷ 괴리율 및 추적오차 위험

앞서 설명했듯이 NAV와 시장 가격 사이에 괴리가 발생할 수 있다. 또 ETF가 지수를 완벽하게 따라가지 못하는 '추적오차'가 발생할 경우, 지수는 올랐는데 내 ETF는 덜 오르는 상황이 생긴다.

처음부터 다시 주식투자를 시작한다면

제1장

투자 멘토를 찾아라

독학으로 투자의 진리를 깨우칠 수 있다면야 좋겠지만, 그러기에는 치러야 할 기회비용과 시장에 바쳐야 할 '수업료'가 너무나 가혹하다. 수많은 시행착오와 뼈아픈 실패의 시간을 단축하기 위해서라도, 나만의 투자 멘토를 찾는 과정은 꼭 필요하다. 그렇다고 주식투자의 대가에게 무턱대고 스승이 되어달라고 청하는 것은 현실적으로 어렵다. 하지만 다행히 우리는 정보가 넘쳐나는 시대에 살고 있다. SNS나 네이버 프리미엄 콘텐트, 유튜브 등을 통해 자신의 투자 철학을 투명하게 공유하는 고수들이 대단히 많다. 이들의 콘텐트를 꾸준히 팔로우하며 나에게 맞는 투자 결을 가진 멘토를 찾는 건 얼마든지 실현할 수 있는 전략이다.

다만, 여기서 극도로 조심해야 할 것은 '가짜 멘토'들이다. 알량한 수익률 인증사진으로 성과를 과시하거나, 근거 없는 종목 추천만 남발하는 부류는 가차 없이 걸러내자. 진정한 멘토는 물고기를 잡아주는 사람이 아니라, 물고기 잡는 법을 알려주는 사람이다. 만약 내가 주식투자를 다시 시작한다면, 아래와 같은 사람을 멘토로 삼아 그들의 시각을 배우려 노력할 것이다.

- **실패의 투명한 공유** : 승전고만 울리고 성과를 과시하는 사람이 아니라, 자신의 판단 착오와 손절 경험을 복기(review)하며 교훈을 주는 사람인가?
- **우선 리스크 관리** : 큰 수익을 약속하기보다, 어떻게 하면 시장에서 오래 살아남을 수 있는지를 강조하는 사람인가?
- **2차 사고**(second-level thinking) **자극** : 누구나 아는 뉴스의 나열이 아니라, 그 이면의 인과관계를 입체적으로 분석하는 통찰력을 가졌는가?

투자는 결국 스스로 결정하고 책임지는 외로운 싸움이다. 하지만 올바른 투자 관점을 심어줄 멘토가 있다면 그 여정은 훨씬 덜 위험할 것이다. 종목을 좇는 멘토가 아니라, 나를 '생각하는 투자자'로 만들어줄 멘토를 찾아야 한다.

제2장

단타매매로 성공? 꿈 깨라!

빨리 부자가 되고 싶은 욕망, 누군들 없겠는가. 그것은 인간의 원초적인 본능이기에 부정할 필요는 없다. 하지만 시장에서 이러한 본능을 제어하지 못할 때, 우리는 위험한 유혹에 빠지게 된다. 시중의 주식 서적, 강의, 온라인 커뮤니티에서 단기 수익 기법이 압도적 인기를 끄는 이유도 바로 이 조급함이라는 인간의 본능을 자극하기 때문이다. 그러나 냉정하게 현실을 직시하자. 데이트레이딩은 타고난 감각과 고도의 집중력을 갖춘 상위 0.1% 트레이더들의 영역이다. 그들은 찰나의 순간에 결정을 내리고 기계적으로 대응한다. 평범한 투자자가 어설프게 그들과 경쟁하겠다는 것은, 면허를 막 딴 운전자가 F1 레이서와 경주를 벌이겠다는 꼴이다. 그 과정에서 겪게 될 무시무시한 시행착오는 단순한 시간 낭비를 넘어 소중한 자산과 정신력을 갉아먹는다.

좋은 기업을 좋은 가격(저평가된 가격)에 매수한다면 보유 기간이 길어질수록, 분할 매수의 횟수가 늘어날수록, 투자의 성공 확률은 비약적으로 높아진다. 또 기업의 펀더멘털에 기반한 인베스팅 스타일 투자는 상대적으로 훨씬 수월하다. 충분한 조사를 통해 좋은 기업을 골라내고, 좋은 가격이 올 때마다 분할 매수로 대응하며, 섹터별 포트폴리오 분산으로 계좌를 운용한다면 기다림은 곧 수익이 된다. 이는 기술의 영역이 아니라 인내와 원칙의 영역이다.

화려한 단타 매매에 매몰되어 일상이 무너지고 삶의 여유를 잃어버린 경우를 수없이 보아왔다. 우리가 주식에 투자하는 근본적인 이유는 무엇인가? 지금보다 더 행복해지기 위해서다. 매분 매초 시세 창에 중독되어 스트레스를 받는 삶이 아니라, 기업의 성장을 믿고 발 뻗고 잘 수 있는 투자를 지향해야 한다. 가장 편안하게 돈 버는 방법이 있는데, 왜 굳이 가시밭길을 택한단 말인가.

제3장

차트에 답이 있다? 그건 착각!

나는 처음 주식투자를 접할 때 차트를 활용한 투자기법에 열중했다. 시작하고 5년간은 차트매매기법을 통해 대회 입상도 했고 많은 수익을 내기도 했다. 하지만 시장 경험이 쌓이고 투자의 깊이가 깊어질수록 차트만 보는 투자방식은 한계가 있다고 느꼈다. 주식 공부를 시작할 때 맨 먼저 접하게 되는 것이 차트다. 화려한 양봉과 음봉, 그리고 그럴듯해 보이는 보조지표들은 마치 미래의 주가를 예측할 수 있는 마법의 지도처럼 보인다. 하지만 명확히 알아야 할 사실은 차트는 주가의 결과물일 뿐, '원인'도 '예측 도구'도 아니라는 점이다. 차트 분석에만 매몰되는 것은 백미러만 보며 운전하는 것과 같다. 과거에 주가가 이렇게 움직였으니 앞으로도 이렇게 움직일 거라는 가정은 급변하는 시장 환경과 기업의 실적 변화를 전혀 반영하지 못한다. 차트를 활용한 매매기법들이 대세 상승장에서는 잘 들어맞는 것처럼 보이지만, 하락장이나 횡보장에서는 무용지물이 되는 이유도 바로 여기에 있다.

물론 차트가 전혀 쓸모없다는 뜻은 아니다. 차트는 시장참여자들의 심리가 녹아 있는 '심리 지도'로서, 현재 주가의 위치가 과열권인지 혹은 공포권인지를 판단하는 훌륭한 보조적인 도구로 활용된다. 하지만 주가의 본질은 결국 '기업의 이익'에 있고, 주가(차트)는 단기적으로는 수급과 심리에 영향을 받지만 장기적으로는 펀더멘털에 수렴한다. 기업이 돈을 잘 벌고 성장을 지속한다면 차트가 망가져 보여도 주가는 결국 우상향하게 돼 있고, 아무리 차트 모양이 예뻐도 펀더멘털이 훼손되면 주가는 속절없이 무너진다. 만약 내가 주식 공부를 다시 한다면, 차트의 골든크로스를 들여다볼 시간에 사업보고서라도 한 자 더 읽고 산업의 밸류체인을 이해하는 데 공을 들일 것이다. '무엇을' 살지는 철저히 펀더멘털로 결정하고, 차트는 오직 '언제' 살지에 대한 참고 자료로만 활용할 것이다. 기억하자, 주식투자의 정답은 캔들의 모양이 아니다. 기업이 만들어내는 가치와 그 가치가 시장에서 인정받는 과정에 있다.

제4장

주식 스터디 모임을 활용하라

주식 투자는 본질적으로 고독한 결정의 연속이다. 하지만 그 결정을 내리기까지의 '공부'마저 혼자일 필요는 없다. 만약 내가 다시 투자를 시작한다면, 마음이 맞는 동료들을 찾아 검증된 주식 스터디 모임에 최대한 빨리 가입할 것이다. 혼자 하는 공부라도 '깊이'는 찾을 순 있지만, 함께 하는 공부는 '너비'와 '객관성'을 부여하기 때문이다.

주식 스터디가 주는 가장 큰 유익은 강제성과 책임감이다. 혼자 공부하다 보면 피곤해지거나 장이 좋지 않을 때 나태해지기 쉽다. 하지만 정기적인 발표와 보고서 작성이 의무인 스터디에 참여하면, 누군가에게 내 아이디어를 설명하기 위해서라도 강도 높게 공부할 수밖에 없다. 남을 이해시키는 과정에서 내 논리의 허점이 발견되고, 비로소 그 아이디어는 온전히 내 것이 된다.

또한, 집단 지성은 내가 보지 못하는 사각지대를 메워준다. 가령 나는 반도체 섹터에 강점이 있지만, 다른 누군가는 바이오나 2차전지에 정통할 수 있다. 서로의 전문 지식을 공유함으로써 시장을 조망하는 시야가 넓어진다. 특히 나 자신의 신념과 일치하는 정보만 받아들이는 확증편향에 빠져 있을 때, 동료들의 날카로운 비판과 질문은 '2차 사고'를 촉구하는 소중한 자극제가 된다.

물론 주의할 점도 있다. 단순히 종목 정보나 공유하며 속칭 '리딩방'처럼 운영되는 모임은 경계하라. 우리가 찾아야 할 곳은 '물고기를 잡아주는 곳'이 아니라 '물고기 잡는 법을 함께 연구하는 곳'이다.

아래와 같은 조건을 만족하는 스터디 모임을 찾아보거나, 찾기 어렵다면 스스로 만들어보길 권한다(네이버의 대형 주식 카페에는 지금도 많은 모집 활동이 이어지고 있다).

- 각자 분석한 기업 보고서를 공유하고 치열하게 토론하는가?
- 실패한 투자를 복기하며 서로의 실수를 배울 준비가 되어 있는가?
- 단기 시세에 일희일비하지 않고 긴 호흡으로 산업을 공부하는가?

이러한 기준에 부합하는 건강한 스터디 모임은 내가 시장에서 살아남도록 돕는 강력한 훈련소일 뿐 아니라, 투자자의 외로움을 달래주는 정서적 안식처다. 훌륭한 동료들과의 만남은 수익률 그 이상의 자산이 된다는 것을 잊지 말자. 멀리 가려면 함께 가야 한다.

제5장

몰빵 투자와 레버리지의 치명적인 리스크

　내가 투자에 가장 크게 실패하고 전 재산을 잃었던 결정적인 원인은 바로 '몰빵 투자'였다. 단 한 번의 실패로 아홉 번의 성공이 완전히 사라질 수 있으니, 이야말로 투자의 세계에서 가장 무서운 함정이다. 아무리 높은 승률을 기록한들 무슨 소용인가, 단 한 번의 '몰빵(all-in)'이 실패로 돌아가는 순간, 다시 '제로'의 원점으로 되돌아가고 마는데. 주식시장은 인간의 계산 영역을 벗어난 운과 예외가 지배하는 곳이다. 때로는 수십 년에 한 번 있을 법한 '블랙 스완(black swan)'이 예고 없이 찾아온다. 2020년 코로나-19 확산 당시 한 달 만에 코스피가 약 35% 폭락했던 순간을 어찌 잊겠는가. 그때 행여 내가 빚을 내 극도의 레버리지를 사용하고 있었다면, 나는 시장의 반등을 구경하기도 전에 강제청산을 당하며 파산의 쓴맛을 보았을 테고 삶은 위태로워졌을 것이다.

　레버리지는 상승장에서는 수익을 극대화하는 마법의 지팡이일 수 있지만, 하락장에서는 내 생존권을 타인(증권사)에게 넘겨주는 악마다. 폭락은 누구도 완벽히 예측할 수 없다. 하지만 분명한 것은, 시장이 무너질 때 끝까지 살아남아 있는 사람만이 그 위기를 인생 역전의 기회로 바꿀 수 있다는 점이다. 만약 내가 처음부터 다시 시작한다면, 나는 '얼마를 벌 것인가'가 아니라 '어떻게 하면 시장에서 영원히 퇴출당하지 않을 것인가'를 최우선 과제로 삼을 것이다.

- **포지션 사이징**(position sizing) : 아무리 확신이 드는 종목이라도 한 바구니에 모든 것을 담지 않는다.
- **현금 비중의 유지** : 현금은 단순히 쉬는 자금이 아니라, 위기에서 나를 지켜주는 방패이자 기회를 잡는 공격권이다.
- **레버리지의 통제** : 내 심리가 감당할 수 없는 수준의 빚은 투자가 아니라 도박임을 인정한다.

투자의 목적은 화끈한 한판 승부가 아니라, 자산을 지키며 꾸준히 불려 나가는 복리의 마법을 누리는 것이다. 무너지지 않는 성벽을 먼저 쌓아야 그 안에서 승리의 전리품을 지킬 수 있다. 기회는 오직 살아남은 자에게만 허락되는 특권임을 잊지 말아야 한다.

투자는 끝이 없는 여정, 그 길 위에서

한 투자자가 오랜 시간을 바쳐 쌓아온 철학과 방법론을 모두 담아내기에, 책 한 권의 지면은 여전히 부족하게만 느껴집니다. 하지만 이 책의 마지막 장을 덮는 독자분께 꼭 당부드리고 싶은 한 가지가 있습니다. 주식시장에 '명확한 정답'은 존재하지 않는다는 사실입니다. 제가 이 책에서 공유한 전략들은 치열한 시장과 부딪히며 찾아낸 '나만의 해답'일 뿐입니다. 독자분들께서는 이것을 그대로 답습하는 것에 그치지 말고, 끊임없이 검증하며 '자신에게 가장 잘 맞는 옷'으로 수선해 입으시기 바랍니다.

투자에 있어 가장 중요한 것은 '올바른 노력의 방향성'입니다. 방향이 틀린 속도는 재앙과도 같습니다. 먼저 자신의 성향은 어떤지, 내 자금의 성격은 어떠한지를 파악하고 올바른 방향을 고민해보길 권합니다. 방향이 정해졌다면, 그때부터는 '압도적인 노력'으로 그 길을 다져나가야 합니다. 투자자에게 '완성'이란 없습니다. 우리는 그저 생이 다하는 날까지 시장이라는 거대한 파도 위에서 균형을 잡으며 나아가는 영원한 항해자일 뿐입니다. 그렇기에 투자를 시작했다면 꾸준함은 선택이 아닌 필수조건이자 기본값입니다. 부디 누구보다 묵묵히, 그리고 꾸준히 정진해 나아가기를 바랍니다.

마지막으로 강조하고 싶은 것은 긍정적인 마인드입니다. 앞으로 우리는 시장에서 수없이 많은 실패와 마주하게 될 것입니다. 하지만 그 모든 실패는 성장의 밑거름입니다. 어떤 순간에도 실패를 두려워하거나, 스스로를 실패자라고 규정하지 않으시길 바랍니다. 그 모든 시간은 성공으로 가는 과정일 뿐이기 때문입니다.

다시 한번 마음에 새겨주십시오.

첫째, 어떤 상황에서도 좌절하지 않는 긍정적인 마인드
둘째, 오늘에 안주하지 않는 멈추지 않는 노력
셋째, 길을 잃지 않게 하는 올바른 투자의 방향성

이 세 가지만 놓치지 않는다면, 비록 속도와 시점의 차이는 있을지언정 우리는 결국 꿈꾸던 그곳에 반드시 도착할 것입니다. 저의 이야기는 여기서 끝나지만, 우리의 투자는 앞으로도 끝없이 이어질 것입니다. 저 또한 한 사람의 투자자로서, 그리고 여러분의 동료로서 멈추지 않고 성장해 나가겠습니다. 독자 여러분의 성공 투자를, 그리고 그 너머에 있을 풍요로운 삶을 진심으로 응원합니다.

작가 이정훈(굿트레이더)

굿트레이더 압도적수익의 주식투자법

**특별
부록**

1 굿트레이더 실전 복기 노트

2 네이버 프리미엄콘텐츠 1개월 이용권

3 오렌지보드 프리미엄콘텐츠 1개월 이용권

실전 복기 노트에서는 책의 내용을 바탕으로 실전 투자에 적용한 사례들을 소개합니다. 이를 실제로 내 것으로 만들기 위해서는 때로 많은 시행착오가 필요할 수 있습니다. 하지만 절대 포기하지 마시기 바랍니다. 많은 실패는 결국 더 훌륭한 투자자로 성장하기 위한 필수 요소일 뿐입니다. 다양한 경험과 실패를 통해 개선점을 하나씩 찾아가되, 시간이 지날수록 무결점에 가까운 투자자가 되기 위해 노력하는 자세가 필요합니다.

시장을 항상 아웃퍼폼하는 투자자가 되기 위해서는 어떤 시장 상황에서도 수익을 낼 수 있어야 하며, 각 상황에 맞춰 수익을 극대화할 수 있는 자신만의 전략을 갖추는 것이 중요합니다.

책에서 설명했듯이 상승장에서는 추세추종 매매 전략, 변동성 장세에서는 딥밸류 매수 기반의 보텀피싱 전략, 그리고 횡보장에서는 이벤트 드리븐 전략을 선호합니다. 때로는 '추세추종 + 이벤트 드리븐', '보텀피싱 + 이벤트 드리븐'과 같은 복합적인 조건이 형성되기도 합니다. 이러한 경우에는 더 높은 확신을 하고 투자에 접근하는 편입니다.

SK

- **투자전략** : 일정매매·추세추종
- **매수시점** : 2025년 2월 9일
- **매도시점** : 2025년 2월 26일 이후 분할매도

1월~2월에는 '3차 상법개정안'이 국내증시에서 중요한 화두로 떠올랐습니다. 3차 상법개정안의 핵심은 '자사주 소각'이었습니다. 따라서 자사주를 대량 보유하고 있는 지주사들, 그중에서도 본업의 성장성이 양호하고 펀더멘털이 탄탄한 기업들은 정책적 강제성에 따라 자사주 소각이 진행될 가능성이 큰 상황이었습니다. 다만, 3차 상법개정안의 통과 일정은 계속 지연되고 있었습니다. 그런데도 한국의 '자본시장 개혁'이라는 시대적 흐름에 따라, 결국 통과될 가능성은 매우 큰 상황이었습니다.

뉴스 플로우를 매일 체크하는 과정에서 2026년 2월 말~3월 초에 3차 상법개정안이 최종적으로 통과될 가능성이 매우 크다는 점을 확인했습니다. 이에 해당 일정을 기준으로 top-down 방식으로 top pick 종목들을 선별하기 시작했습니다. 아래는 2월 9일, 저의 블로그와 텔레그램 채널에 기록해 두었던 일정 매매 투자 아이디어입니다.

'자본시장 개혁'과 관련해서 가장 수혜를 보는 기업들은 '지주사', 그리고 '증권주'였습니다. 그 중 '3차 상법개정안'의 핵심은 '자사주 소각'이었으니 지주사들의 경우 본업에서의 실적 성장이 가장 양호하여 자

사주 소각 여력이 높은 SK를 top pick으로 투자를 진행하였습니다.

굿트레이더의 투자 인사이트

관심섹터 – 지주사(3차 상법개정안)

주요일정
- 2월 말 ~ 3월 초 : 3차 상법개정안 통과
- 3월 초 : 3차 상법개정안 공포 및 즉시 시행
- 3월 중순 : 주주총회 소집공고
- 3월 말 주주총회 일정(슈퍼주총데이)

주요 이슈 '3차 상법개정안'

대한민국 자본시장의 뜨거운 감자인 '3차 상법개정안'은 코리아 디스카운트를 해소하고 주주 가치를 극대화하기 위한 마지막 퍼즐이 될 것으로 예상.

이번 개정안은 특히 지주회사와 자사주를 정조준하고 있어 3월 정기 주주총회 시즌과 맞물려 있기에, 수혜를 받는 자사주 대량 보유 지주사들의 주가가 긍정적인 반응을 나타낼 가능성.

지주사들은 그동안 자사주를 많이 쌓아두고도 이를 소각하기보다는
경영권 방어용 '잠재적 수단'으로 남겨두는 경우가 많았음.

대규모 자사주를 보유한 지주사(SK, 롯데지주, 두산 등)들이 강제로 소각에 나설 경우, 유통 주식 수가 줄어들며 1주당 가치는 '기업가치/유통주식수'의 산식에 따라 상승하게 됨.
물론 기간적인 유예를 주는 상황이긴 하나, 확정된 미래라는 점에 '3차 상법개정안 시 지주사 들의 디스카운트 요소는 완화되며 주가 상승이 이어질 가능성을 높게 생각.

한편, 주주총회 일정이 몰려있는 3월 말, 주요 기업들의 주주총회가 진행되면서 각자 의미있 는 주주환원책을 발표할 가능성이 높을 것. 특히 핵심은 지주사들의 '자사주 소각'이 될 것이 기에, 본업에서의 양호한 실적 성장이 이어지면서 자사주를 대량 보유한 지주사 (or 증권사) 들에 대한 관심이 필요한 시점.

SK

- SK그룹 자회사의 지분을 보유하며 그룹의 전략적 방향을 설정하는 '전문 가치투자형 지주사'

비즈니스 모델

- 지주 사업 : 자회사로부터 받는 배당금, 'SK' 브랜드 로열티 수익, 임대 수익.
- 사업 부문(SK C&C) : AI, 클라우드, 빅데이터 등 IT 서비스 및 시스템 통합(SI) 사업 영위.
- 반도체(하이닉스), 에너지(이노베이션), 바이오(바이오팜), 첨단소재(실트론, 머티리얼즈)로 이어지는 핵심 산업 수직 계열화.
- 인공지능(AI) 인프라의 핵심인 HBM(고대역메모리) 시장을 주도하는 SK하이닉스를 자회사(SK스퀘어의 자회사, 즉 손자회사)로 둔 구조적 강점.

매출 비중

- 배당 수익 (50–60%) : SK하이닉스, SK텔레콤 등 주요 계열사의 배당금.
- IT 서비스(C&C), (30–35%) : 그룹 내 디지털 전환(DT) 관련 매출.
- 브랜드 및 기타 (10%) : 'SK' 브랜드 사용료 및 임대료.

당사가 지향하는 모델은 워렌 버핏의 투자 지주사인 '버크셔 헤서웨이'

투자포인트

1) 자사주 강제소각 → 밸류업

국내 지주사 중 최고 수준의 자사주를 보유.
해당 물량이 강제 소각될 경우 발행주식 수가 대폭 감소하여 주당 가치(EPS, BPS)가 급격히 상승하는 강력한 밸류업 효과 기대.

2) SK하이닉스 압도적 성장, 주주환원

SK하이닉스는 AI 메모리 호황에 힘입어 영업이익 약 47조 원이라는 역대 최대 실적을 달성 2026년, SK하이닉스는 140조~150조의 영업이익 예상.

한편 하이닉스는 12조원이 넘는 자사주를 소각하고, 2조원 이상의 연간 배당을 진행할 예정.

하이닉스의 12조 원 규모 자사주 소각과 배당 확대는 상위 지주사인 SK의 현금 흐름과 순자산가치(NAV) 상승으로 직결.

SK의 경우 당시 2월 9일 매수를 접근했던 관점은 '추세추종 전략'의 관점과 '일정매매 전략'이 합쳐진 케이스였습니다. 그리고 SK의 경우 시가총액이 높으며, 펀더멘털이 탄탄한 기업이기에 기관·외국인들의 매수세가 뒷받침될 수 있는 것도 긍정적인 내용이었습니다. SK는 매수 접근을 했던 2월 9일의 가격인 321,000원 대비 2월 26일 고점 430,000 원을 기록하며 단기간에 +33%의 상승률을 기록하였습니다. 1:3의 손익비 전략에서 -8%를 손절선으로 설정하되 +24%의 부근에서 30% 물량을 수익실현을 하였고 이후에는 10일선 추세를 이탈하는 380,000 원 부근에서 전량 매도를 실행하였습니다. (HTS 및 MTS의 자동매도 설정 활용)

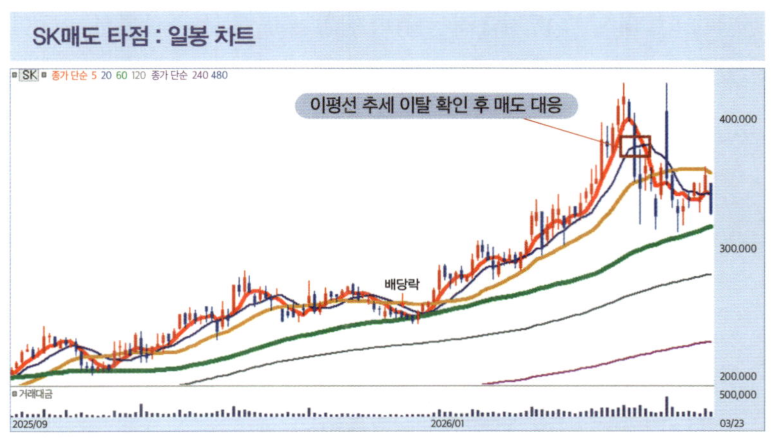

이수스페셜티케미칼

- **투자전략** : 일정매매
- **매수시점** : 2026년 1월 14일
- **매도시점** : 2626년 1월 19일 이후 분할매도

2026년에도 어김없이 국내 최대 2차전지 행사인 '인터배터리 2026'이 개최되었습니다. 이미 연초부터 인터배터리 2026의 일정이 공개되어 있었기에, 홈페이지를 통해 3월 11일부터 3월 13일까지의 일정을 확인할 수 있었습니다.

매년 인터배터리의 화두는 꿈의 배터리로 불리는 '전고체 배터리'였습니다. 특히 올해는 휴머노이드 로봇에 대한 시장의 관심이 확대되면서, 로봇용 배터리 수요 증가 기대감까지 더해져 시장의 관심이 더욱 높아질 것으로 예상했습니다. 이에 전고체 배터리 대표주인 이수스페셜티케미칼의 주가를 지속해서 추적 관찰했고, 횡보 구간에서 바닥이 다져진 이후 20일선을 돌파한 시점에서 본격적인 매수 접근을 시작했습니다.

2026년 1월 14일 : 투자 노트

굿트레이더의 투자 인사이트

이수스페셜티케미칼

- 일정매매 top pick

(전고체 배터리 관련주)

- 리튬 가격 상승세로 인한 2차전지 섹터의 주가 하방 지지 상황.
- ESS모멘텀에 이어 로봇 관련 밸류체인 (로봇 배터리) 리레이팅. 가능성에 주가 상방 확대 가능성.
- 3월 일정 모멘텀 (인터배터리) 기대감 유효한 상황임에 단기 스윙 접근 유효.

비즈니스 모델

- 황화물계 전고체 배터리의 핵심 원료인 황화리튬 생산.
- 황화리튬 제조에는 유독가스인 황화수소 핸들링 기술이 필수적.
- 동사는 30년 넘게 황화수소를 다뤄온 노하우를 보유하고 있어, 신규 진입자가 쉽게 모방하기 어려운 높은 진입장벽을 구축.

매출 비중

- 정밀화학 제품(TDM, IPA, Solvent 등) : 약 65-70%(안정적 수익원)
- 정밀화학 상품(Base Oil 등 트레이딩) : 약 25-30%
- 전지소재(황호리튬) : 5% 미만 (2026-2027년 본격 양산 시 급증 예상)

주요 고객사

- 국내 : 에코프로비엠(고체전해질 시제품 협력), 삼성SDI(전고체 밸류체인 협력 가능성 높음)
- 해외 : 솔리드 파워(Solid Power, 미국) 등 전고체 배터리 스타트업 및 글로벌 OEM의 파일럿 라인.

경쟁사

- 레이크머티리얼즈 : 자회사 레이크테크놀로지를 통해 저가형(공정 효율화) 황화리튬 양산 기술 보유. 가장 강력한 잠재 경쟁자.

해외 피어 그룹

- 알버말(Albemarle, 미국) : 글로벌 리튬 1위 업체로 황화리튬 공급 능력 보유.
- 최근 알버말은 신고가 경신 중.

이수스페셜티케미칼은 매수 접근한 1월 14일 이후 2월 4일까지 약 +100%의 상승률을 기록했습니다. 하지만 원칙대로 1:3 손익비 전략을 적용해 +24% 부근에서 30% 물량을 분할매도했고, 이후 추가 상승 구간에서도 단계적으로 분할매도를 진행했습니다.

일반적으로 일봉 차트 기준 10일선 추세를 이탈하게 되면 강한 매수 심리는 약화할 가능성이 크므로, 이수스페셜티케미칼의 경우 2월 6일은 최종적으로 전량 매도를 고려했어야 하는 구간이었습니다.

이수스페셜티케미칼 매수 타점 : 일봉 차트

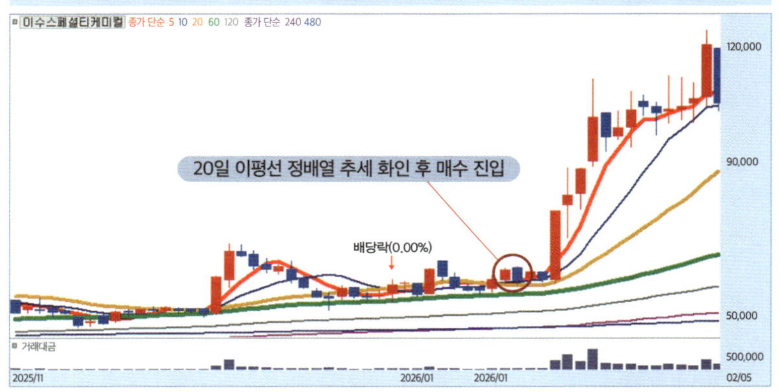

이수스페셜티케미칼 최종 매도 타점 : 일봉차트

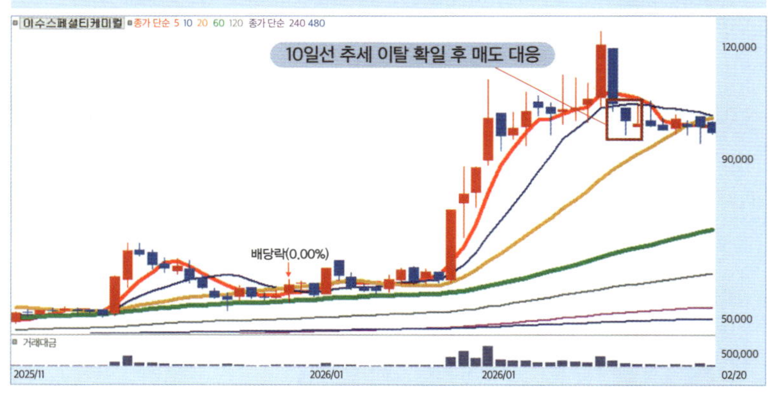

현대차

- **투자전략** : 일정매매
- **매수시점** : 2026년 2월 13일
- **매도시점** : 2026년 2월 27일 이후 분할매도

작년 GTC 2025에서도 젠슨 황 CEO는 기조연설을 통해 '피지컬 AI(휴머노이드, 자율주행 등)' 시대의 도래를 언급했습니다. 그리고 올해 GTC 2026 일정에서도 단연 피지컬 AI가 큰 주목을 받을 것임을 관련 뉴스 플로우를 통해 확인할 수 있었습니다.

앞서 젠슨 황 CEO가 방한했을 당시, 삼성전자 이재용 회장과 현대차그룹 정의선 회장이 함께 만나 치맥을 즐겼던 '깐부 회동'과 더불어 엔비디아와 현대차의 자율주행 협력 이슈가 드러난 바 있습니다. 이에 따라 이번 GTC 2026에서도 관련 기대감이 이어질 것으로 예상할 수 있었습니다.

GTC 2026 일정을 앞두고 현대차의 주가를 지속적으로 추적 관찰했고, 2월 13일 일봉 차트 기준 20일선을 상향 돌파하는 흐름을 확인한 후 매수 접근을 시작했습니다.

'현대차 GTC 2026' 앞두고 현대차–엔비디아 자율주행 협업 주목

엔비디아 연례개발자콘퍼런스 'GTC 2026' 3월 16일 개막
현대차, 엔비디아 AI 자율주행 플랫폼 '알파마요 R1' 도입 검토

현대차 GTC 2026
(GTC 2026 일정 전략)

일정 모멘텀

- 3/16 : 엔비디아 GTC 2026

- 이번 행사는 AI가 소프트웨어를 넘어 물리적 세계(로봇, 자율주행 등)로 확장되는 지점에 초점.

- 특히 젠슨황의 기조연설에서는 '에이전틱AI' 그리고 '피지컬AI(휴머노이드, 자율주행)'에 대한 비전을 제시할 예정.

'현대차'를 다시 관심가져보는 이유

- 젠슨 황은 방대한 주행 데이터, 강력한 GPU 인프라, 그리고 이를 실체화할 대량 생산 공장을 모두 갖춘 파트너로 현대차를 지목한 바 있음.

- 또한 현대차는 엔비디아의 알파마요 플랫폼과 협력하여 자율주행 시장을 공략할 예정.

- 엔비디아는 앞서 링크드인 공식 계정을 통해 GTC 2026에서 자율주행 AI 컴퓨팅 플랫폼 '드라이브(DRIVE) AV'와 자율주행·로봇 학습을 위한 가상 시뮬레이션 환경인 '옴니버스 코스모스' 등을 공개할 계획임을 밝힌 바 있음.

현대차의 주가는 2월 13일 매수 접근 이후 2월 27일까지 약 +35% 수준의 상승률을 기록했습니다. 마찬가지로 1:3 손익비 전략에 따라 매수가 대비 -8%를 손절선으로 설정했고, +24% 수익 구간에서 30% 물량을 분할 매도하였습니다. 이후 3월 3일, 미국과 이란 간 전쟁 발발 이슈로 급락이 발생했고, 10일선 추세를 이탈한 550,000원 구간에서 전량 매도를 진행했습니다.

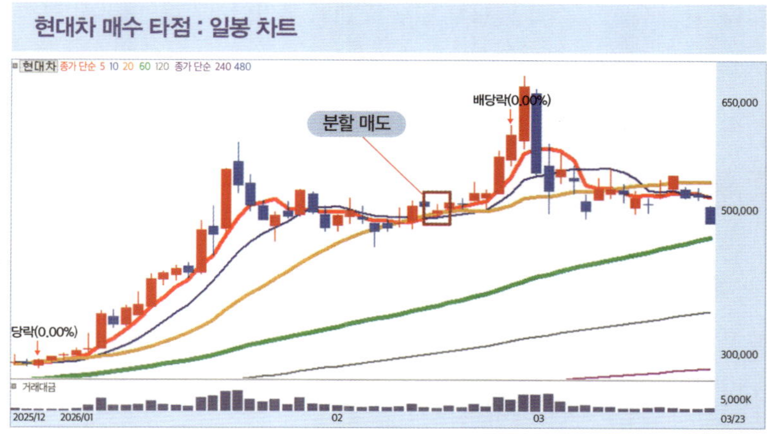

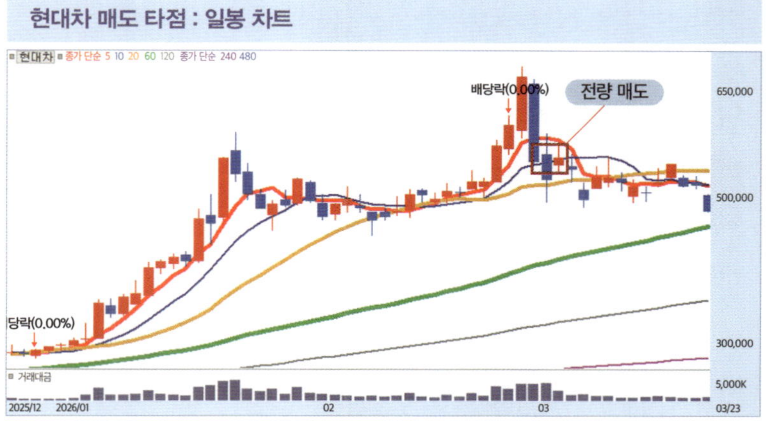

현대차 일정 매매 케이스는 상승 추세 중 '미국 vs 이란'이라는 지정학적 악재 이벤트가 중간에 개입된 특수한 사례였습니다. 결과적으로 전쟁 발발 이후 첫 거래일인 3월 3일 시가에 전량 청산했다면 수익을 더 크게 지킬 수 있었겠지만, 일정 매매 전략의 원칙상 D-day 기준으로 아직 약 보름 이상 남아 있었기 때문에 보유를 유지하는 선택을 했습

니다. 결과적으로 수익을 일부 반납하고 마무리되었지만, 변동성 구간에서도 수익을 확보했고 현금을 확보함으로써 다음 투자 기회를 위한 기회비용 또한 확보할 수 있었습니다. 따라서 나쁘지 않은 대응이었다고 볼 수 있습니다.

가장 좋지 않은 경우는 수익이 발생했음에도 매도를 미루다가 급락을 맞고, 매수 평균가 아래까지 내려가는 상황에서도 미련 때문에 매도하지 못하는 케이스입니다. 어떤 경우에도 매도를 지연하는 대응은 지양해야 하며, 이를 통해 수익을 확정하고 손실을 제한하는 원칙을 반드시 지켜야 합니다.

나라스페이스테크놀로지

- **투자전략** : 일정매매
- **매수시점** : 2026년 1월 19일
- **매도시점** : 2026년 1월 20일 분할매도 시작

올해 글로벌 증시의 최대 화두 중 하나는 '스페이스X'의 IPO(기업공개)였습니다. 스페이스X의 IPO 일정은 하반기로 예정되어있었지만, 연초부터 기대감이 국내증시에서도 강하게 부각되었습니다. 한편 이와 더불어 우주항공 섹터에서는 스페이스X IPO 외에도 주목할 만한 이벤트가 있었는데, 바로 아르테미스 II 프로젝트였습니다. 아르테미스 II는 미 항공우주국(NASA)이 우주비행사를 달에 보내는 프로젝트로, 반세기 만에 진행되는 역사적 이벤트였습니다. 전 세계가 주목하는 이러

한 이벤트는 증시에서도 강한 재료로 작용하기 쉬우며, 이에 따라 관련 기업들을 리서치하였습니다.

국내 우주항공 기업들을 리서치한 결과, '나라스페이스테크놀로지'가 아르테미스 II 프로젝트에 직접 참여하고 있어 가장 직접적인 관련주임을 확인할 수 있었습니다. 때마침 나라스페이스테크놀로지는 1월 17일 대규모 보호 예수 물량 해제 일정을 앞두고 있었습니다. (1,649,973주 / 전체 주식수 대비 14.00%) 신규 상장주의 경우, 주가 변동성 완화와 투자자 보호를 위해 상장 이후 일정 기간(1개월, 3개월, 6개월, 12개월 등) 경과 시점마다 대주주 및 초기 투자자의 물량이 단계적으로 매도될 수 있도록 규제되어 있습니다.

따라서 보호 예수 해제 시점에는 대규모 매도물량이 출회될 수 있어 투자자들이 보수적으로 접근하는 경향이 있습니다. 반대로 해당 이벤트가 종료되면 이러한 불확실성이 해소된다고 해석할 수도 있습니다. 이러한 관점에서 1월 17일(토요일) 이후 첫 거래일인 1월 19일, 매수 관점으로 접근하였습니다.

나라스페이스테크놀로지의 주가는 매수 접근 이후 2월 3일까지 단기간에 약 +100% 상승했습니다. 다만 이는 사후적으로 확인된 결과이며, 매수 시점에서는 전혀 예측할 수 없는 흐름이었기 때문에 원칙대로 1:3 손익비 전략을 적용해 +24% 수익 구간에서 30% 물량을 분할 매도하였습니다. 이후 10일선 추세가 이탈된 2월 6일 구간은 최종적으로 전량 매도를 확정해야 하는 구간이었습니다.

아르테미스 계획

아르테미스 II 프로젝트

- 1972년 아폴로 17호 이후, 약 50여 년 만에 인류가 다시 달 궤도로 떠나는 역사적인 유인 우주 비행 미션.

- 아르테미스 2호는 NASA가 주도.

- SLS로 발사되는 오리온의 첫 유인 임무로 4명의 우주비행사가 달을 근접 비행하고 귀환하는 비행.

주요 이슈

- 아르테미스 II 발사 재개 (2/5 or 2/6)

미국이 우주비행사를 달에 보내는 '아르테미스' 계획의 2단계 임무를 이르면 내달 초에 시도할 예정.

계획대로 성공한다면 약 반세기 만에 인류가 달에 다시 발을 내딛는 역사적인 순간을 맞게 됨.

미 항공우주국(NASA·나사)은 17일(현지 시간) 아르테미스 2단계 임무에 투입될 우주발사시스템(SLS)과 우주선 '오리온'이 결합된 발사체를 원래 있던 플로리다주 케네디우주센터 내 기체조립 건물에서 39B 발사대로 옮기는 작업을 완료한 것으로 확인. 아르테미스II 프로젝트가 순조롭게 진행되고 있는 것으로 확인.

굿트레이더의 투자 인사이트

나라스페이스

(일정매매, 단기스윙 전략)

주요일정

- 1/17 : 보호예수 해제(1,649,973주/14.00%)

- 2/5 : 아르테미스II(미국 달 궤도 유인비행 재개)
국내 기술이 적용된 큐브위성 'K-라드큐브'가 실려 한국 우주 기술의 존재감도 함께 부각될 것.
나라스페이스가 아르테미스 프로젝트의 한국 큐브위성 개발에 참여.

투자 포인트

1) 우주항공 BM

- 위성 제조(Hardware) : 25kg~50kg급 초소형 위성 '옵저버(Observer)' 시리즈 자체 제작
및 납품.

- 위성 데이터 판매 및 분석(SaaS) : 자체 웹 플랫폼
'어스페이퍼(Earthpaper)'를 통해 위성 영상을 판매하거나, 객체 탐지/변화 탐지 등 AI 기반
분석 리포트를 제공하는 구독형 서비스.

- 위성 운용 서비스 : 지상국 네트워크를 활용한 위성 관제 대행.

2) 아르테미스 2호 직접 참여

- 나라스페이스가 개발에 참여한 큐브위성이 NASA의 유인 달 탐사 미션인 '아르테미스 2호'
에 실질적으로 탑재.

- 아르테미스 2호의 로켓(SLS)에 실려 우주로 나간 뒤, 사출되어 심우주 방사선 환경을 관측
하는 임무 수행.

- 당사는 실제 NASA의 유인 우주선 안전 기준을 통과한 하드웨어를 납품.

유인 우주선 미션은 무인 미션보다 훨씬 더 까다로운 안전성 검증(Safety Review)을 요구함

- 나라스페이스는 NASA의 배터리 열폭주 시험 등 극한의 안전 기준을 통과.

- 'NASA 유인 미션 기준 충족'이라는 레퍼런스는 향후 글로벌 우주 기업과의 거래에서 기술
검증 절차를 대폭 단축시키는 레퍼런스가 될 것.

- 이러한 레퍼런스는 당사의 기업가치를 재평가시켜주는 요소가 될 것으로 판단.

나라스페이스 매수 타점 : 일봉 차트

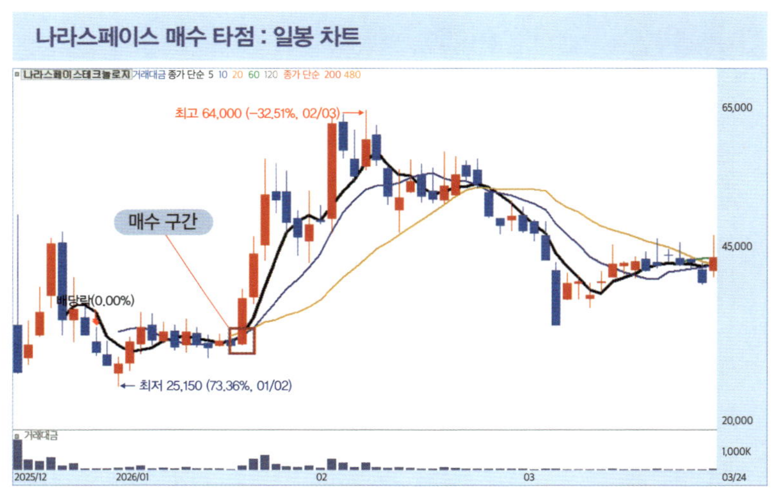

나라스페이스 매도 타점 : 일봉 차트

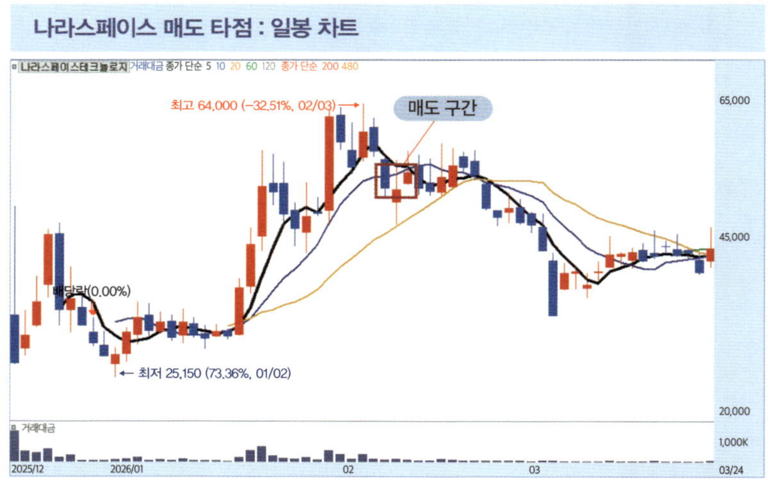

아이티센글로벌

- **투자전략** : 일정매매·추세추종
- **매수시점** : 2026년 1월 24일
- **매도타점** : 2026년 1월 30일 이후 분할매도

아이티센글로벌은 국내 대표 디지털자산 플랫폼 기업 중 하나입니다. 2025년 트럼프 대통령 취임 이후 스테이블코인이 미국에서 주목받기 시작했고, 국내에서도 스테이블코인 도입에 대한 논의가 활발해지며 관련 기대감이 확대되었습니다.

특히 2025년 5월에는 스테이블코인 관련주 전반에 강한 모멘텀이 형성되면서 아이티센글로벌은 당시 약 +300%의 상승률을 기록한 종목이기도 합니다. 2026년에는 국내 STO(토큰증권) 관련 법안 통과와 더불어 스테이블코인 법안 통과 기대감이 이어졌고, 사업 구조상 금 가격 상승에 따른 수익 개선 효과가 나타나는 점에서 1분기 실적 기대감 또한 높게 형성되어 있었습니다. 이에 따라 일정 매매 전략과 추세추종 전략 모두 적용 가능한 구간으로 판단했습니다.

아이티센글로벌을 지속적으로 관찰하던 중, 1월 23일 대규모 거래대금이 유입되며 주요 저항선인 37,000원을 돌파하는 장대 양봉이 발생하는 것을 확인했습니다. 원래라면 해당 돌파 시점인 1월 23일, 37,000원 부근에서 분할매수를 시작해야 했지만, 확인이 늦어져 다음 거래일인 1월 24일 매수 접근을 결정했습니다.

1월 24일 아이티센글로벌은 약 +7% 갭 상승으로 출발했으며, 단기

및 중기 이동평균선과의 이격이 큰 상태였기 때문에 무리한 추격매수보다는 시가 갭 상승 이후 눌림. 구간에서 분할매수를 진행하기로 판단했습니다. 시가 이후 추가 상승이 이어지면 추격매수는 하지 않는다는 원칙도 함께 적용했습니다.

다행히 1월 24일 주가는 시가 +7%에서 장중 저가 -4%까지 조정을 보였고, 전일 종가 부근인 40,000원과 주요 지지선인 37,000원 구간에서 분할 매수를 시작할 수 있었습니다. 이후 아이티센글로벌은 매수 접근 이후 1월 30일까지 약 +35% 상승률을 기록했습니다. 마찬가지로 1:3 손익비 전략을 적용해 +24% 수익 구간에서 30% 물량을 분할 매도하였고, 나머지 물량은 2월 6일 10일선 이탈 구간에서 전량 매도하였습니다.

굿트레이더의 투자 인사이트

아이티센글로벌

(스테이블코인 관련주, 추세추종 매매 접근)

- 지난 스테이블코인 테마 1차 랠리 (2025년 5월~6월 말) 시점 약 +300% 가량 상승 흐름 보인 주도주 중 하나.

- 현재 국내 디지털 자산 및 STO(토큰증권) 시장에서 실물 자산 인프라와 기술력을 모두 갖춘 가장 실질적인 수혜주로 평가받고 있음.

- 최근 STO관련 법안통과와 더불어 스테이블코인 모멘텀까지 부각되고 있는 상황.

- 신고가 저항선 돌파하며 추세적인 상승 기대할 수 있는 시점이라 판단하여 추세추종 매매 탑픽으로 관심.

투자포인트

1) 기업개요

- 금 거래 플랫폼 및 디지털 자산 생태계를 구축한 종합 웹3.0 금융 그룹.

- 비즈니스 모델
→ 웹3.0/디지털 자산 : 실물 금 거래(한국금거래소), 금 기반 조각투자 플랫폼(센골드), 부산 디지털자산거래소(BDX) 운영.
→ IT 서비스 : 공공 및 금융권 IT 인프라 구축, 클라우드 전환 컨설팅.

- 실물 공급망과 디지털 인프라의 수직 계열화.

- 국내 최대 금 유통망(한국금거래소)과 이를 디지털화할 수 있는 IT 기술력, 그리고 유통 채널(BDX)을 모두 보유한 국내 유일의 기업이라는 점이 독보적인 경쟁우위.

2) 고객사

- 공공/금융기관 : 행정안전부, 한국은행, 하나은행(금 기반 스테이블코인 파트너), 부산광역시(BDX)

- 일반 고객 : 센골드 플랫폼 이용자(약 100만 명 이상), 한국금거래소 B2B/B2C 고객.

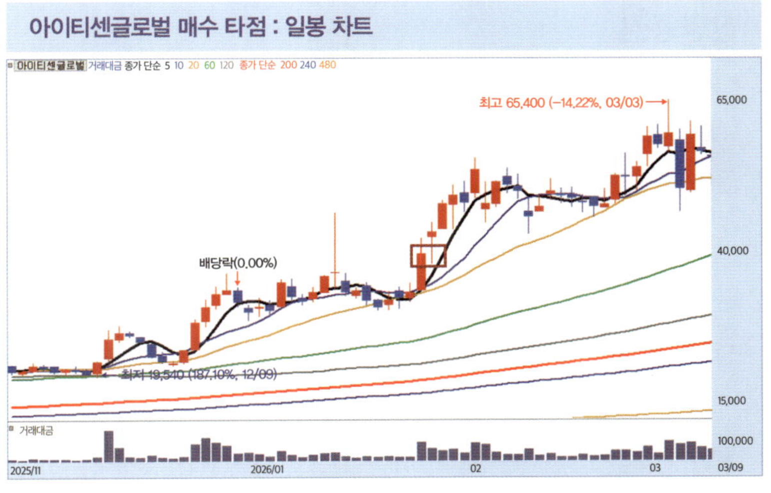

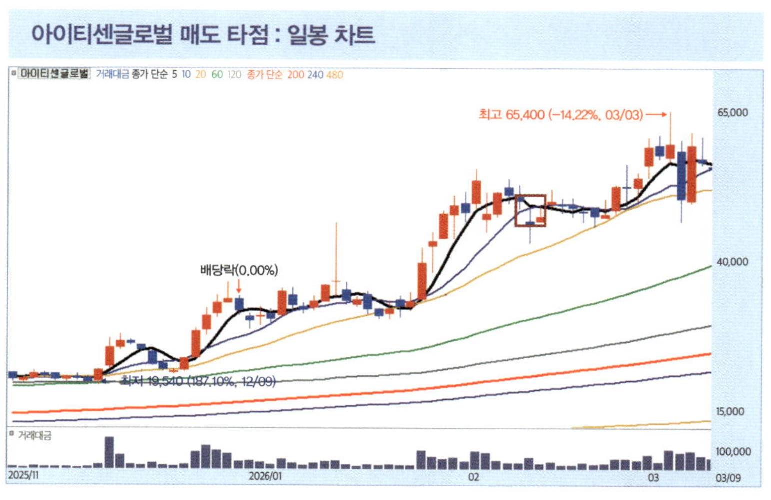

신영증권

- **투자전략** : 일정매매
- **매수시점** : 2026년 2월 9일
- **매도타점** : 2026년 02월 13일 이후 분할매도

올해 2월 말~3월 초, 3차 상법개정안 통과가 예정되어 있었습니다. 해당 개정안은 작년부터 통과 전망이 있었으나 국정 처리 지연으로 인해 일정이 계속 미뤄지면서 3월 말까지로 지연된 상황이었습니다.

그러나 최종적으로는 3월 말 이전 늦어도 통과될 가능성이 높다고 판단했고, 일정 변경 리스크는 제한적이라고 보아 관련 종목에 대한 매수를 결정하였습니다. 특히 3차 상법 개정안의 핵심은 '자사주 소각 의무화'였기 때문에, 국내 상장기업 중 자사주를 가장 많이 보유한 기업인 신영증권을 주요 대상 종목으로 선정하였습니다.

신영증권의 주가 흐름을 지속적으로 관찰하던 중 18만 원 부근에서 하방 압력이 제한되며 지지가 형성되는 흐름을 확인했습니다. 특정 가격대에서 지지가 유지된다는 것은 해당 구간에 매수 대기 수요가 존재할 가능성이 크다는 의미로 해석할 수 있어, 해당 구간에서 분할 매수를 진행하였습니다.

이후 관련 뉴스 플로우를 지속해서 추적한 결과, 2월 25일 3차 상법 개정안 통과 가능성이 커지면서 주가는 2월 12일부터 본격적인 상승 랠리를 시작했습니다. 신영증권은 2월 9일 매수 접근 이후 2월 20일까지 약 +50% 수준의 상승률을 기록했습니다. 일정 D-5 구간인 2월 13일 장대 양봉이 출현한 시점에서 전량 수익실현을 진행하였습니다.

2026년 2월 9일 : 투자 노트

주요일정
- 2월 말~3월 초 : 3차 상법개정안 통과
- 3월 초 : 3차 상법개정안 공포 및 즉시 시행
- 3월 중순 : 주주총회 소집공고
- 3월 말 : 주주총회 일정(슈퍼 주총데이)

- **주요 이슈 '3차 상법개정안'**

대한민국 자본시장의 뜨거운 감자인 '3차 상법개정안'은 코리아 디스카운트를 해소하고 주주 가치를 극대화하기 위한 마지막 퍼즐이 될 것으로 예상.

이번 개정안은 특히 지주회사와 자사주를 정조준하고 있어. 3월 정기 주주총회 시즌과 맞물려있기에 수혜를 받는 자사주 대량 보유 지주사들의 주가가 긍정적인 반응을 나타낼 가능성.

지주사들은 그동안 자사주를 많이 쌓아두고도 이를 소각하기보다는 경영권 방어용 '잠재적 수단'으로 남겨두는 경우가 많았음.

대규모 자사주를 보유한 지주사(SK, 롯데지주, 두산 등)들이 강제로 소각에 나설 경우, 유통 주식 수가 줄어들며 1주당 가치는 '기업가치/유통주식수'의 산식에 따라 상승하게 됨.

물론 기간적인 유예를 주는 상황이긴 하나, 확정된 미래라는 점에 '3차 상법개정안' 시 지주사들의 디스카운트 요소는 완화되며 주가 상승이 이어질 가능성을 높게 생각.

한편, 주주총회 일정이 몰려있는 3월 말, 주요 기업들의 주주총회가 진행되면서 각자 의미있는 주주환원책을 발표할 가능성이 높을 것.

특히 핵심은 지주사들의 '자사주 소각'이 될 것이기에, 본업에서의 양호한 실적 성장이 이어지면서 자사주를 대량 보유한 지주사 (or 증권사)

들에 대한 관심이 필요한 시점.

- **지주사**

SK : 국내외 AI 인프라 투자 수혜
- SK그룹사 AI투자 수직계열화, SK하이닉스 실적 성장 수혜.
- 자사주 24.80% 보유.

LS : 글로벌 AI인프라 투자 수혜(LS전선, LS ELECTRIC 등 실적 성장)
- 최근 에식스솔루션 상장 철회로 인한 자회사 중복상장 우려감 해소.
- 구리 가격 구조적 상승에 따른 수혜 (당사 실적은 구리가격에 연동되는 특징. 장기적으로 구리가격 쇼티지 전망 지배적).
- 자사주 13.63% 보유.
- 최근 주주환원책 발표 진행. 주주총회 시점에 더욱 구체화될 가능성.

- **증권주**

부국증권 : 증시 활성화 수혜. 증권사 전반 브로커리지 실적 역대급 전망
→ 자사주 42.73% 보유.

신영증권 : 증시 활성화 수혜. 증권사 전반 브로커리지 실적 역대급 전망
→ 자사주 52.58% 보유.
→ 최근 연기금의 연속적인 매수세 유입되는 중.

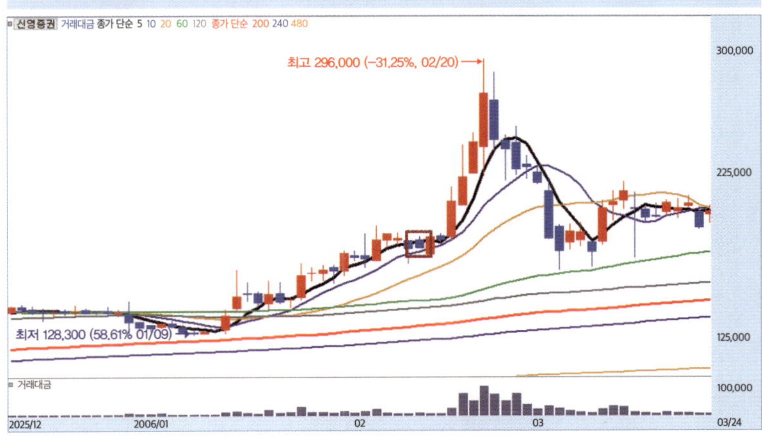
신영증권 거래대금 종가 단순 5 10 20 60 120 종가 단순 200 240 480
최고 296,000 (−31,25%, 02/20)
최저 128,300 (58,61% 01/09)
거래대금
300,000
225,000
125,000
100,000
2025/12
2006/01
02
03
03/24

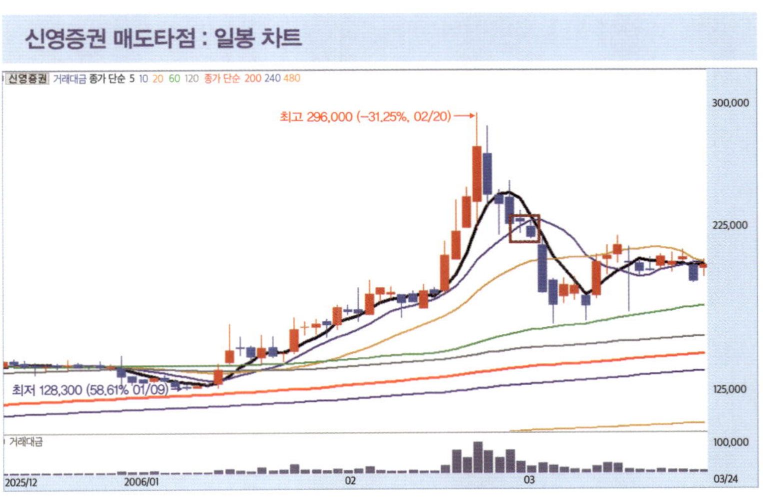
신영증권 거래대금 종가 단순 5 10 20 60 120 종가 단순 200 240 480
최고 296,000 (−31,25%, 02/20)
최저 128,300 (58,61% 01/09)
거래대금
300,000
225,000
125,000
100,000
2025/12
2006/01
02
03
03/24

신영증권(손절 사례)

- **투자전략** : 일정매매
- **매수시점** : 2026년 2월 25일
- **매도시점** : 2026년 2월 27일 이후 손절대응

2월 25일 3차 상법 개정안이 통과되었고, 신영증권의 주가는 단기 재료 소멸로 인해 다시 내림세를 나타내기 시작했습니다. 그러나 이후 3월 6일 법안 시행과 3월 중순~3월 말 기업들의 주주총회 시즌이 이어지는 점을 고려할 때, 자사주를 가장 많이 보유한 신영증권에 대한 추가적인 기대감이 다시 부각될 수 있다고 판단했습니다.

이에 10일선 이동평균선의 추세 유지를 기대하며 2월 25일 매수에 진입했으나, 이틀 뒤 추세 이탈 흐름이 확인되어 전량 손절 매도를 진행하였습니다. 이후 매매를 다시 복기하는 과정에서 신영증권은 3월 결산법인으로, 일반적인 12월 결산법인과 달리 정기 주주총회가 6월에 진행된다는 사실을 확인했습니다. 국내 상장사의 대부분이 12월 결산 후 3월에 주주총회를 진행한다는 점에 익숙해져 있었던 만큼, 해당 부분을 충분히 검토하지 못한 점이 이번 매매의 가장 큰 패착이었습니다.

결과적으로 일정 매매전략에서는 해당 이벤트가 실제로 언제 발생하는지, 그리고 지연 또는 변경 가능성이 없는지를 사전에 자세히 점검하는 과정이 매우 중요하다는 점을 다시 확인할 수 있었습니다. 신영증권의 두 번째 매매는 손절로 마무리되었지만, 일정 체크의 중요성을 다시 일깨워준 의미 있는 실패 사례였습니다.

신영증권 매수 타점 : 일봉 차트

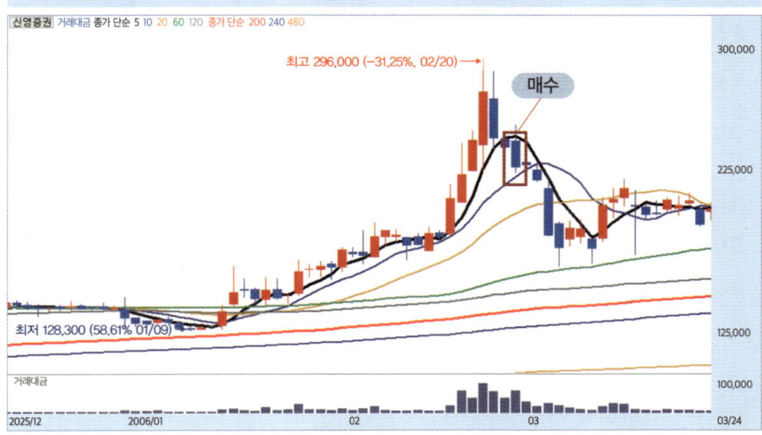

신영증권 매도 타점 : 일봉차트

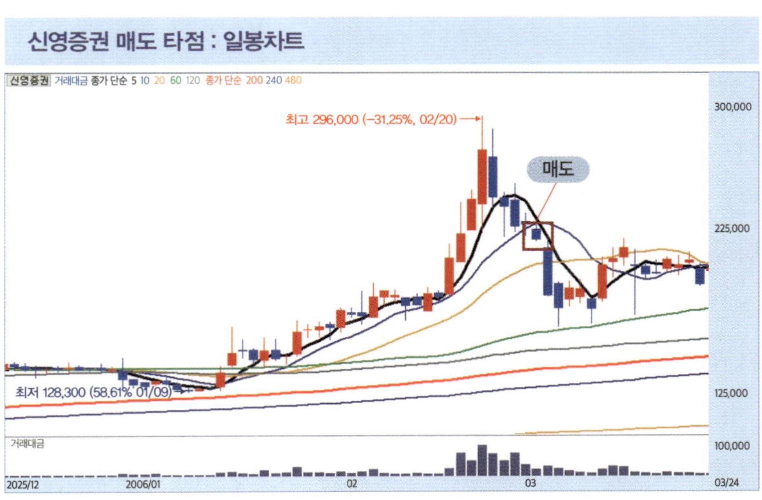

LS

- **투자전략** : 일정매매 + 이벤트드리븐(거버넌스 개선)
- **매수시점** : 2026년 3월 11일
- **매도시점** : 2026년 3월 20일 이후 분할매도

2026년 3월 18일에는 이재명 대통령 주재의 '자본시장 정상화 간담회'가 예정되어 있었습니다. 관련 언론 보도를 통해 해당 간담회에서는 PBR 1 미만 기업에 대한 밸류업 정책, 코스닥 활성화 방안, 자회사 중복상장 규제 등에 대한 내용이 논의 및 발표될 가능성이 높다는 점을 확인할 수 있었습니다.

과거 이재명 대통령의 발언 중 2026년 1월 22일 '코스피 5000 특별위원회' 오찬 자리에서 'L자가 들어간 주식은 사면 안 된다고 하더라'라는 언급이 있었던 점도 참고했습니다. 당시 언급된 'L자'는 LS를 의미하는 것으로 해석되었으며, LS는 본업의 실적 성장에도 불구하고 주주환원 측면에서는 시장의 아쉬움을 받아왔던 대표적인 기업으로 평가됩니다.

또한, LS의 구조적 이슈 중 하나는 알짜 자회사들의 지속적인 중복상장 계획이었으며, 이로 인해 기업가치 대비 디스카운트 요인이 지속해서 반영되어 있었습니다. 따라서 3월 18일 '자본시장 정상화 간담회'에서 정부가 자회사 중복상장 규제를 공식화할 경우, 기존에 중복상장 계획을 세우고 있던 기업들에 대해서는 밸류에이션 디스카운트가 해소될 가능성이 크다고 판단했습니다.

아울러 3월 26일 LS의 주주총회가 예정되어있어, 주주환원 정책 발표 및 관련 메시지에 대한 기대감도 유효한 상황이었습니다. LS는 이러한 기대감이 반영되며 3월 20일 기준 약 +24% 상승률을 기록했고, 이 구간에서 30% 물량을 분할 매도하였습니다.

다만 현재까지 LS를 전량 매도하지 않은 이유는, 본 투자 아이디어의 핵심이 단기 가격 모멘텀이 아닌 거버넌스 개선에 따른 멀티플 리레이팅에 있기 때문입니다.

따라서 포지션은 두 가지 관점으로 나누어 운용하고 있습니다.

3월 11일 : 투자 노트

투자 포인트

1) 전력 슈퍼사이클의 직접 수혜

- 주력인 LS전선은 HVDC 해저케이블과 초고압 케이블 등 고부가 제품 중심의 수주가 확대되며 외형과 수익성 성장 지속.

- LS일렉트릭 역시 북미 빅테크 데이터센터를 겨냥한 전력 시스템과 초고압 변압기 공급이 급증하며 매출 4조 9,622억 원(+9%), 영업이익 4,269억 원(+9.6%)으로 역대 최고치를 경신.

- 지주사인 LS는 LS전선, LS일렉트릭, LS MnM 등의 사업 호조에 힘입어 지난해 매출 31조 8,250억 원, 영업이익 1조 565억 원을 기록. 4년 연속 영업이익 1조 클럽.

2) LS전선 – 수주잔고 6조 돌파

- LS전선은 지난해 3분기 기준 수주잔고 6조 2,000억 원(별도 기준)을 돌파.
- 2024년 대비 1조 원 이상 성장.
- 특히 고부가가치 제품인 HVDC와 해저케이블이 실적을 견인.
- 최근 북미법인을 통해 345kV 지중 초고압 케이블(약 3,173억 원)과 해저 초고압 케이블(약 3,692억 원) 등 총 약 7,000억 원 규모의 미국 초고압 케이블 사업을 수주.

- 전 세계적으로 장거리 해저 HVDC 케이블을 상용화한 기업은 LS를 포함해 단 6곳에 불과.

- HVDC는 기존 교류보다 송전 손실이 적고 최대 3배 많은 전력을 장거리로 전달할 수 있어 AI 시대 전력 수요 해결의 핵심 기술임.

3) LS일렉트릭

- LS일렉트릭의 2026년 예상 매출액과 영업이익은 전년 대비 각각 +16.1%, +32.2% 성장할 전망(DS증권 레포트 참고).

- 2026년에는 부산 초고압 변압기 공장 증설 효과가 본격적으로 실적에 반영될 예정.
- 생산능력이 기존 2,000억 원 수준에서 최대 6,000억 원까지 3배 확대.

- LS일렉트릭은 국내 데이터센터 전력 솔루션 시장 점유율 70%를 기록, 독보적 사업 역량을 확보 중.

- 국내 데이터센터 투자는 지난해 약 6조 원 규모에서 2028년 10조 원에 이를 것으로 예상.

4) 자사주 소각, 거버넌스 개선

- 자사주 보유 비율이 높은 LS(13.7%)는 향후 자사주 소각 로드맵을 발표할 때마다 주가가 계단식으로 상승할 잠재력을 갖췄다는 평가.

- 전일 SK가 5.1조원 자사주 소각 공시하면서 다음으로 LS에 대한 시장의 관심이 쏠릴 가능성.

- LS의 자사주 소각 시 'EPS 희석 방지 + NAV 디스카운트 축소'의 효과 기대.

접근 관점

- 최근 이란 발 지정학적 리스크로 당사 주가도 큰 폭의 조정.

- 그러나 기업의 근본적인 성장 모멘텀(AI전력 인프라)과 정책 모멘텀(상법개정안 추진에 따른 할인율 축소 등)은 변화된 것이 없는 상황.

- 하방은 제한적이며 상방 여력이 높은 저점 매수 가능한 구간이라 판단.

- 특히 주주총회 일정 임박할수록 기대감에 의한 매수 수급 유입될 가능성.

LS 매수 타점 : 일봉 차트

LS 분할매도 타점 : 일봉 차트

SOXL

- **투자전략** : 보텀피싱(Buy the Dip)
- **매수시점** : 2025년 11월 21일
- **매도시점** : 2025년 11월 26일 이후 분할매도

11월은 AI 버블에 대한 우려와 공포심리가 시장을 지배한 시기였습니다. 미국 증시의 나스닥 지수는 11월 3일 고점 대비 11월 20일 저점까지 약 -8% 하락했으며, 필라델피아 반도체 지수는 같은 기간 약 -16% 하락을 기록했습니다. 지속적인 하락이 이어지면서 시장의 공포 심리는 극대화되었습니다. 11월 20일 기준 공포탐욕지수는 10 이하로 하락한 5를 기록했고, VIX 지수는 28까지 상승하며 30 수준에 근접했습니다. 또한, S&P500 RSI는 34까지 하락하며 과매도 구간(30)에 가까워진 상태였습니다.

보텀피싱 전략 관점에서 보면, 'VIX 30 부근 + S&P500 RSI 30 부근 + 공포 탐욕 지수 10 이하'의 조건이 동시에 충족되는 구간은 1차 매수에 진입해볼 수 있는 영역입니다. 다만 단순히 가격 하락만을 근거로 접근할 경우 추가적인 리스크에 노출될 수 있어서, 당시 시장의 핵심 논쟁이었던 'AI 버블' 여부에 대해 추가적인 리서치를 진행했습니다.

결론적으로 AI LLM의 본격적인 대중화가 아직 초기 단계에 있었으며, 향후 에이전틱 AI와 피지컬 AI로의 확장은 구조적으로 진행될 가능성이 크다고 판단했습니다. 또한, 빅테크 기업들의 AI 투자는 지속적으로 확대되고 있었고, 구글은 Gemini를 통해 실제 수익화 단계에

진입한 상황이었기 때문에, 과거 IT 버블과는 성격이 다르다고 결론 내렸습니다.

여러 자료와 데이터를 종합한 결과, 이번 조정은 AI 거품 붕괴라기보다는 시장의 과도한 우려에 따른 가격 조정이라는 판단에 이르렀고, 보텀 피싱 조건('VIX 30 부근 + S&P500 RSI 30 부근 + 공포 탐욕 지수 10 이하')에 부합하는 구간으로 보았습니다. 이에 따라 SOXL ETF(필라델피아 반도체 지수 3배 레버리지)를 30% 비중으로 분할 매수하였습니다.

레버리지 ETF 특성상 변동성이 크기 때문에, 한 번에 모든 물량을 투입하기보다는 분할매수를 통해 평균 단가를 조정하는 것이 중요합니다. 또한, 추가 하락에 대비한 매수 여력을 남겨두어야 심리적으로 안정된 판단이 가능하다고 판단했습니다.

따라서 3~4회에 걸친 추가매수 계획을 전제로 접근하는 것이 바람직합니다. SOXL은 11월 20일 저점 형성 이후 12월 10일까지 약 +70% 상승률을 기록했습니다.

SOXL 매수 타점 : 일봉 차트

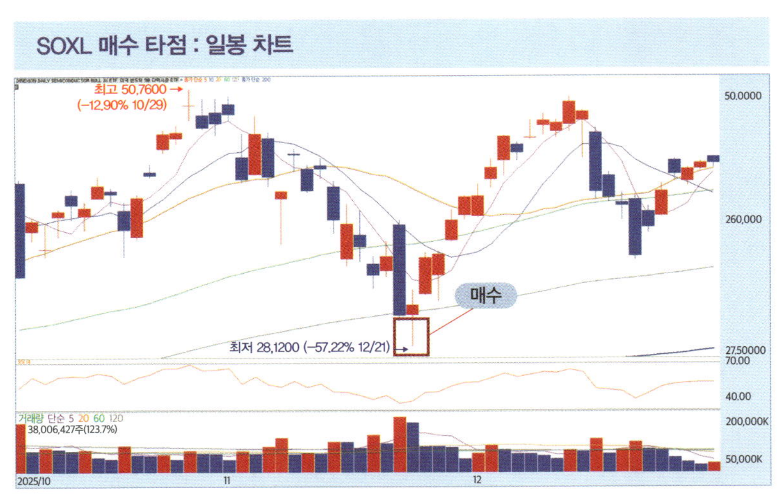

SOXL 매수 시점의 공포탐욕 지수

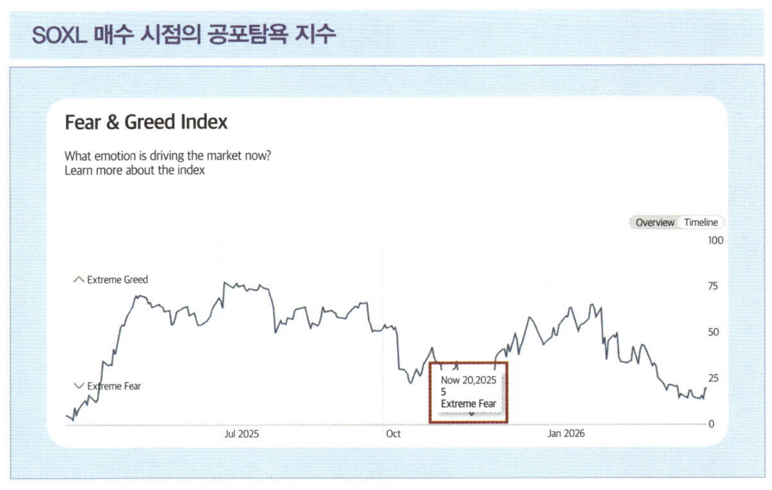

SOXL 매수 시점의 S&P500 지수 RSI

SOXL 매수 시점의 VIX지표

OCI홀딩스

- **투자전략** : 일정매매·추세추종
- **매수시점** : 2026년 4월 1일
- **매도타점** : 보유 중

2026년 3월, 미국과 이란 간 전쟁이 발발하면서 중동 지역의 지정학적 리스크가 크게 확대되었습니다. 이란은 미국의 공격에 대응하여 호르무즈 해협 봉쇄라는 강경한 조치를 단행하였고, 이는 국제 원유 수송의 약 25%를 담당하는 핵심 항로인 만큼 글로벌 에너지 시장에 직접적인 충격으로 작용했습니다.

호르무즈 해협 봉쇄 이슈는 국제유가 급등으로 이어졌으며, 미국 내 휘발유 가격 상승까지 촉발했습니다. 이로 인해 소비심리가 위축되면서 트럼프 대통령의 지지율 또한 내림세를 보였고, 정치적으로는 레임덕 및 향후 중간선거에서의 불리한 구도 가능성이 제기되었습니다.

이러한 환경은 민주당의 핵심 정책인 신재생에너지 확대 기조에 대한 정책적 기대감을 강화시키는 요인으로 작용할 가능성이 크다고 판단했습니다. 동시에 고유가 환경은 글로벌 차원에서 대체에너지 산업의 상대적 매력을 높이는 구조를 형성했습니다.

국내 시장에서도 이러한 흐름은 신재생에너지 섹터에 관한 관심 확대로 이어질 수 있는 환경이라고 판단했습니다. 더불어 국내 정부와 여당 역시 신재생에너지 확대를 주요 정책 방향으로 제시하고 있었고, 관련 발언 및 정책 메시지를 통해 강한 추진 의지를 확인할 수 있었습니다.

추가로 3월 말 메리츠증권리포트를 통해 6월 'K-GX(Korea Green Transformation, 한국형 녹색전환)' 전략 발표가 예정되어있다는 점을 확인했습니다. 약 2개월의 선행 기간이 존재하는 만큼 일정 매매 관점에서도 충분히 접근 가능한 구간이라고 판단했습니다.

이와 같은 매크로 및 정책 환경을 기반으로 신재생에너지 섹터를 빠르게 연구했고, 상대적으로 수혜 강도가 높은 기업을 선별하였습니다. 태양광, 풍력 등 주요 관련 기업들을 비교 분석한 결과, 국내뿐 아니라 글로벌 수혜 확장성이 가장 높다고 판단되는 OCI홀딩스를 최종 매수 대상으로 선정하였습니다. OCI홀딩스는 3월 20일 신고가 돌파 이후 단기 조정을 진행 중이었으며, 직전 저항선이었던 175,000원이 주요 지지선으로 전환되는 흐름을 확인했습니다. 해당 구간을 손절매 기준으로 설정하고 195,900원~180,000원 구간에서 분할매수를 진행하였습니다.

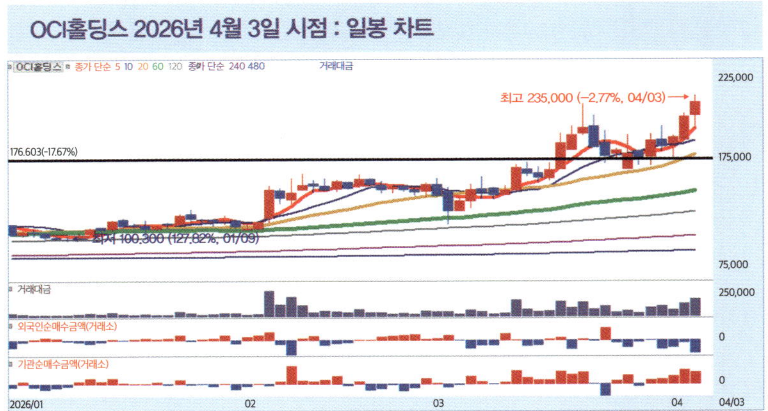

　글을 작성하고 있는 현재 시점(2026년 4월 3일) 기준, OCI홀딩스는 신고가를 돌파하며 상승세를 이어가고 있습니다. 이에 따라 추세적인 상승 흐름이 지속될 가능성을 염두에 두고, 시장 상황에 맞춰 유연하게 대응할 계획입니다.

굿트레이더의 투자 인사이트

그림1 많이 오른 주가처럼 보이지만, 이제서야 글로벌 풍력을 따라잡은 수준

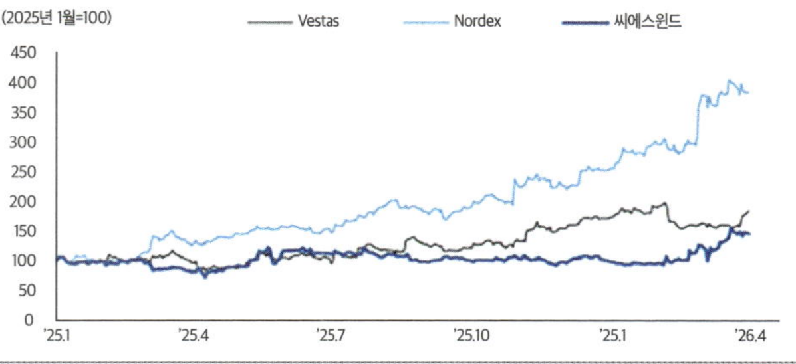

자료 : Bloomberg, 메리츠증권 리서치센터

신재생에너지·풍력

풍력에서 제일 중요한 정책 환경이 바뀌고 있다(메리츠증권 문경원).

- 미·이란 전쟁 발발 이후 국제 유가는 2배 가까이 상승. 에너지 수급 차질이 빚어지며 재생에너지에 대한 투자 당위성 강화.

- 이재명 대통령 3월 30일 제주에서 열린 타운홀미팅에서 "글로벌 에너지 수급 상황이 예상보다 심각하다"며 재생에너지 전환 속도를 대폭 높여야 한다고 발언.

- 전쟁으로 시작된 재생에너지 섹터에 대한 관심은, 여름 정책 모멘텀으로 연결될 전망.

- 6월 K–GX와 7~8월 제12차 전기본 초안 발표에 주목.

- 미국에서도 재생에너지 사업 환경이 개선되는 흐름. 해상풍력 프로젝트 재개 및 육상풍력 상반기 수주 러시 기대.

노컷뉴스 PICK · 3일 전 네이버뉴스

이재명 대통령 "제주 전기차 100% 전환 목표 앞당겨야"

이재명 대통령이 제주도가 신재생에너지 전환에서 가장 현실적인 성과를 낼 수 있는 곳이라고 강조하며 도내 전기차 100% 전환 목표시기를 앞당 기라고 주문했다. 제주.전남 해저 고속철도와 관련해서는 사실상 반대..

이데일리 PICK · 3일 전 네이버뉴스

李대통령—신재생에너지로 신속전환 주문

이재명 대통령은 30일 제주에서 열린 타운홀 미팅에서 "재생에너지로 신 속하게 전환해야 한다"고 강조했다. 이재명 대통령이 30일 제주한라대학 교 한라컨벤션센터에서 열린 타운홀미팅 '제주의 마음을 듣다'에서 발언...

- 이재명 대통령의 최근 발언에 주목.

- 최근 제주타운홀 미팅에서 신재생에너지로 신속전환해야한다고 강조.

- 글로벌 신재생에너지 확대 트렌드.

- AI데이터센터 확대에 따른 전력수요 확산.

- 여러 대체에너지가 주목받고 있으며, 최근에는 태양광 풍력 등 신재생에너지 산업이 재차 부각됨.

- 트럼프는 신재생에너지에 매우 부정적이었음. 그러나 최근 미국 이란 전쟁 이후 중간선거 패배 가능성이 확대되며 신재생에너지.섹터에 대한 모멘텀 부각.

이와 관련해서는 아래 뉴스 기사 참고

주요 이슈

[K—GX]

- KGX는 대한민국 녹색전환(Korea Green Transformation) 전략.

- 2035 NDC(국가온실가스 감축목표) 이행계획이자 성장전략임.

KGX의 7대 핵심 과제
- 2030년까지 재생에너지 설비 용량 100GW 확대.
- 태양광 페로브스카이트 텐덤 셀 상용화.
- 전력망의 분산형 전환, ESS—HVDC 산업육성.
- 수소환원제철 실증사업화, 히트펌프 보급 가속화. CCUS 기술 실증·사업화 등.

- 26년 1월 28일 민관합동 K–GX 추진단 출범

- 26년 3월 6일 범정부 실무작업반 가동(발전 · 산업 · 수송 · 건물 부문별).

- 26년 상반기 K–GX 전략 발표 예정

정책 타임라인: 에너지 전환의 가속 페달		
25.08	국정과제 확정	재생에너지 중심 에너지 전환 2040 탈석탄 계획 포함
25.09	취임 100일 기자회견	가장 신속하게 전력공급 가능한 시스템은 태양광 · 풍력발언
25.11	2035 NDC 확정	2018년 대비 53–61% 감축목표. 전력부문 배출 68.8–75.3% 감축
25.11	COP30 PPCA 가입	이산화탄소 감축 및 탈석탄동맹 가입, 국제사회에 탈석탄약속
25.11	12차 전기본 착수	기후에너지환경부 주관 재생에너지 비중대폭 확대 예상
26.02	해상풍력특별법 통과	계획입지 체계 원스톱 인허가 사업기간 10년→5년 단축
26.03	해상풍력특별법 시행	국내 해상풍력 보급 본격 가속화 국내 기자재 기업 가점부여

- 국내 신재생에너지 관련주 정책 모멘텀

미국·이란 전쟁 후 고유가 고착화 우려가 부각. 한국정부는 신재생에너지 전환을 가속화하려는 움직임. 지난 타임라인을 정리하면 아래와 같음. 특히 최근 해상풍력특별법 시행되며 풍력에너지 섹터에 긍정적 기류 감지.

굿트레이더
압도적수익의
주식투자법

네이버 프리미엄콘텐츠 1개월 이용권

오렌지보드 프리미엄콘텐츠 1개월 이용권

네이버 &
오렌지보드
프리미엄콘텐츠

1개월 이용권

오렌지보드
프리미엄콘텐츠

오렌지보드 : 투자자들이 현명한 투자를 할 수 있도록 투자에 도움이 되는 실용적인 콘텐츠를 한곳에 모았습니다. 크리에이터의 주식 리포트와 기업 적정 주가 등, 투자에 필요한 다양한 정보를 활용해 더욱 현명한 투자 결정을 내릴 수 있습니다.

**굿트레이더
압도적수익의
주식투자법**

초판 1쇄 인쇄 2026년 4월 30일
초판 2쇄 발행 2026년 5월 15일

지은이 | 굿트레이더(이정훈)
펴낸이 | 권기대
펴낸곳 | ㈜베가북스

주소 | (07261) 서울특별시 영등포구 양산로17길 12, 후민타워 6~7층
대표전화 | 02)322-7241 　　　　　**팩스** | 02)322-7242
출판등록 | 2021년 6월 18일 제2021-000108호
홈페이지 | www.vegabooks.co.kr 　　　　**이메일** | info@vegabooks.co.kr
ISBN 979-11-94831-35-8 (03320)

* 책값은 뒤표지에 있습니다.
* 잘못된 책은 구입하신 서점에서 바꾸어 드립니다.
* 좋은 책을 만드는 것은 바로 독자 여러분입니다.
* 베가북스는 독자 의견에 항상 귀를 기울입니다. 베가북스의 문은 항상 열려있습니다.
* 원고 투고 또는 문의 사항은 위의 이메일로 보내주시기 바랍니다.